Dr. S. Fritz Forkel
د. سليمان فريتس فوركل
ד״ר שלמה פריץ פורקל
Skén:nen Rón:nis

Neuhebräische Grammatik auf Grund der ältesten Handschriften und Inschriften

HEIDELBERGER ORIENTALISTISCHE STUDIEN

Herausgegeben von Prof. Dr. Anton Schall

Band 21

PETER LANG
Frankfurt am Main · Bern · New York · Paris

Beate Ridzewski

Neuhebräische Grammatik auf Grund der ältesten Handschriften und Inschriften

PETER LANG
Frankfurt am Main · Bern · New York · Paris

Die Deutsche Bibliothek - CIP-Einheitsaufnahme

Ridzewski, Beate:

Neuhebräische Grammatik auf Grund der ältesten
Handschriften und Inschriften / Beate Ridzewski. - Frankfurt
am Main ; Bern ; New York ; Paris : Lang, 1992
   (Heidelberger orientalistische Studien ; Bd. 21)
   Zugl.: Heidelberg, Univ., Diss., 1990
   ISBN 3-631-43695-5

NE: GT

D 16
ISSN 0721-3069
ISBN 3-631-43695-5

© Verlag Peter Lang GmbH, Frankfurt am Main 1992
Alle Rechte vorbehalten.

Das Werk einschließlich aller seiner Teile ist urheberrechtlich
geschützt. Jede Verwertung außerhalb der engen Grenzen des
Urheberrechtsgesetzes ist ohne Zustimmung des Verlages
unzulässig und strafbar. Das gilt insbesondere für
Vervielfältigungen, Übersetzungen, Mikroverfilmungen und die
Einspeicherung und Verarbeitung in elektronischen Systemen.

Printed in Germany 1 2 4 5 6 7

Meinem Großvater Fritz Ridzewski †
Meinen lieben Eltern

Danksagung

Zu danken habe ich in erster Linie meinen lieben Eltern, die mir durch ihre selbstlose und aufrichtige Unterstützung und Zuneigung dieses Studium und diese Dissertation ermöglicht haben.
In zweiter Linie gilt mein Dank meinem Großvater, den ich leider nur posthum erwähnen kann.
Mein fachlicher Dank gilt vor allen anderen Herrn Prof. Dr. Anton Schall, der mich während meines ganzen Studiums wissenschaftlich betreut und das Erscheinen meiner Dissertation in dieser Reihe ermöglicht hat.
Mein besonderer Dank gilt meinem Ehemann Herrn Hans Weber, der mir durch seine tägliche Geduld und sein Verständnis in der für mich besonders schwierigen Abschlußphase meiner Arbeit zur Seite stand.

"Wir wissen aber, daß denen, die Gott lieben, alle Dinge zum Besten dienen."
Röm. 8,28

Inhalt

Einleitung		XI
§ 1	Die Texte	1
§ 2	Die Schrift- und Lautlehre	25

Die Formenlehre
Das Pronomen

§ 3	Das Personalpronomen	46
	3.1 Zur Syntax des Personalpronomens	47
§ 4	Die Suffixe	49
	4.1 Die Syntax der Nominalsuffixe	52
§ 5	Das Demonstrativpronomen	54
	5.1 Zur Syntax des Demonstrativpronomens	54
§ 6	Das Fragepronomen	56
	6.1 Die Fragepartikel	56
§ 7	Das Relativpronomen	57
	7.1 Der Aufbau der Relativsätze	57
	7.2 Die asyndetischen Relativsätze	59
§ 8	Das Indefinitpronomen	61
§ 9	Das Reflexivpronomen	61
§ 10	Der Artikel	62
	10.1 Die Syntax des Artikels, Determination und Indetermination	62
	10.2 seltenere Möglichkeiten der Determination	66

Das Nomen

§ 11	Die Nominalformen	67
	11.1. qāl	67
	11.2. qīl	67
	11.3. qūl	68
	11.4. qill	68
	11.5. qull	68
	11.6. qatl	68
	11.7. qitl	69

11.8.	qutl	69
11.9.	qatil	69
11.10.	qatul	70
11.11.	qutal	70
11.12.	qātal	70
11.13.	qātil	70
11.14.	qatāl	71
11.15.	qatīl	71
11.16.	qatūl	72
11.17	qitāl	72
11.18.	qutāl	73
11.19.	qittil	73
11.20.	qattāl	73
11.21.	qattīl	73
11.22.	qattūl	73
11.23.	qittūl	73
11.24.	qawtal	73
11.25.	qutayl	74
11.26.	Die Abstrakta mit der Endung -ūt	74
11.27	Die Abstrakta mit der Endung -īt	74
11.28.	Die Nomina mit der Endung -ōn	74
11.29.	Die Nomina mit ma-/ mi-Präfix	75
	11.29.1 der Wurzeln I', III'	75
	11.29.2 der Wurzeln In	75
	11.29.3 der Wurzeln Iy	75
	11.29.4 der Wurzeln IIā.ū.ī	75
	11.29.5 der Wurzeln II=III	75
	11.29.6 der Wurzeln IIIī	75
	11.29.7 der Wurzeln IIIy	76
	11.29.8 Die Nomina mit mi-Präfix	76
11.30.	Die Nomina mit ta-Präfix	76
11.31.	Die Nomina mit ha-Präfix	76
11.32.	Die Nomina mit א-Präfix	76
11.33.	Die durch Reduplikation gebildeten Nomina	76
11.34.	Die Nomina mit dem Lokativ-Terminativ-Adverbialis -ā	76
11.35.	Die Nomina mit dem Affix -ī	77

§ 12 Die Flexion 78

12.1	Die Maskulinendung	78
12.2	Die Femininendung	80
12.3	Der Dual	82
12.4	Vom Biblischhebräischen abweichende Pluralbildung	83

§ 13 Das Geschlecht ... 83
13.1 Das Maskulinum ... 84
1.1 M-Form in Singular und Plural ... 84
1.2 M-Form im Singular, F-Form mit maskulinem Geschlecht im Plural ... 84
1.3 M-Form im Singular, F-Form mit femininem Geschlecht im Plural ... 84
13.2 Das Femininum ... 85
2.1 F-Form in Singular und Plural ... 85
2.2 F-Form im Singular, M-Form mit femininem Geschlecht im Plural ... 85
2.3 M-Form mit femininem Geschlecht im Singular, F-Form im Plural ... 85
2.4 M-Form mit femininem Geschlecht in Singular und Plural ... 85
13.3 Vom BH abweichende Genera ... 85

§ 14 Die singulären Nomina ... 88
14.1. אב "Vater" ... 88
14.2. אח "Bruder" ... 88
14.3. אום/אם "Mutter" ... 88
14.4. בר/בן "Sohn" ... 88
14.5. בת "Tochter" ... 89
14.6. בית "Haus" ... 89
14.7. יום "Tag" ... 89
14.8. עיר "Stadt" ... 89
14.9. טל "Tau" ... 89
14.10. פי "Mund" ... 89
14.11. פרי "Frucht" ... 90
14.12. מים "Wasser" ... 90
14.13. שמים "Himmel" ... 90

§ 15 Die unregelmäßigen Nomina ... 91
15.1. Die Nomina I', II', III' ... 91
15.2. Die Nomina Iy ... 92
15.3. Die Nomina IIy ... 92
15.4. Die Nomina IIw ... 93
15.5. Die Nomina IIū ... 93
15.6. Die Nomina IIī ... 93
15.7. Die Nomina IIIw ... 94
15.8. Die Nomina IIIī ... 94
15.9. Die Nomina IIIy ... 95
15.10. Die vierradikaligen Nomina ... 96

§ 16 Die griechischen und lateinischen Fremdwörter ... 97
§ 17 Die Zahlen ... 99
17.1. Die Kardinalzahlen ... 99
17.2. Die Ordinalzahlen ... 103

17.3.	Die Bruchzahlen	103
17.4.	Die Multiplikativzahlen	104
17.5.	Die Syntax der Zahlen	104
17.6.	Das Datum	107
	17.6.1 Die Monatsnamen	108
17.7.	Die Altersangabe	108

§ 18 כל 109
§ 19 ישׁ "es gibt" und אין "es gibt nicht" 111

Das Verb

§ 20 **Die Verbalstämme** 112
    20.1 Der Grundstamm 112
        1.1 Das Imperfekt 112
        1.2 Das Partizip aktiv 112
        1.3 Das Partizip passiv 113
        1.4 Das Partizip zum Qal-Passiv 113
        1.5 Der Infinitiv 113
    20.2 Der Faktitivstamm 114
        2.1 Das Pi"el 114
        2.2 Das Pu"al 115
        2.3 Das Polel, die Bedeutung des Pi"el und Pu"al 115
    20.3 Das Nif'al, die Bedeutung des Nif'al 116
    20.4 Das Hitpa"el/ das Nitpa"el, die Bedeutung des Hitpa"el / des Nitpa"el 117
    20.5 Der Kausativstamm 118
        5.1 Das Hif'il, die Bedeutung des Hif'il 118
        5.2 Das Hof'al, die Bedeutung des Hof'al 119

§ 21 **Die Flexion des regelmäßigen Verbs** 121
    21.1. Das Perfekt 121
        21.1.1 Das Perfekt mit Suffixen 123
    21.2. Das Imperfekt 124
        21.2.1 Das Imperfekt mit Suffixen 125
    21.3. Der Imperativ 125
        21.3.1 Der Imperativ mit Suffixen 126
    21.4. Der Jussiv 126
    21.5. Der Kohortativ 126

§ 22 **Die unregelmäßigen Verben** 127
    1. Die Verben I' 127
    2. Die Verben III' 128

3.	Die Verben Iy	128
4.	Die Verben In	129
5.	Die Verben IIIn	130
6.	Die Verben II=III	130
7.	Die Verben IIā.ū.ī	131
8.	Die Verben IIIī	132
9.	Das Verb היי "sein"	134
10.	Das Verb הלך "gehen"	135
11.	Das Verb בוא "kommen"	135
12.	Die Verben mit Guttural	136
	12.1 an erster Stelle	136
	12.2 an zweiter Stelle	137
	12.3 an dritter Stelle	138

§ 23 Die Präpositionen ... 139

1.	אחר	139
2.	אל	139
3.	אצל	139
4.	ב	140
5.	בין	142
6.	בלי	142
7.	בלעד	142
8.	בעד	143
9.	חוץ	143
10.	זולה	143
11.	כ	143
12.	ל	143
13.	לפני	146
14.	מן	146
15.	מען	149
16.	נגד	149
17.	נכח	149
18.	עד	149
19.	על	150
20.	עם	151
21.	קדם	151
22.	תחת	151

§ 24 Die Konjunktionen ... 153

1.	אללי	153
2.	כי	153

3. ש.. 153
4. של 155

§ 25 Die Partikel... 156

Die Syntax

§ 26 Die Bedeutung der Zeiten.. 159
    1. Das Perfekt 159
    2. Das Imperfekt 161
    3. Der Imperativ 162
    4. Das Partizip 163
    5. Der Infinitiv 164

§ 27 Der Aufbau des Verbalsatzes 166
§ 28 Die Kongruenz im Verbalsatz 169
§ 29 את, der Akkusativ beim Verbum 170
§ 30 Die Verneinung 173
§ 31 Der Aufbau des Nominalsatzes 174
    1. Das Subjekt des Nominalsatzes 174
    2. Das Prädikat des Nominalsatzes 176
    3. Die Stellung innerhalb des Nominalsatzes 177
    4. Die Kopula 178
§ 32 Die Kongruenz im Nominalsatz 179
§ 33 ו "und", Syndese und Asyndese 180
§ 34 של und der Status constructus 183
§ 35 Die Appositionen 188
§ 36 Arten von Sätzen 191
    36.1 Die Bedingungssätze 193
§ 37 Die Aramaismen 194
§ 38 Die Schreibfehler 196

Die Sekundärliteratur 198

"Denn der Herr, euer Gott, streitet für euch, wie er euch verheißen hat. Darum seid um eures Lebens willen darauf bedacht, daß ihr den Herrn, euren Gott, liebhabt."

Jos. 23, 10f

Einleitung

Der Gegenstand dieser Grammatik ist die älteste Periode des Neuhebräischen, das frühe Neuhebräisch[1] aus vorislamischer Zeit.
Im Gegensatz zu bisherigen Grammatiken[2] ist nicht die vermutliche Entstehungszeit der Texte, sondern allein das Alter der Inschriften und Handschriften maßgebend. Es ging mir darum, ein authentisches Bild dieser Sprache anhand epigraphischer Zeugnisse ihrer Zeit zu entwerfen. Diese Grammatik versteht sich als Darstellung und Aufbereitung des gesamten, vorhandenen Materials und verzichtet in diesem Rahmen bewußt auf philologische Hypothesen. Lediglich diese Einleitung habe ich dazu genutzt, mich mit den aus dem von mir bearbeiteten Material resultierenden Ergebnissen auseinanderzusetzen, sie einzuordnen und zu interpretieren.
Ähnlich verhält es sich mit der Einordnung bzw. Herleitung des Neuhebräischen. Um all die in dieser Sprachebene auftretenden Phänomene gesichert beurteilen und gegen andere abgrenzen zu können, wäre ein lückenloses Bild sämtlicher umliegender semitischer Sprachen und Dialekte der letzten 4000 Jahre vonnöten. Vereinzelte Phänomene, wie etwa das phönizische Relativpronomen ש[3], lassen sich relativ sicher einordnen. Daher erschien es mir am sinnvollsten, den Befund meiner Texte gegen das gut bezeugte Biblischhebräische abzugrenzen.
Untrennbar mit einer Behandlung des Neuhebräischen verbunden ist die Frage, ob das Neuhebräische eine gesprochene oder eine Kunstsprache ist. Ebensowenig wie die Existenz epigraphischer Zeugnisse einer Sprache als Beweis ihrer Verwendung als gesprochene Sprache[4] dienen können, beweisen die aramäischen Zitate im Neuen Testament, daß um diese Zeit niemand mehr Hebräisch gesprochen hat[5]. Auch der Hinweis, die Warnungen an Grabräuber in Bet Sche'arim seien nicht hebräisch[6], stellt keinen Beweis dar, denn die Tatsache einer aramäischen Geschäfts- und Umgangssprache schließt die Existenz hebräischer Sprecher nicht aus[7].

1 vgl. ATTM, 49, Anm. 1.
2 Segal, Albrecht u.a.
3 E. Puéch, L'inscription de la statue d'Ammon et la Paléograpie ammonite, RB 92(1985), 5-24
4 Kutscher, A History, S. 117, schließlich stammen von Bar Kochba auch mehrere aramäische und griechische Briefe.
5 ATTM, 55ff, Anm. 2; dazu auch Fitzmyer, A wandering Aramean, Missoula 1979, S. 45f.
6 ATTM, 58 Anm.
7 so auch Segal, Grammar, S. 16.

Somit können die oben angeführten formalen Argumente diese Diskussion nicht entscheiden, sie muß auf philologischer Ebene geführt werden. Es ist daher zu fragen, ob es Veränderungen gegenüber dem Biblischhebräischen gibt, welcher Art sie sind, woher sie kommen. Noch wesentlicher scheint die Frage, ob eine reine Schrift- oder Kunstsprache, die aus nationalistischen Gründen wiederbelebt wurde[8], dazu in der Lage ist -oder es überhaupt nötig hat- sich zu verändern. Ist es nicht vielmehr das Kennzeichen einer reinen Schriftsprache, ohne Änderungen tradiert zu werden? Stammen nicht die Veränderungen innerhalb der geschriebenen Sprache aus der Verbindung mit der Sprechsituation, werden sie nicht dadurch erst hervorgebracht, ja geradezu nötig? Gemeint sind hier nicht die Neuerungen im Wortschatz, die entlehnten Fremdwörter z.B., die automatisch durch den Kontakt mit Anderssprechenden und den Warenaustausch einfließen, ebensowenig die Entlehnung ganzer Formulierungen in Verträgen, deren "Nichtübersetzung" lediglich die juristische Eindeutigkeit sichert.

Segal[9] hat in einem ähnlichen Ansatz versucht, diese Diskussion zu entscheiden, wobei er ohne Kenntnis der hebräischen Dokumente aus dem zweiten jüdischen Aufstand zu dem Ergebnis kam, daß das von ihm so benannte Mischnischhebräische eine gesprochene Sprache sein müsse. Da er jedoch seiner Grammatik späte Handschriften zugrunde legte, ist dieser Ansatz nun anhand authentischer Texte zu überprüfen.

Im folgenden möchte ich die Punkte zusammenstellen, an denen sich die frühen neuhebräischen Texte vom Biblischhebräischen unterscheiden. Weiter unten sind darüber hinaus spezielle Charakteristika jüngerer Texte aufgeführt.

Die phonetische Schreibung nimmt zu (—»§ 2, א, 1.1; 3; 4). א kann mit ה und ה verwechselt werden (—»§ 2, א, 1.6; ה; ח). Mit Kutscher[10] gehe ich davon aus, daß dies und das Folgende, die Kennzeichnung langer Vokale im Wortinnern durch Vokalbuchstaben (—»§ 2, ו; י), dem starken hellenistischen Einfluß zuzurechnen ist.

Die Bezeichnung von b (—»§ 2, ב; ו) macht deutlich, daß für diese Schreibung nur ein phonetisches, kein eindeutig graphisch normiertes Vorbild gedient haben kann[11].

ס übernimmt die Funktion von שׂ, fällt aber nicht mit שׁ zusammen (—»§ 2, ס; שׁ). Der Buchstabe שׁ bezeichnet zwei Lautwerte: š und ś[12]. Die Verwechslung von ס und שׁ beginnt schon im Biblischhebräischen[13] und die Verdrängung des שׂ setzt sich durch, möglicherweise unter aramäischem Einfluß[14]. Zur Erklärung dieses Phänomens läßt sich sagen, daß es auf Dauer ineffizient ist, für einen fast gleichen Laut zwei Grapheme zu benutzen.

Das Personalpronomen Sg.1.c. heißt אני, Pl.1.c. אנו oder אנחנו (—»§ 3).

Die Pronomina Pl.3./2. m./f. enden sowohl auf m als auf n, die Suffixe werden

---

8 *ATTM*, 58.
9 Segal, *Grammar*, Introduction; Kutscher, a.a.O., § 194.
10 Kutscher, a.a.O., § 28.156.197.251.
11 Kutscher, a.a.O., § 198.
12 Bauer-Leander, *Hebräische Grammatik*, § 8a, S. 114.
13 Kutscher, a.a.O., § 21.
14 *ATTM*, 51.103.

analog dazu gebildet. Das Singularsuffix Sg.3.f. kann mit א geschrieben werden (—» § 2, א, 2.1.1.1; 4), so auch die Endung Sg.f., die Endung Pl.m. kann ים und ין heißen, das gilt auch für die Kardinalzahlen (—» § 12; 17). Für diesen m/n-Wechsel bieten sich zwei Erklärungsmöglichkeiten an. Zum einen die Nasalierung[15], zum anderen aramäischer Einfluß. Brockelmann[16] kennt dieses Phänomen nicht. Da auch in aramäischen Texten Endungen mit m vorkommen[17], möchte ich in diesem Punkt von einer gegenseitigen Beeinflußung der beiden Sprachen ausgehen.
Als Possessivpronomen fungiert של mit Singularsuffix (—» § 34). Nach Kutscher[18] findet sich die Konstruktion mit של besonders häufig bei Fremdwörtern. Das kann ich anhand meines Materials nicht bestätigen. Garbini[19] behauptet, dieses Phänomen als Beweis dafür heranziehen zu können, daß das Hebräische zu dieser Zeit nicht mehr gesprochen, sondern lediglich aus nationalistischen Gründen wiederbelebt wurde. Wie dem auch sei, es läßt sich feststellen, daß die Konstruktion mit של seltener vorkommt als die mit Suffix am Nomen, was, wie im Biblischhebräischen, der Regelfall ist. Bis auf die Belege Cu 11, 14 und V 40, wo ebenso gut das Suffix stehen könnte, wird של an allen Stellen substantiviert ("Eigentum") gebraucht: nach הוא Mu 24, E6 und היא Mu 42, 3.4, nach einem bereits suffigiertem Wort: עשית אותן שלך "ich betrachte sie als deine" ZZ 4, 21f oder der Deutlichkeit halber שלום כל שלך "Friede für all die Deinen" ZZ 4, 5f.
Das Demonstrativpronomen Sg.f. "diese" heißt זו (—» § 5). Einige wenige Schreibungen הז sind ebenfalls belegt. Beide Formen sind Biblischhebräisch bezeugt[20], analog der Tendenz zur phonetischen Schreibung ist זו wesentlich häufiger. Daran wird sichtbar, daß sich andere, aber schon im Biblischhebräischen belegte Formen durchgesetzt haben. Kutscher schreibt[21], der Plural laute immer אלו, bei mir sind אלו und אלה gleich häufig. Er erklärt dieses ו mit dem verbalen Pluralaffformativ ו.
ש dient als Relativpronomen, Relativsätze zur Erläuterung sind sehr häufig. Suffigierter Rückbezug auf das Beziehungswort ist nur in asyndetischen Relativsätzen nötig (—» § 7). In wenigen Belegen des Alten Testaments ist dieses Pronomen bezeugt. Es ist kein junges Pronomen. Die phönizische Form ist meist 'ש, die punische ש[22], ammonitisch ist ש, aber kein 'ש belegt[23]. Garbini hält es für 'ש "Mann"[24]. Es kann keinesfalls als Kurzform zu אשר aufgefaßt werden, sondern ist ein zweites mögliches

---

[15] Z. Ben-Hayyim, in: Scripta Hierosolymitana 4/1958, 210f.
[16] Brockelmann, Grundriß der vergleichenden Grammatik der semitischen Sprachen, Berlin 1908.
[17] J.A. Fitzmyer, a.a.O., 43.
[18] Kutscher, a.a.O., § 215.
[19] G. Garbini, Il Relativo ש in Fenicio e in Ebraico, Festschrift M. Rodinson, Paris 1985, 189.
[20] Bauer-Leander, a.a.O., § 30b, 261.
[21] Kutscher, a.a.O., § 203.
[22] Kutscher, a.a.O., § 206, so auch Garbini, a.a.O., 186; Friedrich, J. und Röllig, W.: Phönizisch-Punische Grammatik, 2., völlig neubearb. Aufl., Rom 1970, § 121.
[23] Puech, a.a.O., 23f.
[24] Garbini, a.a.O., 185, Anm. 1.

Relativpronomen, das sich dann durchgesetzt hat, vielleicht wegen seiner Fähigkeit, wie die Präpositionen בּ und לּ proklitisch verwendet zu werden.

אדם "Mensch" übernimmt die Funktion des unbestimmten Artikels, נפשׁ "Seele" und עצם "Knochen" die des Reflexivpronomens (—»§ 8; 9).
Der Artikel wird nach את und ו "und" assimiliert. Um ein Nomen samt Attribut zu determinieren, genügt die einfache Setzung des Artikels (—»§ 10). Auffällig bei diesen Belegen ist, daß der Artikel zu dem letzten Glied der zu determinierenden Kette gesetzt wird. Ursache hierfür ist offensichtlich das Fehlen eines festen grammatischen Gerüstes. Dem Sprecher reicht es aus, mit einmaliger Setzung des Artikels den ganzen Ausdruck zu determinieren.
Das aramäische בר "Sohn" ist genauso häufig wie das hebräische בן (—»§ 14)[25].
Zur Bildung von Abstrakta dienen die Nominalformen qatīlā oder die Endungen -ūt und -īt (—»§ 11.15; 11.26; 11.27). Häufig sind Nomina mit der Endung -ōn (—»§ 11.28). Dieses Phänomen macht die aktive Weiterentwicklung von vorhandenem Wortschatz, entsprechend den täglichen Bedürfnissen, deutlich.
Die Nomina IIIw.y und die mit dem Zugehörigkeitsaffix -ī bilden den Plural mit א-Einschub (—»§ 2, א, 1.3; 11.35; 15.7; 15.8; 15.9). Bei der Form אחראים "bürgende" Mu 30, 24 dürfte es sich um die Übernahme der aramäischen Zugehörigkeitsendung und ihrer Schreibung, bzw. Angleichung daran, handeln[26]. Bei den übrigen Formen könnte das א gut dazu dienen, den konsonantischen Charakter des ו und י deutlich zu machen[27], was spätere Schreiber mit der doppelten Setzung beider Buchstaben ausgedrückt haben.
Griechische Fremdwörter treten häufig auf (—»§ 16).
Anders als bei der biblischhebräischen Zahlenkonstruktion, bei der zuerst die Zahl gefolgt von Maßeinheit und Material steht, findet sich hier die Reihenfolge: Material, danach beliebig, entweder Maßeinheit-Zahl oder Zahl-Maßeinheit(—»§ 17.5; S. 104, Anm. 6). Dieses Phänomen läßt sich möglicherweise mit dem reichsaramäischen Vorbild erklären[28], die Übernahme wäre angesichts einer aramäischen Geschäftssprache nur natürlich.
Der Infinitiv absolutus ist, bis auf wenige Ausnahmen, nicht mehr belegt (—»§ 20.1.5). Beim Puʿʿal ist nur das Partizip in Gebrauch, daneben gibt es einen zusätzlichen reflexiven, bzw. passiven Stamm, das Nitpaʿʿel (—»§ 20.2.2; 20.4). Vielleicht läßt sich dies als eine Angleichung an das neue Stämmesystem deuten, da die finiten Formen sich durch die Einführung des neuen reflexiv-passiven Verbalstammes erübrigen.
Die Endung Perfekt Sg.2.m. heißt תה-, Sg.1.c. ת- und תי-, Pl.2.m. תם- oder תן- (—»§ 20.1; 22.8). Die Endung Sg.2.m. wird nur in zwei Fällen mit ת geschrieben. Im ersten Fall ist es eine rein aramäische Form: מרקת "du hast den Vertrag

---

25 vgl. dazu Fitzmyer, a.a.O., S. 44f.
26 ATTM, 454.
27 vgl. dazu ATTM 410, dort zitierte These von Freedman.
28 D. Talshir, A reinvestigation of the linguistic relationship between chronicles and Ezra-Nehemia, VT 38(1988), 181, 8. und Anm. 44.

eingehalten" ZZ 4, 11 und באת "du kamst" ZZ 4, 7. Beide Formen stehen im selben Brief und dürften sich beeinflußt haben. Da die biblischhebräisch übliche Form auf ה endet[29], könnte es sich hier entweder um eine phonetische Schreibung ה für -ā oder die graphische Unterscheidung gegenüber der Sg.2.f. handeln. Zu der Form Sg.1.c. läßt sich sagen, daß ה- nur in zwei Fällen vorkommt. Zum einen bei einem Verbum IIIī, אשית "ich tat" ZZ 4, 21, in diesem nachweislich aramäisch beeinflußten Brief und zum anderen in einem Pachtvertrag aus Murabbaʿat. Dort steht diese Form in Mu 24, C nur so geschrieben, in 24, E neben Formen mit תי desselben Verbums. Aramäischen Einfluß kann man hier ausschließen, da dies ein rein hebräisches Verbum ist. Vielmehr ist die Kennzeichnung langer Vokale im Auslaut zwar die Regel, keinesfalls aber eine Notwendigkeit. Folglich sind Rückschlüsse auf die Aussprache nicht unbedingt zulässig.

Der Kohortativ Pl.1.c. kommt einmal vor (—»§ 21.5).

Bei den endungslosen Formen der Verben III' kann das א zugunsten phonetischer Schreibung wegfallen, der spätere Zusammenfall mit den Verben IIIī wird hier bereits deutlich (—»§ 22.2).

Das n der Verben In muß vor einem Guttural nicht assimiliert werden (—»§ 22.4). Dieses Phänomen ist auch Biblischhebräisch vorhanden[30].

Bei den Verben IIū.ī wird der Faktitivstamm stark gebildet, in Resten kommen Polelbildungen vor (—»§ 20.2.3; 22.7)[31]. Dies ist als Angleichung an die entsprechende Bildung des starken bzw. dreiradikaligen Verbums aufzufassen.

Vom Verbum היי "sein" ist meist die Kurzform des Imperfekts belegt, der Imperativ wird von der Wurzel הוה aus und teilweise mit א-prostheticum gebildet. Obwohl die Wurzel des aramäischen Verbums benutzt wird, ist der Imperativ hebräisch und nicht hebraisierend[32]. Der aramäische Imperativ lautet hwī. Demgegenüber sind die bei mir belegten Formen größtenteils mit ה oder א im Auslaut geschrieben, was obige Lesung nicht zuläßt. Nur einmal, Mu 46, 12, ist er mit י im Auslaut geschrieben, was genauso gut -ē bezeichnen kann[33].

Die Objektsuffixe sind selten und werden durch die Konstruktion mit את ersetzt (—»§ 21.1.1; 21.2.1; 29). את kann allein stehen oder zu ת verkürzt mit dem folgenden Wort zusammengeschrieben werden. Der Artikel wird dabei assimiliert. את steht nur nach dem Verbum, ת kann vor und nach dem Verbum stehen (—»§ 29). Auch diese Erscheinung, die Aphärese des א mit daraus resultierender Verwendung als Proklitikon, muß auf einem phonetischen Vorbild basieren. Ebenso wie bei der Konstruktion mit של als Possesivpronomen zeigt sich hier die Entwicklung noch deutlicher, die schwierige Suffigierung am Verb durch diese erheblich einfachere Konstruktion zu ersetzen. Ein Phänomen, das der Schulsprache von Weisen kaum angemessen sein dürfte.

אל ist selten, seine Funktion übernimmt אצל (—»§ 23.2; 23.3).

---

29 Bauer- Leander, a.a.O., § 42h, S.309.
30 Bauer- Leander, a.a.O., § 52a, S.362.
31 Kutscher, a.a.O., § 212.
32 ATTM, 561.
33 --»§ 2, א, 2.1.2; י, 2.1.3.

בּ und לְ regieren wie אֵת bestimmte Verben (—»§ 23.4; 23.12). Hieran wird deutlich, daß die Aufgabe eines Kasussystems (die im Biblischhebräischen bereits vorliegt), welches die Beziehung zwischen Verb und Objekt eindeutig bezeichnet, anderweitigen Ersatz erfordert. Diese Funktion übernehmen die Präpositionen. Wir finden daher neben אֵת zwei weitere Spezifizierungen des Verb-Objekt-Verhältnisses durch בּ und לְ.

Die im Biblischhebräischen schon vorkommende Verwendung des Infinitiv constructus und einer Präposition zum Ausdruck eines temporalen Nebensatzes[34] ist hier besonders häufig und wird auch mit Abstraktnomina und Präposition benutzt(—»§ 26.5).

מִן mit Suffix wird mit der Vorsilbe הַ versehen (—»§ 23.14).

Die Tempora bezeichnen echte Zeitebenen: das Perfekt entspricht der Vergangenheit, das Imperfekt dem Futur oder Präsens, es dient zum Ausdruck eines Wunsches oder Befehls und steht nach bestimmten Konjunktionen (—»§26.1; 26.2). Das prädikative Partizip aktiv und passiv drückt das Präsens oder einen durativen bzw. sich wiederholenden Zustand aus (—»§ 26.4). Das Imperfekt von הָיִי "sein" kann zusammen mit dem Partizip Qal Präsens oder Futur kennzeichnen (—»§ 26.2.7). Die im Biblischhebräischen herrschende Tempusbedeutung ohne Bezug auf die drei subjektiven Zeitstufen vom Standpunkt des Redenden[35] ist, geprägt durch die aramäisch-hellenistische Umwelt, in der die Tempora Zeitebenen ausdrücken, aufgegeben worden.

Ein auffälliges Merkmal ist der Gebrauch von שֶׁל neben dem Status constructus (—»§ 34). Während die Constructus-Verbindung in der Regel nur aus einem Status constructus und einem Genitiv besteht, kann bei שֶׁל sowohl der Status constructus als auch der Genitiv aus mehreren, voneinander abhängigen Teilen bestehen. Sehr häufig tritt die Konstruktion mit vorweisendem Suffix auf. Inhaltlich bestehen zwischen Constructus und שֶׁל nur geringfügige Unterschiede.

Hieran wird deutlich, daß die komplizierte biblischhebräische Regel[36], die für eine reine Schriftsprache noch praktikabel war, für den mündlichen Gebrauch um der Klarheit willen durch die Konstruktion mit שֶׁל ersetzt werden mußte.

In den jüngeren neuhebräischen Texten ergeben sich noch einige weitere Besonderheiten. Der Zusammenfall von א mit den restlichen Gutturalen erstreckt sich zunehmend auf ע und ח (—»§ 2, א, 1.5; ח; ע).

Kurze Vokale im Wortinnern werden durch Vokalbuchstaben bezeichnet, sogar der Murmellaut ə mit ה (—»§ 2, ו; י; ה).

w und y können mit וו bzw. יי geschrieben werden (—»§ 2, ו; י).

In einigen Fällen werden ט mit ת und כ mit ק verwechselt (—»§ 2, ט; ת; כ; ק).

פ und ר bewirken die Abdunklung von a zu o (—»§ 2, פ; ר).

Neben dem hebräischen בת "Tochter" wird das aramäische ברת benutzt (—»§ 37).

Der Gebrauch griechischer und lateinischer Fremdwörter nimmt weiter zu (—»§ 16).

---

34 Brockelmann, Syntax, 48f.
35 Brockelmann, a.a.O., 37ff.
36 Gesenius-Kautzsch, Hebräische Grammatik, § 128, S. 433ff.

Eine reine Schriftsprache sollte sich durch einen besonders konservativen Charakter auszeichnen[37]. Veränderungen treten dort hauptsächlich durch Schreib- und Abschreibfehler auf. Da die nur geschriebene Sprache nicht in gleicher Weise den Anforderungen an die allgemeine Brauchbarkeit und Verständlichkeit wie die gesprochene Sprache unterliegt, neigt sie nicht so leicht zu Veränderungen, noch weniger zu Vereinfachungen. Wäre das Neuhebräische eine rein aus nationalistischen Gründen belebte, nur schriftliche "Kunstsprache", deren einzige Vorlage das Biblischhebräische bildet, so sollte es seiner Vorlage weitgehend entsprechen, da hierfür schriftliches Material in ausreichender Zahl vorhanden ist, von denen die "Erfinder" des Neuhebräischen alles für sie Brauchbare korrekt hätten übernehmen können.

Tatsächlich aber bieten sich uns, wie oben ausgeführt, zahlreiche Beispiele für Vereinfachungen. Warum sollten aber Weise und Schriftgelehrte ein Interesse daran haben, ihre exklusive Sprache für den "allgemeinen" Gebrauch nutzbar zu machen? Es handelt sich ja um ein "Herrschaftswissen", um die sprachliche Manifestierung eines undurchlässigen Klassensystems, deren Existenzberechtigung gerade in seiner Komplexität und Nichterreichbarkeit für andere liegt.

Die größere Wahrscheinlichkeit hat folglich die Annahme für sich, daß es sich bei den Vereinfachungen um Angleichungen an das gesprochene Wort handelt. Ein weiterer Anhaltspunkt dafür, daß das Neuhebräische von Volkskreisen gesprochen wurde, findet sich in den Bar-Kochba-Briefen. In der Situation des Bürgerkrieges scheint es wenig sinnvoll, Briefe mit Befehlen und Strafandrohungen in einer Sprache zu verschicken, die dem Adressatenkreis weitgehend unbekannt ist[38].

Wichtig für die Ermittlung des Trägerkreises dieser Sprache sind ferner die Gattungen der vorliegenden Texte. Weitgehend handelt es sich um private und geschäftliche Korrespondenz, Kauf- oder Pachturkunden, Grab- und Synagogeninschriften sowie Münzen. Teilweise lassen sich durch die Gattungen die eingedrungenen Aramaismen erklären: אחראים "bürgende" Mu 30, 24; כתבה "verantwortlich für vorangehendes Schreiben" Mu 42, 8.9; מרקת "du hast den Vertrag eingehalten" ZZ 4, 11 [39]. Hier handelt es sich um juristische termini technici, die um der Eindeutigkeit willen besser unübersetzt übernommen werden.

Klar wird damit, daß es sich wohl kaum um die Schulsprache von Weisen und Schriftgelehrten[40] handeln kann, sondern um den gesprochenen Dialekt einiger Volkskreise. Reizvoll wäre es, sowohl das vorhandene Material in unterschiedliche Dialekte einzuteilen als auch eine geographische Zuordnung zu versuchen, jedoch würde dies den Rahmen der vorliegenden Abhandlung sprengen.

---

37 F.G. Martínez, JSJ XVI(1985), 252-262; bes. 258.

38 *Es wäre eine interessante These zu untersuchen, wie weit solche "Sprachprobleme" zum Scheitern des zweiten jüdischen Aufstandes beigetragen haben.*

39 *Die zweite, von diesem Verbum belegte Form, ist eindeutig ein Infinitiv Pi"el, למרק, da der aramäische Infinitiv pa. cstr. auf -ūt endet. Das macht deutlich, daß selbst aramäische Verben sowohl aramäisch als auch hebräisch gebildet sein können.*

40 *ATTM, 49, Anm. 1.*

Auf Zeugnisse, deren zeitliche Einordnung zweifelhaft ist, wie Qohelet[41] und das Hohelied, oder bei denen es sich um mittel- und neuhebräische Mischtexte handelt, ist aus eingangs genannten Gründen verzichtet worden. Als rein formales Kennzeichen des Neuhebräischen diente der Gebrauch des Relativpronomens ש. Die Verweise auf andere Grammatiken befinden sich in den Fußnoten, interne Verweise sind mit —» § bezeichnet.

---

[41] vgl. dazu Isaksson, Bo.: *Studies in the language of Qohelet*, bes. S.190–197, *Conclusions*.

"Denn Christus ist mein Leben und Sterben ist mein Gewinn."

Phil. 1,21

§ 1 Die Texte

Die Vorstellung der Texte ist in die folgenden Punkte gegliedert:

1. Die Abkürzung, der Name der Textes / 2. Die Entstehungszeit, der Fundort / 3. Die Besonderheiten: 3.1 Die Sprache / 3.2 Die Wortabstände, die Setzung von Finalbuchstaben / 3.3 Die Unterscheidung von ו und י / 3.4 *ś mit ס geschrieben / 3.5 Die Schreibung von w und y / 3.6 Die Verwechslung von Konsonanten, besonders Gutturalen / 3.7 Der Gebrauch von Vokalbuchstaben / 3.8 Die Endung Pl.abs.m. ין/ים, die entsprechenden Suffixe Pl.3.m./f., das Personalpronomen Pl.3.m. / 3.9 weitere grammatische Besonderheiten / 4. Die Textart / 5. Das Material, bzw. der Gegenstand / 6. Der Ort der Veröffentlichung. Die Abkürzungen sind, soweit möglich, aus ATTM übernommen.
Ist bei den jeweiligen Texten der eine oder andere Punkt nicht erwähnt, gibt es dazu nichts zu sagen. Die Texte sind alphabetisch nach ihren Abkürzungen geordnet. Veröffentlichungen, die sich auf mehrere Texte beziehen, sind mit ihrem Gesamttitel vorangestellt. Unter Punkt 6. ist dann die genaue Seitenzahl genannt, die sich auf den jeweiligen Text bezieht.

1. Sammeleditionen:

ATTM: KLAUS BEYER: *Die aramäischen Texte vom Toten Meer*, Göttingen 1984 (zitiert nach S.).

CIJ : J.B. FREY, *Corpus Inscriptionum Judaicarum*, Recueil des inscriptions Juives qui vont du IIIe siècle avant Jésus-Christ au VIIe siècle de notre ère, Bd. 1, Rom 1936, 2. Aufl. mit Ergänzungen von B. Lifshitz, New York 1975; Bd. 2, Rom 1952 (zitiert nach Nr.).

R. DEGEN, W.W. MÜLLER, W. RÖLLIG: *Neue Ephemeris für semitische Epigraphik*, Bd.2 (1974) (zitiert nach Nr.).

THE HISTORICAL DICTIONARY of the Hebrew Language. *Materials.* Series I: 200 B.C.E.- 300 C.E. The Academy of the Hebrew Language, Jerusalem 1988 (zitiert nach S.).

F. HÜTTENMEISTER, G. REEG: *Die antiken Synagogen in Israel* (Beiheft zum Tübinger Atlas des Vorderen Orients B. 12/1), Wiesbaden 1977; darin: I. Die jüdischen Synagogen, Lehrhäuser und Gerichtshöfe von F. Hüttenmeister (zitiert nach S.).

L.I. LEVINE (Ed.) : *Ancient Synagogues Revealed*, Jerusalem 1981 (zitiert nach S.).

§1 Die Texte

J. NAVEH: *On Stone and Mosaic*, The Aramaic and Hebrew Inscriptions from Ancient Synagogues, Jerusalem 1978 (zitiert nach Nr.).

2. Die einzelnen Texte

AL 1 Alma, Synagoge; 3. Jh.n. Chr. / 2. Nordgaliläa / 3.1 Die erste Hälfte der Inschrift ist hebräisch, die zweite aramäisch / 4. Stiftungsinschrift auf einem Türsturz / 5. Stein / 6. Hüttenmeister, 9-11; Naveh, 3; CIJ 973; Levine, 137; Historical Dictionary, 427.

BA Beth Alpha, Synagoge, 6. Jh. n. Chr.

BA 101 3.5 יי für y möglich / 4. Aufschrift neben einem Wandbild mit der Opferung Isaaks / 5. Mosaik / 6. Hüttenmeister, 48f; Naveh, 44; CIJ 1164 .

BA 102 3.5 יי für y möglich / 3.7 י für -e-, א für -ā / 3.8 Endung Pl.m. abs. ist ים / 4. Tierkreiszeichen mit Aufschriften der Tierkreiszeichen und der Namen der Jahreszeiten / 5. Mosaik / 6. Hüttenmeister, 48; Naveh, 45; CIJ 1162 .

Bs 3 Rehov bei Beth-Schean Synagoge, um 600 nach Chr.

3.1 die vorkommenden Ortsnamen sind aramäisch und hebräisch, die Namen der Früchte und Gemüse sind hebräisch, griechisch und aramäisch / 3.2 bis auf eine Ausnahme, bei der kein ך gesetzt ist, stehen immer Finalbuchstaben; nach Navehs Ansicht ist der Schreiber unsicher bei der Unterscheidung der folgenden Buchstaben: י/ו, ב/נ, כ/נ, ם/ס und ח/ת; ר und ד sind nicht zu unterscheiden / 3.4 *š wird mit ס geschrieben / 3.5 וו für w und יי für y möglich / 3.6 ע wird einmal mit ח und א einmal mit ע verwechselt / 3.7 Vokalbuchstaben werden häufig im Wortinnern gesetzt: י für e und ו für o / 3.8 Endung Pl.abs.m. ist ין; הן wird als Personalpronomen für Pl.3.m.und f. verwendet / 3.9 a wird einmal vor p und r zu o; Doppelkonsonanz mit Zischlaut im Anlaut wird durch א-prostheticum aufgelöst; bei der Umschrift griechischer Wörter, die mit μ beginnen, stehen zwei מ; der Artikel steht teilweise entweder nur beim Nomen oder nur beim Adjektiv / 4. Stücke aus der Tosephta und dem palästinischen Talmud über Sabbatjahr, Zehnt und ihren Geltungsbereich / 5. Mosaik / 6. Hüttenmeister, 369-376. 528; Naveh, 49; ATTM 378 alle weiteren Veröffentlichungen zu dieser Inschrift.

Bei den hebräischen Inschriften aus CIJ, die als CIJ zitiert werden, habe ich die Zählung übernommen. Unter Punkt 6. ist dann nur auf das Vorwort von Lifshitz verwiesen. Wenn zu 4. nichts angemerkt ist, handelt es sich im folgenden um Grabinschriften auf Stein.

CIJ 73.74 Rom, Via Labicana

CIJ 108.283 Rom, Via Appia, 2.-3. Jh. n. Chr., 283 eventuell Monteverde Katakombe.

108 3.1 griechische Inschrift mit einem ש in ΒΑΡϢΕΟΔΑ/ 5. Marmor/ 6. Vorwort S. 29 .
283 3.1 griechische Inschrift mit שלום/ 6. Vorwort S. 33 .

CIJ 292-397 Rom, Via Portuensis, 3. Jh. n. Chr. (ATTM, S. 387)
294 3. fast unleserlich, nach Vorwort S. 33 eventuell חזן zu lesen/ 6. Vorwort S. 33 .
319 3.1 griechische Inschrift mit שלום/ 5. Marmor .
349 3.1 griechische Inschrift mit ישראל / 5. Marmor.
397 3.1 griechische Inschrift mit hebräischem Schlußsatz/ 3.7 Vorton-ā wird im Wortinnern mit א geschrieben . 397

CIJ 497.499 Rom, Umgebung der Via Portuensis
497 3.1 griechisch-lateinische Inschrift mit שלום/ 5. Marmor .
499 3.1 lateinische Inschrift mit בשלום / 5. Marmor.

CIJ 552-562 Campanien
552 2. Fondi, nahe Terracina, Zeit unklar / 3.1 griechische Inschrift mit שלום.
554 2. Nole 4. Zitat von Prov. 6,23 / 5. auf einer Bronzelampe.

CIJ 555.558 Neapel
555 4. Wunsch? / 5. Kupfersiegel .
558 2. 5.Jh. n. Chr. / 3.1 lateinische Inschrift mit שלום על מנוחתך.
562 2. Pompeji, um 79 n. Chr.? / 4. Wandinschrift / 6. Vorwort S. 44 .

CIJ 569-613 Apulien, Venosa, Zeit unklar
569 6. Vorwort S. 44 .
574 3.6 שלאש für שלום .
575 3.1 griechische Inschrift mit Σαλωμ/ 6. Vorwort S. 44 .

578	3.1 griechische Inschrift mit {ש}לו{ם}.
579	3.1 griechische Inschrift mit שאלום / 3.7 א für Vorton -a-.
584	3.1 griechische Inschrift mit hebräischem Schlußsatz.
586	3.1 griechische Inschrift mit ש{לום}/ 6. Vorwort S. 45.
593	3.1 griechische Inschrift mit hebräischem Schlußsatz/ 3.7 ה für ə möglich.
594	3.1 griechische Inschrift mit hebräischem Anfangssatz.
595	3.1 griechische Inschrift in hebräischer Umschrift mit hebräischem Anfangssatz/ 3.2 Worttrennung am Zeilenende / 3.7 י für -e-, ה für ə möglich.
596	3.1 griechische Inschrift mit שאלום/ 6. Vorwort S. 45 hat eine andere Lesung als Frey (deutet das ש als Menorah).
597	3.1 griechische Inschrift mit שלום.
599	3.1 griechische Inschrift mit hebräischem Schlußsatz/ 3.7 י für -ē- möglich/ 6. Vorwort S. 45 hat eine andere Lesung als Frey (ohne י für -ē-).
600	3.1 griechische Inschrift mit שלום.
606	3.1 lateinische Inschrift mit שלום.
607	3.1 griechische Inschrift mit שלום ל{}.
608	3.1 lateinische Inschrift mit hebräischem Schlußsatz/ 6. Vorwort S. 45 hebräischer Schlußsatz שלום אל משכהבו.
609	3.1 lateinische Inschrift mit hebräischem Anfangssatz.
611	3.1 lateinische Inschrift mit eingefügtem hebräischem Satz/ 3.6 Schreibfehler Fem.-Endung ausgelassen/ 6. Vorwort S. 45.
613	3.1 lateinische Inschrift mit hebräischem Schlußsatz/ 3.7 ה für ə möglich.

CIJ 621-634 Calabrien

621-630	Tarent, 5. Jh. n. Chr. (ATTM 387).
621	3.6 Schreibfehler ינוח für תנוח Impf.sg.3.f.
622	3.5 יי für -ay möglich.
625	3.6 כ mit ק verwechselt/ 4. Zitat aus Prov. 10,7.
626	4. Fragment.
629	3.1 Die Vorderseite der Inschrift ist lateinisch, die Rückseite hebräisch/ 4. Zitat aus Ps. 97,11 und Prov. 10,7.
630	3.1 lateinisch-hebräische Bilingue / 3.7 י für -e- möglich /3.8 die Endung Pl.abs.m. ist י'; das Singularsuffix Pl.3.m. ם.

CIJ 632 2. Otrante/ 3.1 griechische Inschrift mit hebräischem Schlußsatz/ 3.8 die Endung Pl.abs.m. ist ים/ 6. J. Naveh, IEJ 27 (1977), 180, hält Freys Rekonstruktion für unzulässig.

CIJ 633	2. Bari, dieselbe Zeit wie Venosa
CIJ 634	Oria, 2. aufgrund des lateinischen Textes ist diese Inschrift vor dem 8. Jh. n. Chr. zu datieren; das im hebräischen Teil dieser Inschrift verwendete Wort נפטרה "sie verschied" ist in einer Inschrift aus Ascoli aus dem Jahre 832 n. Chr. belegt / 3.1 hebräisch-lateinische Bilingue; Lesung bei נפטרה unsicher; analog zur Photographie ist in Z.4 אמנה zu lesen / 3.5 ור für w möglich/ 3.7 ו für -o-, י für -e- und ə möglich/ 6. Vorwort S. 49; nach J. Naveh, IEJ 27 (1977), 180, ist in Z. 2 אשה zu lesen; A. Wasserstein, IEJ 32 (1982), 269 schreibt, daß Frey diese Verbesserung bereits selbst gemacht hat.
CIJ 644	2. Mailand, Zeit unklar/ 3.1 Reste eines {של}רום am Anfang einer lateinischen Inschrift / 5. Marmor.
CIJ 649	2. Italien, unbekannte Herkunft, Zeit unklar/ 3.1 griechische Inschrift mit לעולם / 5. Marmor.
CIJ 650	2. Sizilien, 383 n. Chr. nach dem auf der Inschrift angegebenen Todesdatum/ 3.1 lateinische Inschrift mit hebräischem Anfangssatz/ 5. weißer Marmor.
CIJ 656.659	Sardinien
656	2. Macomer, wahrscheinlich sehr spät / 4. Siegelinschrift / 5. Bronze.
659	2. Sant'Antioco, 4.-5. Jh. n.Chr./ 3.1 lateinische Inschrift mit שלום / 4. gemalte Fußbodeninschrift.
CIJ 661	2. Spanien, Tortosa, 6. Jh. n. Chr./ 3.7 א für -ā / 3.8 die Endung Pl.abs.m. ist ים/ 6. Vorwort S. 57 ; J. Naveh hat andere Lesungen: Z.2: מליושא statt מליושא und ברחיה statt בת; Z.3: ר{י}הורה ולקירא מ{רים זכר צ{ר}קת; Z.4: נישמחה statt נשמחה und עולם statt העולם; er ergänzt תהא statt des von Frey gelesenen הבא; Z.5: er liest ein zusätzliches {ס}ל{ה}, IEJ 27 (1977), S.180; A. Wasserstein, IEJ 32 (1982), 269.
CIJ 668-671	Gallien
668	2. Arles, erste Hälfte des 9. Jh. n. Chr. oder 7.-8. Jh. n. Chr. / 3.1 das Mittelstück der Inschrift ist aramäisch 3.9 im hebräischen Teil

wird בר statt בן benutzt/ 6. Lifshitz hat andere Lesung, Vorwort S. 58 קברו "sein Grab" statt קברה; nach A.Wasserstein, IEJ 32 (1982), 270, ist das kein Fehler von Frey, sondern steht tatsächlich in der Inschrift.

669	2. Arles, Zeit unklar.
670	2. Narbonne, 688 n.Chr./ 3.1 lateinische Inschrift mit hebräischem Satz.
671	2. Auch, Zeit unklar / 3.1 lateinische Inschrift mit שלום.
CIJ 688	2. Bosporus, 3.-4. Jh. n.Chr./ 3.1 griechische Inschrift mit hebräischem Anfangssatz/ 5. weicher Kalkstein / 6. Vorwort S. 66.
CIJ 732	2. Campanien, Nole / 3.1 griechische Inschrift mit שלום/ 4. Inschrift / 5. Goldglas.
CIJ 48*	2. Ostia, Zeit unklar/ 4. Bruchstück.
CIJ 737	2. Zypern, Lapethos/ 4. Aufschrift auf einer Gemme.
CIJ 739	2. Smyrna/ 3.1 griechische Inschrift mit שלום/ 4. Stiftungsinschrift einer Synagoge.
CIJ 836	2. Syrien, Transjordanien/ 4. Inschrift neben einer Figur / 5. Stein.
CIJ 862	2. Der'a.
CIJ 868	2. Araq el-Emir, 3. Jh. vor Chr./ 4. Inschrift/ 5. Stein.
CIJ 869	2. Biblos / 4. Bruchstück/ 5. Stein.
CIJ 874	2. Beirut/ 3.1 griechische Inschrift mit שלום/ 4. Grabinschrift.
CIJ 887	2. Cäsarea/ 3.1 Bruchstück einer griechischen Inschrift mit hebräischem Schlußsatz / 4. Grabinschrift/ 5. Stein.
CIJ 961	2. Aschdod / 3.1 griechische Inschrift mit שלום/ 4. Inschrift/ 5. Stein.
CIJ 970	2. Maiumas, nahe Gaza/ 3.1 griechische Inschrift mit שלום/ 4. Inschrift/ 5. Stein.
CIJ 1170	2. Ain-Sinja/ 3.9 בן und בר werden nebeneinander benutzt.
CIJ 1178	2. Gezer / 4. Grabinschrift / 5. Steinossuar.
CIJ 1186	2. Amwas, 4.-6. Jh. n.Chr./ 4. Segenswunsch/ 5. Säulenkapitell.
CIJ 1190	2. nahe Abu-Gosch/ 4. Grabinschrift/ 5. Steinossuar.
CIJ 1191	2. Mikhmas.

CIJ 1192. 1193 Rama

1192	4. Ossuar/ 5. Stein.
1193	4. Ossuar/ 5. Stein.

CIJ 1437.1438 Unterägypten

1437	3.1 griechische Inschrift mit שלום/ 4. Inschrift/ 5. Stein.

1438	3.1 griechische Inschrift mit שלום / 4. Inschrift / 5. Sockel einer Säule .
CIJ 1533	2. Minieh/ 4. Inschrift/ 5. Kalkstein.
CIJ 1534	2. Antinoopolis, 1./2. Jh. n. Chr./ 4. Grabinschrift / 5. Stein / 6. Historical Dictionary, 423.
CIJ 1536	2. Mittelägypten, 1./2. Jh. n. Chr. / 4. Inschrift an einer Mumie/ 5. Holz / 6. Historical Dictionary, 425 .
Cu	Die Kupferrolle, kurz vor 70 n.Chr.
	3.1 griechische und lateinische Wörter kommen vor; am Ende von einigen Paragraphen stehen zwei oder drei griechische Buchstaben/ 3.2 es gibt keine Wortabstände, Finalbuchstaben sind selten, stehen aber zuweilen im Wortinnern; mehrfach Worttrennung am Zeilenende/ 3.3 ר/ד, כ/ב, ו/י und ח/ה sind nicht zu unterscheiden/ 3.4 *š mit ס möglich/ 3.8 die Endung Pl.abs.m. ist ין, das Singularsuffix Pl.3.m. ist ן; außer immer מים "Wasser" Cu 5, 1; 7, 14; 9, 11; 10, 15; שתים "zwei" ist auch als שתין belegt/ 3.9 für b steht selten וב oder ו; -ā und das Singularsuffix Sg.3.f. werden meistens mit א geschrieben; Zahlen zwischen 11 und 19 können unter Silbenverlust zusammengeschrieben werden; zwischen langen Vokalen wird ein ' eingefügt; etymologisches א fällt bei alleinstehendem הו "er" und הי "sie" aus/ 4. Verzeichnis von versteckten Schätzen/ 5. Kupfer/ 6. J.T. Milik, in DJD 3 (1962), S. 199-302. 314-317; J.M. Allegro, The Treasure of the Copper Scroll, 2.Aufl., London 1964; B.Z. Luria, מגילת הנחושת ממדבר יהודה, Jerusalem 1963; B. Pixner, RdQ 11 (1983), 323-361; Y. Thorion, ebd., 12 (1986), 163-176; A. Wolters, ebd., 12 (1987), 589-596; A. Wolters, ebd., 13 (1988), 167-176; Historical Dictionary, 387-391.
DA 6	Dabbura, Synagoge / 2. 3. Jh. n. Chr. / 3.2 Wortabstände werden nicht eingehalten / 3.9 der Genitiv wird mit vorweisendem Suffix konstruiert/ 4. Lehrhausinschrift/ 5. Stein / 6. Hüttenmeister, 91-95; Naveh, 6; Levine, 137; ATTM, 396; Historical Dictionary, 820 .
DN 101	Danqella, Synagoge / 2. 3. Jh. n. Chr. / 3.2 die Wortabstände werden nicht eingehalten/ 4. Bruchstück eines Textes / 5. Stein/ 6. Hüttenmeister, 99f; Naveh, 109 .

Du   Dura Europos, Synagoge, vor 244 n. Chr.

     101   3.6 א und ה werden verwechselt / 4. Aufschrift neben einem Fresko/ 5. auf die Wand gemalt/ 6. Naveh, 94; CIJ 840 .

     102   3.6 ט anstelle von ת / 3.7 ו für -o- und י für -e- möglich / 4. Aufschrift neben einem Wandbild / 5. Stein / 6. Naveh, 95; CIJ 842.

     103   4. zwei zusammenhanglose Wörter/ 5. in den Wandputz eingraviert/ 6. Naveh, 100; CIJ 827 .

EN 2   En-Gedi, Synagoge/ 2. 5. Jh. n. Chr./ 3.1 die ersten acht Zeilen sind hebräisch, die restlichen zehn aramäisch/ 3.5 für y möglich/ 3.7 ו für -o- und י für -e- möglich / 3.8 die Endung Pl.abs.m . ist ים/ 4. Aufzählung der Urväter, Tierkreiszeichen, Monatsnamen, der drei Erzväter und der drei Gefährten Daniels/ 5. Fußbodenmosaik/ 6. Hüttenmeister, 108-114.524; Naveh, 70; Levine, 140-145; ATTM, 363f: dort entspricht En 2 den Zeilen 5f und En 3 den Zeilen 9-18.

GA 101   Gaza, Synagoge/ 2. 508 n. Chr./ 4. Aufschrift neben einem Mosaik/ 5. Fußbodenmosaik / 6. Hüttenmeister, 130-137; Naveh, 55.

GR 1   Gerasa, Synagoge / 2. 4.-5.Jh. n. Chr./ 3.3 י und ו sind unterscheidbar, wenn auch schwierig / 3.7 י für -e- möglich /4. Stifterinschrift/ 5. Mosaik in einem Rahmen/ 6. Hüttenmeister, 126-130; Naveh, 50; CIJ 866; ATTM, 397 .

HH   Hirbet Habra

     1   2. Synagoge archäologisch unsicher / 4. Bruchstück / 5. Stein / 6. Hüttenmeister, 149 .

     2   3.1 griechische Inschrift mit hebräischem Segenswunsch/ 5. Stein/ 6. Hüttenmeister, 150: dies ist ein Teil einer Grabinschrift und wird irrtümlich als ein Säulenstück dieser Synagoge betrachtet; CIJ 1175.

HM 101   al-Hammām, Synagoge/ 2. 4. Jh. n. Chr./ 3.7 י für -e- möglich/ 3.8 die Endung Pl.abs.m. ist ים/ 3.9 etymologisches א fällt aus; ילד ist spiegelbildlich geschrieben/ 6. Hüttenmeister, 163-168; Naveh, 27.

HV 81	2. "Jahr 3", 134/135 n. Chr./ 3.1 aramäischer Vertrag mit einzelnen hebräischen Wörtern/ 3.9 etymologisches א fällt am Wortende ab/ 4. Hauskaufvertrag, Doppelurkunde / 5. Papyrus / 6. M.Broshi und E. Qimron, IEJ 36 (1986), 201-214.
IF 101	Isfiya, Synagoge/ 2. 5.-6. Jh. n. Chr./ 4. Segenswunsch / 5. Fußbodenmosaik/ 6. Hüttenmeister, 181-184; Naveh, 38; CIJ 884.
Je	Nekropolen von Jerusalem, 37 vor Chr. bis 70 n. Chr.
28	3.1 aramäische Inschrift mit hebräischem Titel/ 6. ATTM, 345.
29	3.1 aramäische Inschrift mit hebräischem Titel/ 6. ATTM, 345.
30	3.1 aramäische Inschrift mit hebräischem Titel / 6. ATTM, 345.
39	3.1 aramäische Inschrift mit hebräischem Titel/ 6. D. Barag und D. Flusser, IEJ 36 (1986), 39-44.
Je 101-105	für diese Ossuare gibt Frey die Entstehungszeit mit 37 vor Chr. bis 70 n. Chr. an.
101	6. CIJ 1210; J.T. Milik, Dominus flevit, S 187 (genaue Titelangabe vor Je 190).
102	6. CIJ 1215.
103	6. CIJ 1216.
104	3. -ā wird mit א geschrieben / 6. CIJ 1218.
105	3. bei Frey im Text steht ein ה, in der danebenstehenden Abzeichnung ist ein א zu erkennen; א für -ā möglich/ 6. CIJ 1220.
106	6. CIJ 1223.
107	6. CIJ 1240.
108	6. CIJ 1241.
109	6. CIJ 1242.
110	6. CIJ 1243.
111	6. CIJ 1244.
112	6. CIJ 1246.
113	6. CIJ 1247; Historical Dictionary, 375.
114	6. CIJ 1253.
115	6. CIJ 1254.
116	3. בן und בר werden nebeneinander benutzt/ 6. CIJ 1255.
117	6. CIJ 1261; J.T. Milik, Dominus flevit; S. 187.
118	6. CIJ 1262.
119	6. CIJ 1264.
120	6. CIJ 1265.
121	6. CIJ 1266.

122	6. CIJ 1281.
123	6. CIJ 1285.
124	3. nach J.T.Milik S. 187, Dominus flevit, (genaue Titelangabe vor Je 190) eine Fälschung/ 6. CIJ 1286; Historical Dictionary, 383.
125	6. CIJ 1287.
126	6. CIJ 1288 ; J.T. Milik, Dominus flevit, S.187 liest: תלעזר.
127	3.7 א für -ā möglich/ 6. CIJ 1289.
128	6. CIJ 1290.
129	6. CIJ 1291; J.T. Milik, Dominus flevit; S. 187 liest : יהוסה.
130	6. CIJ 1292.
131	6. CIJ 1293.
132	6. CIJ 1294; Historical Dictionary, 372.
133	3.2 kein finales ם gesetzt/ 6. CIJ 1295; J.T. Milik, Dominus flevit, S. 187 hält אחת statt אשת für möglich; Historical Dictionary, 373.
134	6. CIJ 1296.
135	6. CIJ 1298.
136	6. CIJ 1305.
137	6. CIJ 1306.
138	6. CIJ 1307.
139a	3. -ō- ohne ו/ 6. CIJ 1308a ; Historical Dictionary, 374.
139b	3. בר statt בן benutzt/ 6. CIJ 1308b; Historical Dictionary, 374.
140	6. CIJ 1309.
141	6. CIJ 1312.
142	6. CIJ 1313.
143	6. CIJ 1314.
144	6. CIJ 1315.
145	6. CIJ 1316.
146	3. -ō- ohne ו/ 6. CIJ 1317.
147	6. CIJ 1331.
148	3. unlesbarer Name/ 6. CIJ 1332.
149	6. CIJ 1333.
150	3. י für -e- möglich/ 6. CIJ 1337.
151	6. CIJ 1340.
152	6. CIJ 1342.
153	6. CIJ 1343.
154	3.2 ם, aber kein ף gesetzt/ 6. CIJ 1344.
155	6. CIJ 1345.
156	6. CIJ 1346; J.T.Milik, Dominus flevit, S. 187 liest שלום אמנו.
157	3.9 בן und בר werden nebeneinander benutzt / 6. CIJ 1351.
158	6. CIJ 1358.

159	6. CIJ 1360.
160	3.1 unlesbarer Name/ 6. CIJ 1370; J.T. Milik, Dominus flevit, S. 187 rekonstruiert den Namen mit תל{מה בר יאיר}.
161	3.1 griechischer Name/ 3.7 -ā wird mit א geschrieben/ 6. CIJ 1371.
162	3.1 griechischer Name mit hebräischem Zugehörigkeitsaffix/ 6. CIJ 1372; Historical Dictionary, 377.
163	3.1 griechischer Name mit hebräischem Zugehörigkeitsaffix/ 6. CIJ 1374; Historical Dictionary, 379.
164	6. CIJ 1377.
165	3.7 א für -ā möglich / 6. CIJ 1378.
166	6. CIJ 1380.
167	6. CIJ 1386.
168	6. CIJ 1390; J.T. Milik, Dominus flevit, S. 187 deutet den Zusatz als mögliche Nisbe; Historical Dictionary, 819.
169	6. CIJ 1391.
170	6. CIJ 1392.
171	6. CIJ 1394; J.T. Milik, Dominus flevit, S.187; Historical Dictionary, 371.
172	6. CIJ 1395.
173	3.7 ה für -ē möglich/ 6. CIJ 1398.
174	6. CIJ 1399.
175	3.9 בר statt בן/ 6. CIJ 1401.
176	6. CIJ 1402.
177	6. CIJ 1403.
178	3. בר statt בן/ 6. CIJ 1409.
179	6. CIJ 1410; Historical Dictionary, 380.
180	6. CIJ 1411; Historical Dictionary, 381.
181	6. CIJ 1413; Historical Dictionary, 397.
182	3.1 griechische Inschrift mit hebräischem Schlußsatz / 3.7 י für -e- möglich/ 5. Marmor/ 6. CIJ 1414.

Die folgenden Inschriften stammen aus: J.T. Milik, P.B. Bagatti, Gli scavi del "Dominus flevit", B. 1 (Pubblicazioni dello Studium Biblicum Franciscanum B.13), Jerusalem 1958, 70-109.

190	3.7 -ā wird mit א geschrieben/ 6. Nr. 3, S. 74.
191	6. Nr. 4, S. 76.
192	3. kursive Schrift/ 6. Nr. 5, S. 76.
193	6. Nr. 6, S. 77.
194	6. Nr. 8, S. 79.

	195	6. Nr. 12, S. 83.
	196	6. Nr. 14, S. 85.
	197	6. Nr. 15, S. 85.
	198	6. Nr. 29, S. 94.
	199	3. unsichere Fem.Form/ 6. Nr. 31, S. 95.
	200	6. Nr. 35, S. 97.
	201	3.7 א für -ā möglich/ 6. Nr. 39, S. 98.
	202	6. Nr. 40, S. 99.
	203	3.4 ס für š/ 6. Nr. 42, S. 100.
	204	3.7 א für -ā möglich/ 6. CIJ 1311.
	205	6. CIJ 1361.
	206	6. CIJ 1373; Historical Dictionary, 378.
	207	3.9 phonetische Schreibung/ 6. J.T. Milik, RB 65 (1958), 409, Nr. 15.
	210	3.7 -ā mit א geschrieben/ 6. J. Naveh, IEJ 20 (1970), 35, Nr. 3.
	211	6. Naveh, ebd., S. 35, Nr. 4; H.-W. Kuhn, Der Gekreuzigte von Giv'at ha-Mivtar, in: Festschrift E.Dinkler, Tübingen 1979, 303-334.
	212	6. Naveh, a.a.O., S. 36, Nr. 5.
	213	6. Naveh, a.a.O., S. 36, Nr. 11.
	214	6. Naveh, a.a.O.; S. 36, Nr. 12.
	220	6. Historical Dictionary, 382.
	221	6. Historical Dictionary, 385
	222	4. drei zusammenhanglose Buchstaben 6. Historical Dictionary, 386.
JM 1		2. Jemen, Beth-al-Aschwal, Ende 4. Jh. n. Chr., 385 n.Chr./ 3.1 sabäisch-hebräische Bilingue/ 4. Stiftungsinschrift/ 5. Stein/ 6. Naveh, Nr, 105; NESE 2, 111.117f.
JR 4		2. Jericho, Ossuar, um 35 n. Chr./ 3.1 zweimal בן und einmal בת benutzt, sonst ist diese Inschrift griechisch und aramäisch/ 5. Stein/ 6. R. Hachlili, BASOR 235 (1979), 34, Ossuar 2.15; ATTM S. 348.
JR 101		2. Jericho, Synagoge, 6.-7.Jh. n. Chr./ 3.2 keine Wortabstände/ 3.3 י und ו sind schwer zu unterscheiden/ 4. Segenswunsch/ 5. Fußbodenmosaik/ 6. Hüttenmeister, S. 189-191; Naveh, Nr. 68.
KA 1		2. Kafar ʿAlar/ 6. Historical Dictionary, 424.

KB 1	2. Kafar Barʿam, Synagoge, 3. Jh. n.Chr./ 3.3 kein Unterschied zwischen י und י/ 4. Stiftungsinschrift/ 5. im Türsturz eingraviert/ 6. Hüttenmeister, S. 35-38.523; Naveh, Nr. 1; CIJ 974; Levine, S. 137; ATTM S. 373; Historical Dictionary, 426.
ME 1	2. Meron, 2. Hälfte 3. Jh. n.Chr./ 6. Hüttenmeister, S. 311-314: es wurde bisher kein Text in Meron gefunden; die zitierte Inschrift gehört eigentlich nach Kafar Barʿam; Naveh, Nr.14; CIJ 978.
MS 101	2. Masada, 66-74 n.Chr./ 6. Hüttenmeister, S. 314f.
Mu	**Murabbaʿat**

J. T. Milik, in: DJD 2, Oxford 1961.
B. Kanael, Notes on the Dates Used during the Bar Kokhba Revolt, IEJ 21(1971), 39-46.
E. Koffmahn, Die Doppelurkunden aus der Wüste Juda. Recht und Praxis der jüdischen Papyri des 1. und 2. Jh.'s n. Chr. samt Übertragung der Texte und deutscher Übersetzung, Leiden 1968.
D. Pardee, Handbook of ancient hebrew letters, Chico 1982; zur Form: JBL 97(1978), 321-346: D. Pardee, D. Whitehead, P.E. Dion, An overview of ancient hebrew epistolography.
ATTM, S. 305f: weitere Literatur zu den Texten aus Murabbaʿat.

6	3. Bruchstück / 6. Historical Dictionary, 222.
7	3. Bruchstück/ 6. Historical Dictionary, 398.
22	2. 131 n. Chr. / 3.2 extrem kursive Schrift ohne Wortabstände, schwer lesbar/ 4. Doppelurkunde über den Verkauf eines Grundstücks/ 5. Papyrus / 6. J.T. Milik, S. 118-121; Historical Dictionnary, 399.
24	2. 133 nach Chr./ 3.4 *š mit ס möglich/ 3.7 Vokalbuchstaben sind nur bei langen Vokalen im Inlaut gesetzt, mit Ausnahme von כול; א für -ā bei כוסבא/ 3.8 die Endung Pl.abs.m. ist ין, mit Ausnahme von שתים "zwei" und שנים "Jahre", das Personalpronomen Pl.3.f. lautet הם / 3.9 Die Akkusativpartikel את kann zu ת verkürzt mit dem folgenden Wort zusammengeschrieben werden; המך "von dir" steht für ממך; das נ von חנטין "Weizen" ist nicht assimiliert; für das Futur steht die Kurzform von היה mit dem Partizip qal aktiv/ 4. Pachtvertrag für Ackerland in fünf Kolumnen mit wenig abweichendem Formular; A: nur der linke Rand ist erhalten; B: fast ganz erhalten; C.D: nur in Bruchstücken erhalten; E: fast ganz erhalten; F: nur der rechte Rand ist erhalten; J: nur in Bruchstücken erhalten/ 5. Papyrus / 6. J.T. Milik, S. 122-134; Historical Dictionary, 402ff.
29	2. 133 n.Chr./ 3.1 griechische Namen und aramäische Wendungen sind häufig/ 3.2 Innen- und Außenschrift kursiv ohne Wortabstände/ 3.8 die Endung Pl.abs.m. ist ים/ 3.9 בר wird statt בן und ברת

statt בת benutzt / 4. Pachtvertrag für ein Grundstück ; Doppelurkunde/ 5. Papyrus/ 6. J.T. Milik, S. 140-144 ; Historical Dictionary, 405.

30 2. 134 n.Chr./ 3.2 Innen- und Außenschrift kursiv ohne Wortabstände/ 3.3 ו und י sind gleich/ 3.8 die Endung Pl.abs.m. ist ים/ 3.9 zwischen langen Vokalen wird ein א eingeschoben; בר wird neben בן und ברת statt בת benutzt; רוסתם זה "dieser Dosthes" steht ohne Artikel vor dem Demonstrativpronomen/ 4. Kaufvertrag für ein Haus, Doppelurkunde/ 5. Papyrus/ 6. J.T.Milik, S. 144-148; Historical Dictionary, 411; M. Broshi und E. Qimron, IEJ 36(1986), 211 halten Miliks Lesung מכיר "Pächter" Z.3.16 für einen Irrtum und lesen מכור (vgl. dazu § 11.16 qatūl).

36 nur bruchstückhaft erhaltener Papyrus mit einzelnen Buchstaben in Kanzleischrift/ 6. J.T.Milik, S. 152 .

42 2. 134-135 n. Chr. / 3.2 Kanzleischrift einer ungeübten Hand/ 3.7 א für -ā möglich/ 3.8 die Endung Pl.abs.m. ist ין/ 3.9 der aramäische Emphaticus ist einmal gesetzt; etymologisches א fällt aus; בב im Anlaut wird zu אב; Kurzform von היה wird zusammen mit dem Partizip qal gesetzt; der Imperativ von der hebräischen Wurzel היה wird von הוה mit א-Protheticum gebildet; am Ende aramäische Wendung zu Verträgen übernommen/ 4. Brief von zwei Lagerleitern an Simon ben Kosiba/ 5. Papyrus / 6. J.T. Milik, S. 155-159 ; Historical Dictionary, 413; Pardee, 122-128, Bibl.122f.

43 2. 134-135 n. Chr./ 3.2 Kanzleischrift/ 3.4 *š mit ס möglich / 3.8 die Endung Pl.abs.m. ist ים/ 3.9 Die Akkusativpartikel את kann zu ת verkürzt mit dem folgenden Wort zusammengeschrieben werden; zwischen langen Vokalen wird ein א eingeschoben/ 4. Brief des Simon ben Kosiba an Jesus ben Galgula/ 5. Papyrus / 6. J.T. Milik, S. 159-161; Historical Dictionary, 414; Pardee, 128-131, Bibl.128f.

44 2. 134-135 n.Chr./ 3.2 Kanzleischrift / 3.6 ה und ח werden verwechselt / 3.7 כור "Getreidemaß" wird mit ו geschrieben / 3.8 die Endung Pl.abs.m. ist ין; das Singularsuffix Pl.3.f. ist הן/ 3.9 phonetische Schreibung, etymologisches א fällt aus; die Akkusativpartikel את kann zu ת verkürzt mit dem folgenden Wort zusammengeschrieben werden; der Imperativ von der hebräischen Wurzel היה wird von הוה aus gebildet / 4. Brief des Simon ben Kosiba an Jesus ben Galgula/ 5. Papyrus / 6. J.T. Milik, S. 161-163; Historical Dictionary, 415; Pardee, 131-134, Bibl. 131f.

45 2. 134-135 n.Chr./ 3.6 ה und ח werden verwechselt/ 3.8 die Endung Pl.abs.m. ist ין; das Singularsuffix Pl.3.m. ist הן/ 4. Brief / 5. Papyrus/ 6. J.T. Milik, S. 163-164 ; Historical Dictionary, 416; Pardee, 134f, Bibl. 134.

46	2. 134-135 n. Chr./ 3.2 Kanzleischrift / 3.7 lange Vokale werden im Wortinnern bezeichnet/ 3.8 die Endung Pl.abs.m. ist ין/ 3.9 zwischen langen Vokalen wird ein א eingeschoben; phonetische Schreibung, etymologisches א kann bei מהו "was ist?" ausfallen; der Imperativ der hebräischen Wurzel היה wird von הוה aus gebildet / 4. ein in En-Gedi geschriebener Brief/ 5. Papyrus/ 6. J.T. Milik, S. 164-166; Historical Dictionary, 417; Pardee, 135-137, Bibl. 135.
47	4. zwei Bruchstücke eines Briefes/ 5. Papyrus/ 6. J.T. Milik, S. 166f; Historical Dictionary, 418; Pardee, 137f, Bibl. 137.
48	3.9 der Imperativ der hebräischen Wurzel היה wird von הוה aus gebildet/ 4. Fragment eines Briefes/ 5. Papyrus / 6. J.T. Milik, S. 167f; Historical Dictionary, 419; Pardee, 138f, Bibl. 138; zum Briefformular vgl. Pardee, a.a.O., 145-164.

Mz Münzen J. Meshorer, Ancient Jewish Coinage, Vol. II, Herod the Great through Bar Cochba, New York 1982; ders., Jewish Coins of the Second Temple Period, Chicago 1967; L. Mildenberger, The Coinage of the Bar Kochba War, Frankfurt 1984 ;Zählung nach Meshorer / 3.2 es werden keine Finalbuchstaben gesetzt

A : Mz 148-164	Münzen aus der Zeit des ersten Jüdischen Aufstandes gegen Rom, 60-70 n. Chr. /6. Historical Dictionary, 392 (Mz 148-150); 393 (Mz 151-153); 394 (Mz 154-156); 395 (Mz 158-163); 396 (Mz 164).
B: Mz 165-215:	Münzen aus dem Bar-Kochba-Aufstand, 132-135 n. Chr./ 6. Historical Dictionary, 400.401.409 .
1. Mz 165-175:	Münzen aus dem Jahr 1, 132/133 n. Chr./ 6. Historical Dictionary, 400 (Mz 165-167.169.171.173).
2. Mz 176-177:	Münzen aus den Jahren 1 und 2 / 6. Historical Dictionary, 400f (Mz 176).
3. Mz 178-198:	Münzen aus dem Jahr 2, 133/134 n.Chr./ 6. Historical Dictionary, 401 (Mz 178.181.183.186.187) .
4. Mz 199-215:	Münzen aus dem Jahr 3, 134/135 n.Chr./ 6. Historical Dictionary, 409 (Mz 199.213.214).

NB Nekropole Beth Sche'arim, um 300 n.Chr.

B. Mazar, Beth She'arim, Report on the Excavation during 1936-1940, 2. Edition.
Vol. I. The catacombs I-IV.X.
Vol. II The greek inscriptions. By M. Schwabe and B. Lifshitz on behalf of the Israel Exploration Society and the Institute of Archeology, Hebrew University Jerusalem 1974 .
Vol. III Catacombs 12-23, by Nahman Avigad, 1976.

5	3.2 die Wortabstände sind unregelmäßig/ 3.9 nach -ā wird ein n angefügt; der Genitiv wird mit vorweisendem Suffix konstruiert; statt שלום steht שתלם / 6. Vol. III, S. 236, Nr.5.
6	3.2 keine Wortabstände/ 3.5 וו für w möglich/ 3.9 nach -ā wird ein n angefügt/ 6. Vol. III, S. 237, Nr.6.
7	6. Vol. III, S. 238 Nr.7.
8	6. Vol. III, S. 238 Nr. 8; Historical Dictionary, 799.
9	3.1 eine Zeile hebräischer, eine Zeile griechischer Text/ 6. Vol. III, S. 238 Nr. 9; Vol. II, S 147, Nr. 174 ; Historical Dictionary, 800.
10	3.1 hebräisch-griechische Bilingue/ 3.7 א für -ā möglich/ 6. Vol. III, S. 239 Nr.10; Historical Dictionary, 801.
11	3.7 א für -ā möglich/ 6. Vol. III, S. 239 Nr. 11; Historical Dictionary, 802.
12	3.1 vier zusammenhanglose Buchstaben/ 6. Vol. III, S. 240 Nr. 12.
13	6. Vol. III, S. 241 Nr. 12.
14	3.1 Anfang einer Inschrift/ 6. Vol. III, S. 241 Nr.14.
15	3.2 geringe, unregelmäßige Wortabstände/ 3.7 י für -e- und ו für -o- möglich/ 3.8 die Endung Pl.abs.m. ist ים und ין/ 3.9 der Genitiv wird mit vorweisendem Suffix konstruiert/ 6. Vol. III, S. 241-243 Nr. 15; Historical Dictionary, 803.
16	3.7 י für -e- möglich/ 6. Vol.III , S. 243 Nr.16; Historical Dictionary, 804.
17	3.3 י und ו sind schwer unterscheidbar/ 3.7 י für -e- und ו für -o- möglich/ 3.8 die Endung Pl.abs.m. ist ים/ 3.9 der Genitiv wird mit vorweisendem Suffix konstruiert/ 6. Vol. III, S. 243-245 Nr. 17; J. Naveh, JOS 9 (1979), 30f ; Historical Dictionnary, 428.
18	3.7 א für -ā möglich/ 6. Vol. III, S. 245 Nr.18.
19	6. Vol. III, S. 245 Nr. 19; Historical Dictionary, 805.
20	3.2 die Wortabstände sind unregelmäßig/ 3.7 א für -ā möglich/ 3.9 der Genitiv wird mit vorweisendem Suffix konstruiert / 6. Vol. III, ebd., S. 245f Nr. 20; Historical Dictionary, 806.
21	3.2 die Wortabstände sind unregelmäßig / 3.9 der Genitiv wird mit vorweisendem Suffix konstruiert/ 6. Vol. III, S. 246f Nr. 21; Historical Dictionary, 807.
22	3.3 י und ו sind schwer unterscheidbar/ 3.9 nach -ā wird ein n angefügt; der Genitiv wird mit vorweisendem Suffix konstruiert/ 6. Vol. III, S. 247f Nr. 22; Historical Dictionary, 429.
23	3.3 י und ו sind gleich/ 3.9 der Genitiv wird mit vorweisendem Suffix konstruiert/ 6. Vol. III, S. 247 Nr. 23; Historical Dictionnary, 808.

24	3.5 וו für w möglich/ 3.9 der Genitiv wird mit vorweisendem Suffix konstruiert/ 6. Vol. III, S. 248f Nr 24 ; Historical Dictionary, 809.
25	3.2 teilweise ohne Wortabstände/ 3.8 die Endung Pl.abs.m. ist ים/ 3.9 der Genitiv wird mit vorweisendem Suffix konstruiert/ 6. Vol. III, S. 249f Nr. 25; Historical Dictionary, 810 .
26	6. Vol. III, S. 250f Nr. 26; Historical Dictionary, 811 .
27	6. Vol. III, S. 251 Nr. 27 .
28	3.2 die Wortabstände sind unregelmäßig, aber eingehalten / 3.3 ו und י sind schwer unterscheidbar/ 3.5 וו für w möglich / 3.9 der Genitiv wird mit vorweisendem Suffix konstruiert / 6. Vol. III, S. 251-254 Nr. 28; Historical Dictionary, 812 .
29	3.7 י für -e- möglich/ 6. Vol. I, S. 197f Nr. 8.
30	3.9 בר statt בן/ 6. Vol. I, S. 199f Nr. 23; CIJ 994 .
31	6. Vol. I, S. 200 Nr. 36; CIJ 1039.
32	6. Vol. I, S. 200f Nr. 38; CIJ 1041 .
33	3.7 י für -e- möglich/ 6. Vol. I, S. 201 Nr. 40; CIJ 1042: liest בירירבי für ברריבי .
34	6. Vol. I, S. 201 Nr. 50; CIJ 1052 .
35	3.8 die Endung Pl.abs.m. ist ים/ 6. Vol. I, S. 201 Nr. 52; CIJ 1001.
36	3.8 die Endung Pl.abs.m. ist ים/ 6. Vol. I, S. 201f Nr. 67; CIJ 1002.
37	6. Vol. I, S. 202 Nr. 69; CIJ 1065 .
38	6. Vol. I, S. 202 Nr. 79; CIJ 1070 .
39	6. Vol. I, S. 202f Nr. 84; CIJ 1075 .
40	6. Vol. I, S. 203 Nr. 85; CIJ 1076 .
41	6. Vol. I, S. 203 Nr. 87; CIJ 1078 .
42	6. Vol. I, S. 203 Nr. 88; CIJ 1079 .
43	6. Vol. I, S. 204 Nr. 89; CIJ 1080 .
44	3.7 י für -e- möglich/ 6. Vol. I, S. 204 Nr. 91; CIJ 1081 .
45	6. Vol. I, S. 204 Nr. 93; CIJ 1082: liest לאונשיוס für לאונטיוס .
46	3.9 nach -ā wird ein n angefügt / 6. Vol. I, S. 204f Nr. 98; CIJ 1087.
47	6. Vol. I, S. 205 Nr. 101a.
48	6. Vol. I, S. 205 Nr. 104; CIJ 1093.
49	6. Vol. I, S. 205 Nr. 108; CIJ 1096 .
50	6. Vol. I , S. 205 Nr. 112; CIJ 1098.
51	6. CIJ 1055 .
52	6. CIJ 1057 .
53	6. CIJ 1058 .
54	3.1 griechische Inschrift mit שלום/ 6. CIJ 1986 .

§1 Die Texte

55	3.9 בן und בר werden nebeneinander benutzt/ 6. CIJ 1131 .
56	6. CIJ 1132 .
57	6. CIJ 1133.
58	6. CIJ 1142 .
59	6. CIJ 1146 .
60	3.1 hebräische Inschrift mit griechischem Namen/ 6. Vol. II, S. 92 Nr. 117; CIJ 1147.
61	6. CIJ 1148 .
62	3.1 Anfang der Inschrift ist griechisch, das Ende hebräisch/ 6. Vol. II, S. 93 Nr. 119; CIJ 1151.
63	3.1 Name in Griechisch und Hebräisch/ 6. CIJ 1155.
64	6. CIJ 1156.
65	3.1 griechische Inschrift mit hebräischem Namen/ 3.5 -ay wird mit יי geschrieben/ 6. CIJ 1158 .
66	6. CIJ 1159 .
67	3.1 griechische Inschrift mit שלום/ 6. Vol. II, S. 151 Nr. 178 .
68	3.1 griechische Inschrift mit שלום / 6. Vol. II, S. 190 Nr. 203 .
69	3.1 griechische Inschrift mit שלום/ 6. Vol. II, S. 199 Nr. 219 .
NE 101	Neve, 2. 3.-4. Jh. n.Chr./ 3.1 bruchstückhafte, fast unleserliche Inschrift/ 3.9 בר statt בן/ 6. Hüttenmeister, S. 336-339; Naveh, Nr. 36; CIJ 853; ATTM, S. 398 .
NJ	Nekropole Jaffa, 3. Jh. n.Chr., bis auf NJ 112 sind alle Inschriften auf Stein
1	3.1 die erste Hälfte der Inschrift ist aramäisch / 3.7 י für -e- möglich/ 6. CIJ 892; ATTM, 391; Historical Dictionary, 814 .
101	3.7 י für -e- möglich/ 6. CIJ 893; Historical Dictionary, 815 .
102	6. CIJ 895; Historical Dictionary, 816 .
103	6. CIJ 897 ; Historical Dictionary, 817 .
104	6. CIJ 898 .
105	3.1 griechisch-hebräische Bilingue/ 3.7 א für -ā möglich/ 6. CIJ 899.
106	3.1 hebräische Inschrift mit griechischer Überschrift/ 3.6 ר wird mit ה verwechselt oder verschrieben/ 3.9 nach -ā wird ein n angefügt/ 6. CIJ 900; Historical Dictionary, 818 .
107	3.1 griechische Inschrift mit hebräischem Schlußsatz/ 3.9 ח mit מ verschrieben/ 6. CIJ 903 .
108	3.1 griechische Inschrift mit einzelnen hebräischen Buchstaben/ 6. CIJ 904 .

109	3.1 griechische Inschrift mit שלום/ 6. CIJ 908.	
110	3.1 griechischer Name mit שלום/ 6. CIJ 914.	
111	3.1 griechische Inschrift mit שלום/ 6. CIJ 920.	
112	3.1 griechische Inschrift mit שלום/ 5. Marmor/ 6. CIJ 922.	
113	3.1 griechische Inschrift mit שלום / 3.7 -ō- ohne ו möglich / 6. CIJ 933.	
114	3.1 griechische Inschrift mit שלום / 6. CIJ 934.	
115	3.1 griechische Inschrift mit שלום / 6. CIJ 937.	
116	3.1 griechische Inschrift mit שלום / 6. CIJ 943.	
117	3.1 griechische Inschrift mit שלום/ 6. CIJ 948.	
118	3.1 griechische Inschrift mit שלום/ 6. CIJ 951.	
119	3.1 griechische Inschrift mit שלום/ 6. CIJ 956.	
120	3.1 griechische Inschrift mit שלום/ 6. CIJ 959.	

NO   Noara, Synagoge, 6. Jh. n. Chr.

101   4. Aufschrift zu einem Bild / 5. Fußbodenmosaik/ 6. Hüttenmeister, S. 326 Nr. 5; Naveh. Nr. 61; CIJ 1200.

102   3.5 יי für y möglich/ 3.7 י für -e- möglich/ 3.8 die Endung Pl.abs.m. ist י'ם/ 3.9 etymologisches א fällt aus; nach -ā wird ein n angefügt/ 4. Namen der Tierkreiszeichen und Jahreszeiten / 5. Fußbodenmosaik/ 6. Hüttenmeister, 325f Nr.4; Naveh, 67; CIJ 1206: Tierkreiszeichen; CIJ 1207: Jahreszeiten.

NV 1   2. Neboraya, 3. Jh. n.Chr./ 3.7 י für -e- möglich/ 3.9 בן und בר werden nebeneinander benutzt/ 4. Stiftungsinschrift einer Synagoge / 5. Türsturz aus Stein/ 6. Hüttenmeister, 343-346; Naveh, 13.

PL   Liste der für die Tempelwache eingeteilten Priester

1   2. Fragmente einer Liste aus der Umgebung von Cäsarea maritima/ 5. Stein / 6. NESE 2, 115.

2   2. aus Kissufim, südwestlich von Gaza / 6. Hüttenmeister, 271; Naveh, 56.

3   2. aus Beth-el Hādir, Jemen, 5.-7. Jh. n.Chr./ 3.3 י und ו sind schwer unterscheidbar /3.7 י für -ī- möglich/ 3.9 die Ordnungszahlen bis 10 sind mit eigener Nominalform mit Artikel gebildet, ab 11 stehen die Kardinalzahlen/ 5. Stein/ 6. Naveh, 106; NESE 2, 111-117. 166f; Levine, 135.

4   2. Fragment aus Aschqalon/ 5. Stein/ 6. Naveh, 52; NESE 2,115; CIJ 962.

§1 Die Texte

Qu 1   Brief aus Qumran, verfaßt in der Mitte des 2. Jh.'s vor Chr., auszugsweise zitiert von J.T. Milik, in DJD 3, S. 225: sechs Handschriften aus 4Q (misn.$^{a-f}$); E. Qimron, J. Strugnell, An unpublished halakhic letter from Qumran, in: The Israel Museum Journal, Vol. IV, 1985, 9-12; E. Qimron, J. Strugnell, derselbe Titel, in: Biblical Archeology today, 1985, 400-431; 4Q 394-399. Dieses Schriftstück ist eine Gesetzesauslegung und -diskussion in Brieffform.

1A   2. erstes Fragment dieses Briefes/ 3.8 die Endung Pl.abs.m.ist ים/ 5. Papyrus/ 6. Qimron, Strugnell, in: Biblical Archeology today, S. 402f.

1B   2. zweites Fragment dieses Briefes/ 3.8 die Endung Pl.abs.m.ist ים/ 5. Papyrus / 6. Qimron, Strugnell, in: Biblical Archeology today, S. 403f.

1C   2. drittes Fragment dieses Briefes/ 3.3 י und ו sind fast nicht unterscheidbar/ 3.7 י für -e- möglich/ 3.9 das Personalpronomen wird zusätzlich zu einer finiten Verbform gesetzt; der Infinitiv Nifʻal wird als finite Verbform verwendet; der Infinitiv constructus vertritt zusammen mit einer Präposition und dem Singularsuffix einen Nebensatz; Impf.Pl.1.c. ist mit der Kohortativendung versehen/ 5. Papyrus / 6. Qimron, Strugnell, derselbe Titel, in: The Israel Museum Journal, S. 9-12.

Sk   Briefe des Simon ben Kosiba, 134-135 nach Chr.

1   3.1 aramäischer Brief mit hebräischem Titel/ 3.4 *š mit ס möglich/ 3.9 etymologisches א fällt am Wortende ab; בר wird statt בן benutzt/ 6. ATTM, 351.58, Anm.; Historical Dictionary, 420.

5   3.1 Bruchstück eines Briefes / 3.8 Die Endung Pl.m.abs. heißt ין/ 3.9 zwischen langen Vokalen wird ein א eingeschoben/ 6. Historical Dictionary, 421.

12   3.2 Halbkursive/ 3.3 י und ו sind gleich/ 3.8 die Endung Pl.abs.m. ist ין; das Personalpronomen Pl.2.m. lautet אתן, das dazugehörige Suffix כן/ 3.9 בר statt בן/ 4. Brief des Simon ben Kosiba an seine beiden Unterführer Masabbalā und Jonathan/ 5. Papyrus / 6. Y. Yadin, IEJ 11 (1961), S. 40-50, Nr.12, S. 46f; ATTM, 350: Literatur zu den Bar Kochba- Briefen; Historical Dictionary, 422; Pardee, 141-144.

Sp 1   2. Spanien, Taragona/ 4. Segenswunsch/ 5. Steinblock / 6. Naveh, Nr. 111; Lifshitz, Vorwort S. 55f.

Su Horbat Susiya, Synagoge, 4.-5.Jh. n.Chr.

101 3.4 *ś mit ס möglich/ 3.7 ו für -o- und י für -e- möglich/ 3.9 der Genitiv wird mit vorweisendem Suffix konstruiert /4. Stiftungsinschrift / 5. Fußbodenmosaik / 6. Hüttenmeister, 427f.528, Nr. 4; Naveh, 75.

102 3.7 ו für -o- möglich/ 4. Stiftungsinschrift / 5. Fußbodenmosaik/ 6. Hüttenmeister, 425f Nr. 1; Naveh, 76.

103 3.9 בר statt בן; nach -ā wird ein n angefügt/ 4. Anfang einer Stiftungsinschrift/ 5. Marmorwand/ 6. Hüttenmeister, 431 Nr. 16; Naveh, 80.

104 4. Bruchstück einer Inschrift/ 5. Marmorscherbe/ 6. Hüttenmeister, 432 Nr. 18; Naveh, 86.

V **Verträge aus Nahal Hever, 133-134 n.Chr.**

38 3.3 י und ו sind gleich/ 3.7 א für -ā möglich, י für -e-; י für -i- beim Präformativ Hif'il/ 3.8 die Endung Pl.abs.m. ist ים und ין, ם heißt das Singularsuffix Pl.3.m. und הם das Pluralsuffix / 3.9 der Genitiv wird mit vorweisendem Suffix konstruiert; nicht ganz bis zum Ende ausgefüllte Zeilen werden mit X aufgefüllt; ein Schreibfehler ביגותים "zwischen ihnen"; את wird zu ת verkürzt mit dem folgenden Wort zusammengeschrieben; bei den Nomina I' mit m-Präfix kann das א ausfallen; bei der aramäischen Wendung על נפשה "zur Einhaltung des Vertrages verpflichtet" ist das hebräischen Singularsuffix Sg.3.m. gesetzt, bei ממרה "sein Befehl" dagegen das aramäische/ 4. Pachtvertrag für ein Grundstück / 5. Papyrus/ 6. Y.Yadin, IEJ 12(1962), 249-257, Nr. 44; Historical Dictionary, 406.

40 3.7 א für -ā möglich, ו für -u-/ 3.9 בן und בר werden nebeneinander benutzt; zwei Schreibfehler, die Reihenfolge der Buchstaben ist falsch, statt שרתפות steht שרותפת und statt מקום steht מוקם dort/ 4. Pachtvertrag für einen Garten/ 6. Historical Dictionary, 407.

42 3.8 die Endung Pl.m.abs. heißt ין und ים, das Pluralsuffix Pl.3.m. הם/ 4. Pachtvertrag für einen Garten/ 6. Historical Dictionary, 410.

XX 7 2. 7. Jh. nach Chr./ 4. Textstück auf einem judäischen Amulett/ 6. J. Naveh , S. Shaked, Amulets and magic bowls: Aramaic incantations of late antiquity, Jerusalem 1985, Am. 14,8. 10f.

ZZ Papyri aus Ägypten, soweit nicht anders vermerkt aus dem 4.-5.Jh. n.Chr.

C. Sirat, Les Papyrus en caractères hébraiques trouvés en Egypte, Paris 1985 (nur Photographien).
A.E. Cowley, in: Jewish Quarterly Review 16(1903), 1-8.

2   4. Fragment, vermutlich ein Gebet / 6. Cowley, a.a.O., S.4 Nr.2.
4   3.5 יי für y und וו für w möglich/ 3.7 ו für -o- י für -e- möglich/ 3.8 die Endung Pl.abs.m. ist י‎, nur am Anfang in einem Wunsch steht ם‎; הן dient als Personalpronomen Pl.3.m.; das Singularsuffix Pl.3.m./f. ist ן, nur einmal kommt ם als Singularsuffix Pl.3.m. vor/ 3.9 nach -ā wird ein n angefügt; es werden aramäische Ausdrücke und Verben benutzt/ 4. Brief, in dem um Rückgabe eines Darlehens und der fälligen Zinsen gebeten wird/ 6. Cowley, a.a.O., S.4f Nr. 4; Sirat, S. 120f, Pl. 75.
6   3.1 aramäisches Dokument, das mit שלום beginnt/ 6. Cowley, a.a.O., S. 7f, Nr. 6.
36 2. 418 n. Chr./ 3.1 aramäischer Ehevertrag mit hebräischer Schlußbitte/ 5. Papyrus/ 6. C. Sirat, P. Cauderlier, M. Dukán, M.A. Friedman, La Ketouba de Cologne, Opladen 1986.
101 2. vor dem 5. Jh. n.Chr. / 3.8 die Endung Pl.abs.m. ist ים‎, das Singularsuffix Pl.3.m. הן/ 4. Klage/ 5. Papyrus/ 6. F. Klein-Franke, A hebrew lamentation from Roman Egypt, ZPE 51(1983), 80-84; J. Schwartz, Note sur un article de la ZPE 51, ZPE 55(1984), 141f; Sirat, S. 27, Nr. 4, Pl. IV.
102 2. Herkunft unsicher, entstanden vermutlich vor dem 8. Jh. n.Chr./ 3.4 *š mit ס möglich/ 3.5 וו für w und יי für y möglich/ 3.7 viele Vokalbuchstaben möglich: ו für -o- und י für -e- ; der Vokal beim Imp. und Impf. qal wird vermerkt, ebenso der Impf.Vokal beim Hif'il; im Singularsuffix "unser" wird ē mit י geschrieben: ידינו "unsere Hand"; ליבינו "unser Herz"; תפילתינו "unser Gebet"; לבבינו "unser Herz"; שמינו "unser Name"/ 3.8 die Endung Pl.abs.m. ist ים/ 3.9 אנו "wir"; das Partizip qal aktiv und passiv Pl.m. wird als Adverb verwendet/ 4. Sündenbekenntnis in Gebetsform/ 5. Palimpsest, bestehend aus drei Kolumnen: A: nur der rechte Rand ist erhalten B: ist ganz erhalten C: nur bruchstückhaft erhalten/ 6. Sirat, S. 27, Nr.5, Pl. V; Beth Arie, Kirjath Sefer 43(1968), 411-428.
103 2. vermutlich zeitgleich mit ZZ 102, Herkunft unbekannt/ 4. Text auf einem Amulett/ 5. Papyrusstück mit einem Loch in der Mitte/ 6. Sirat, S. 27f, Nr.6, Pl. VI.

104	2. Entstehungszeit unklar/ 3.2 die Wortabstände sind unregelmäßig/ 3.5 יי für y möglich/ 3.7 der Vokal beim Impf. qal wird vermerkt/ 4. die Textart ist unklar/ 5. zwei Stücke eines Papyrus, schlecht erhalten/ 6. Sirat, S. 48f; S. 98: H 46 und H 50; Pl. 14 .
105	2. Entstehungszeit unklar / 4. die Textart ist unklar / 5. Papyrus, nur der Anfang ist erhalten mit einem großen Loch in der Mitte, das Ende fehlt / 6. Sirat, S. 98: H 49; Pl. 15.
106	2. die Entstehungszeit ist unklar/ 3.7 das i des Pf.pi., des Präformativs Pf.hif. und das e des Infinitiv hif. werden mit י geschrieben / 3.9 es wird ein Polel von קום gebildet; עולם hat einen Pl.f./ 4. Gebet, liturgisches Gedicht / 5. zwei Stücke eines Papyrus: von H 57 ist nur die rechte untere Ecke erhalten, von H 61 die obere Mitte /6. Sirat, S. 50.99: H 57.61; Pl. 18.19 .
107	2. vermutlich vor 211 n. Chr./ 3.7 ו für -o-, das e des Infinitiv hif. mit י möglich; אנוכי "ich"/ 4. Piyyut/ 5. Papyrus, von dessen Vorderseite nur der rechte Teil erhalten und dessen Rückseite weitgehend unlesbar ist/ 6. Sirat, S. 115; Pl.54 .
108	2. um 400 n.Chr./ 3.5 יי für y und וו für w möglich/ 3.7 die Endung Pl.cstr.f. wird ohne ו geschrieben / 4. Brief an eine Gemeinde /5. Papyrus, dessen rechte, obere Seite erhalten ist / 6. Sirat, S. 57f; S. 120, Fragment a; Pl. 73.
109	2. Entstehungszeit unklar / 4. die Textart ist nicht erkennbar / 5. Bruchstück eines Papyrus/ 6. Sirat , S. 120, Fragment b: Pl. 73.
110	2. Entstehungszeit unklar/ 3.3 י und ו sind schwer unterscheidbar / 3.7 ו für -o- möglich / 4. ein Zusammenhang mit dem Mischnatraktat " Yoma" ist möglich/ 5. Bruchstück eines Papyrus/ 6. Sirat, S. 120, Fragment c; Pl. 73, Fragment c.
120	2. aufgrund der Schrift vermutlich in das 7.-9.Jh. n. Chr. zu datieren/ 3.7 -o- und das Präformativ des Impf.hof. mit ו möglich, der Vokal beim Impf. qal wird vermerkt/ 3.8 die Endung Pl.abs.m.ist ים/ 3.9 das Pluralsuffix Sg.1.c. wird mit יי geschrieben; das n der Verba In wird im Impf.qal nicht assimiliert; von den Verben IIū wird ein polel gebildet; bei ישינים "Schlafende" steht ein nicht zu erklärendes י/ 4. Gebet/ 5. Papyrus, dessen untere Hälfte bruchstückhaft erhalten ist/ 6. Sirat, S. 108; Pl. 39.
121	2. Entstehungszeit unklar/ 3.2 die Wortabstände sind unregelmäßig/ 4. die Textart ist unklar/ 5. Papyrusbruchstück / 6. Sirat,S. 109; Pl.41.
122	2. Entstehungszeit ist unklar / 3.7 י für -e- möglich, der Vokal beim Impf.qal vermerkt / 4. Textart unklar, Gebet? / 5. Papyrus, dessen rechte Hälfte erhalten ist/ 6. Sirat, S. 109; Pl. 41.

123   2. nicht nach dem 3.Jh. n.Chr./ 4. die Textart ist unklar/ 5. stark beschädigter Papyrus/ 6. Sirat, S. 115; Pl. 55.
124   2. nicht nach dem 3. Jh. n.Chr./ 4. die Textart ist unklar / 5. Papyrusfetzen/ 6. Sirat, S. 116f; Pl. 57.
125   4. Bruchstück/ 6. Sirat, S.115f; Pl. 55.

"Herr, du bist mein Schutz und meine Hilfe, du hältst mich mit deiner mächtigen Hand, deine Antwort auf mein Gebet macht mich stark." Ps. 18,36

§ 2 Die Schrift- und Lautlehre

א

1. א als Konsonantenbuchstabe für '

1.1 nicht mehr gesprochenes silbenschließendes א muß nicht geschrieben werden [1]
1.1.1 beim Personalpronomen Sg.3.m.f. (--»§ 3).
1.1.2 bei den Nomina I' mit m-Präfix (--»§ 15.1).
1.1.3 bei den Nomina I', II', III' (--»§ 15.1).
1.1.4 beim Imperfekt Sg.1.c. (--»§ 20.1.1; 21.2).
1.1.5 bei בא "kommen" (--»§ 22.11).

1.2 א-prostheticum
(meist zur Aufsprengung wortanlautender Doppelkonsonanz).
1.2.1 beim Imperativ von היי "sein" (--»§ 22.9).
1.2.2 bei ב (--»§ 23.4).
1.2.3 bei griechischen Fremdwörtern
האסטאן (στοα) "die Säulenhalle" Cu 11, 2; אבטפלתי (σταφυλινοι) "Möhren" Bs 3, 2.

1.3 א für ' « w.y ; oder zur Kennzeichnung von w.y [2]
1.3.1 $\bar{iya}$ » $\bar{i}$'$\bar{a}$
עליאה "Obergeschoß" Cu 10, 1.
1.3.2 $\bar{iyin}$ » $\bar{i}$'$\bar{in}$/ $\bar{iyin}$ » $\bar{i}$'$\bar{in}$
גואץ "die Heiden" Sk 5; הגללאים "die Galiläer" Mu 43, 4; העניאץ "die Armen" Mu 46, 5.
1.3.3 $\bar{iyot}$ » $\bar{i}$'$\bar{ot}$
מנקיאות "Opferschalen" Cu 3, 3.

---
1 vgl. ATTM, 104-106.
2 vgl. Albrecht § 4h; ATTM, 410.

1.3.4 āw ōt » ā 'ōt
    קסאות "Schalen" Cu 3, 4.

1.4 als Trenner von zwei Vokalen bei griechischen Wörtern
    אוגדואנטא (ὀγδοηντα) "achtzig" CIJ 595; א{א}לאה (ἀλοη) "Aloe" Cu 11, 14;
    אסטאן (στοα) "Säulenhalle" Cu 11, 2; לאון (Λεων) "Leon" CIJ 622, 2; לאונטיס
    (Λεοντιος) "Leontios" NB 45; מיכאלא (Μιχαελα) "Michaela" NB 63.

1.5 Der Ausfall von ' zwischen gleichen Vokalen
    דמ{ע א}לאה "Priesterabgabe von Aloe" Cu 11, 14.

1.6 Der Zusammenfall von ' mit den Laryngalen ע, ה und ח[3]

1.6.1 mit ה
1.6.1.1 ה statt א
    הליא "Elia" DU 101; הלעזר "Eleazar" Je 126; הצלכם "bei euch" Mu 43, 4.

1.6.2 mit ע[4]
1.6.2.1 Verb I'
    מתאסרץ "verzehntet werden" Bs 3, 1.
1.6.2.2 bei Ortsnamen
    אזילץ Bs 3, 27; איקבץ Bs 3, 27; גיאתן Bs 3, 14.

1.6.3 ע statt א, für * '
    מרעשי "von meinem Kopf" XX 7, 8.
1.6.4 א statt ח
    שיא "Grube" Cu 1, 13.

2. א als Vokalbuchstabe[5]

2.1 im Auslaut
2.1.1. -ā
2.1.1.1 Das Singularsuffix Sg.3.f. -ā « -ah (nur Cu --»§ 4).

---

3 vgl. Albrecht § 4b; Segal § 41.43; Segal geht davon aus, daß die Laryngale bis ins 4. Jh. n. Chr. hinein unterschieden wurden und danach zusammengefallen sind; so auch Kutscher § 197; aber vgl. ATTM, 103. Dies stimmt mit den Belegen bei mir nicht überein. Zwar sind die meisten spät, aber zwei stammen aus Mu (2. Jh. nach Chr.) und dem Cu (70 nach Chr.).
4 vgl. Epstein, 1226f; Segal § 43.
5 vgl. Epstein, 1234f.1248f: א für ה; Segal § 38.

2.1.1.2 Die Endung Sg.f.abs. (--»§ 12.2).
2.1.1.3 Die Endung Sg.f.abs. des Partizips Qal der Verben IIIi (--»§ 22.8)
2.1.1.4 Die Nomina mit dem Affix -ā (--»§ 11.34).
2.1.1.5 Die Endung m. der Zahlen drei bis zehn (--»§17).
2.1.1.6 Die Endung von Frauennamen
חייא NJ 105; מיכאלא (Μιχαελα) NB 63; מללידשא (Μελισσα) CIJ 661, 2; קדילא (Κυριλλα) NB 18.
2.1.1.7 Das Zärtlichkeitsaffix bei Männernamen
אלמא V 38, 4.8; חזקא Mu 22, 2.4; חיטא V 38, 3.8; 40; חליפא Mu 22, 12; 24, C19; חנינא Mu 22, 3.12; NV 1; סרזבא Cu 7, 14f; כוסבא (Χωσιβα) Mu 24, B3. C3. E2; Sk 12, 1; V 38, 1.7; 40; 40.

2.1.2 -ē [6]
2.1.2.1 Die Endung Sg.abs.m. der Nomina und Partizipien Qal der Verben IIIi (--»§ 15.8; 22.8).
2.1.2.2 Die Endung f. der Zehner elf bis neunzehn (--»§ 17).
2.1.2.3 Der Jussiv und der Imperativ des Verbs הוי "sein" (--»§ 22.9).
2.1.2.4 Die lateinische Vokativendung bei lateinischen Namen [7]:
לוליאנא (Julianus) NV 1.

2.1.3 -ọ̄ « ọ̣ « ā
2.1.3.1 לא "nicht" (--»§ 30).

2.1.4 für griechisches α [8]
אוגדואנטא (ὀγδοηντα) "achtzig" CIJ 595.

2.1.5 für die griechische Endung -ᾱ [9]:
als Vokativ: מטאדינא (Ματηρινᾱ) CIJ 595.
als Endung eines Kosenamens: אנינא NB 11.

2.2 im Anlaut
2.2.1 für griechisches α- [10]
אטיו (Ατιω) NB 15, 1; אטידן (Ατιων) NB 15, 4.

[6] vgl. Epstein, 1234f.1247.
[7] vgl. Krauss § 101.102b.1; Segert, A Grammar of Phoenician und Punic, München 1976, § 46.52: Namen werden im LPU (häufig) im Vokativ übernommen.
[8] vgl. Albrecht § 7a.
[9] Bei dieser Schreibung der griechischen Endung kann es sich neben dem oben konstatierten Vokativ nach Krauss § 103 auch um den aramäischen St. emph. oder § 104.b um einen wirklichen Kosenamen handeln.
[10] vgl. Albrecht § 7a.

§2 Die Schrift- und Lautlehre

2.2.2 für griechisches ε- [11]
אטון (ἔτων) "Jahre" CIJ 595; אכסדרן [12] (ἐξέδριον) "Säulenhalle" Cu 11, 3;
אוטרפלוס (Εὐτράπελος) Mu 29, 11.

2.3 im Inlaut
2.3.1 ā (durch Vortondehnung « a)
שאלום "Friede" CIJ 397; 579.
2.3.2 für lateinisches -a- [13]
בנידיקיאנו (Beniricianus) CIJ 609.
2.3.3 für griechisches -η-
כאליך (χηλοι) "Kisten" Cu 5, 6; פארינרי [14] (Παρηγορος) NB 32.
2.3.4 zusammen mit י für griechisches -η-
מטאידינא (Ματηρινᾶ) CIJ 595. [15]

ב [16]

Die spirierte Aussprache des ב bleibt meistens unbezeichnet. Sie kann aber durch וב oder ו angezeigt werden. [17]

1. וב:
ובתכן "mit einem Maß" Cu 5, 7; שורבצפון "das sich im Norden befindet" Cu 9, 14;
שובית הכרם "von Bet hak-Karəm" Cu 10, 5.
2. ו:
ותכן "mit einem Maß" Cu 11, 4.

---

11 vgl. Albrecht § 7b.
12 vgl. zur Schreibung der Endung -ιον Albrecht § 82f 5.
13 vgl. Albrecht § 7a.
14 auch hier eine Vokativschreibung, vgl. Krauss § 101.a.
15 nach Epstein, 1234f, gibt es einen Wechsel zwischen א und ו, z.B. רוש "Kopf" und ראש. In Wirklichkeit handelt es sich dabei um eine phonetische bzw. eine etymologische Schreibung.
16 vgl. Epstein, 1223-1225, Albrecht § 4f und Segal § 49, die einen ב/פ-Wechsel annehmen; nach Albrecht, a.a.O. wechseln ב und ו, so auch Segal § 58.59.
17 vgl. Segal § 55; Kutscher § 197; ATTM, 127f.

In CIJ 595 פרסוביטרו (πρεσβυτερου) "Ältester" liegt dem ו die griechische spirierte Aussprache des β zugrunde.[18] [19]

ה

1. ה als Konsonantenbuchstabe für h

Der Zusammenfall von ה mit den Laryngalen ע und ח

1.1 ה statt ח

אהי "mein Bruder" Mu 45, 6; התהזק "stärke dich" Mu 44, 7; להם "Brot" Mu 45, 4.[20]

1.2 ה statt א [21]

הליא "Elia" DU 101; הצלכם "bei euch" Mu 43, 4.

1.3 ח statt ה

חזו "dieser" Mu 44, 6.

2. ה als Vokalbuchstabe
2.1 im Auslaut [22]

2.1.1. -ā
2.1.1.1 Das Personalpronomen Sg.2.m. (--»§ 3).
2.1.1.2 Die Endung Sg.f.abs. (--»§ 12.2)[23].
2.1.1.3 Die Nomina mit dem Affix -ā (--»§ 11.34).
2.1.1.4 Die Endung des Infinitiv Qal des III' Verbs ירא "fürchten" (--»§ 20.1.5; 22.2. 22.3).
2.1.1.5 Perfekt Sg.3.f./2.m. (--»§ 21.1)[24].
2.1.1.6 Imperfekt Pl.1.c. (--»§ 21.2).
2.1.1.7 Imperativ Pl.f. (--»§ 21.3).
2.1.1.8 Perfekt Sg.3.m. der Verben IIIi (--»§ 22.8).

18 G.-W. Nebe, ZNW 78(1987), 153-161
19 nach Epstein, 1226f, und Segal § 45 können ג mit כ und ק wechseln. Albrecht nimmt in § 4c nur einen ג/כ-Wechsel an. zu ד: nach Epstein, 1228f, können ד und ל wechseln. Albrecht nimmt in § 4d einen Wandel von ד vor ל zu ז an, so auch Segal § 47. Letzterer geht noch davon aus, daß ד mit ט wechseln kann.
20 vgl. Epstein, 1208.1232f; Albrecht § 4b; Segal § 43.
21 vgl. Epstein, 1248f; Albrecht § 4b.
22 nach Segal § 38 genauso gesetzt wie im Biblischhebräischen.
23 einmal fälschlicherweise in המינחת (μιντα) "die Münze" Bs 3,2 mit ח geschrieben.
24 nach Epstein, 1247, auch mit א möglich.

§2 Die Schrift- und Lautlehre

2.1.1.9 Bei den Partikeln (--»§ 25): אלה "außer" Mu 45, 8; 46, 6; הכה "hier" Mu 24, D15; ככה "so" Mu 24, C19. D19; 30, 25; 42, 6; ZZ 101, 5; כמה "wie" Mu 43, 6.

2.1.1.10 Das Zärtlichkeitsaffix bei Männernamen
  2.1.1.10.1 -ā
    אלמה V 38, 8; גלגלה Mu 43, 2; גלגולה Mu 44, 1; זימרה Bs 3, 17; טבלה NB 7; יוסה GR 1, 4; KB 1; Mu 46, 1; ZZ 4, 4.33; כוסבה Mu 43, 1; HV 81, 1; Sk 1; מזה Bs 3, 12; מיאשה NB 22, 2; מסבלה SK 1; משבלה V 38, 8; סיסינה Je 173, 5; עפרה PL 3, 8; קנה PL 3, 9; רזיזה Bs 3, 18; שמעה Mu 29, 12; תחנה V 38, 4.8.8.
  2.1.1.10.2 -yā
    אביה PL 3, 5; אליה ZZ 101, 3; בניה Cu 11, 9; זכריה CIJ 1194; Mu 29, 10.12; חזקיה GR 1, 5; חנניה CIJ 1170; Mu 30, 10; טוביה CIJ 868; נחמיה NB 15, 2; ניחמיה NB 44; שכניה PL 3, 8.

2.1.1.11 für griechisches -ã-[25]
  als Endung von Kosenamen: אניאנה NB 17, 2; אנינה NB 11[26].

2.1.2 -ē̦

2.1.2.1 Das Demonstrativpronomen "dieser" (--»§ 5).
2.1.2.2 Die Endung Partizip Qal aktiv und Nif'al Perfekt Sg.3.m. bei den Verben III' (--»§ 21.1; 22.2).
2.1.2.3 Die Endung Sg.abs.m. der Nomina und Partizipien Qal der Verben IIIi (--»§ 15.8; 22.8)[27].
2.1.2.4 Die Endung f. der Zahlen elf bis neunzehn (--»§ 17).
2.1.2.5 Die Endung Imperfekt Sg.3.m./2.m./1.c. der Verben IIIi (--»§ 22.8).
2.1.2.6 Der Imperativ Qal und Hif'il Sg.m. der Verben IIIi (--»§ 22.8).
2.1.2.7 Der Infinitiv Hif'il von רבה "viel sein" (--»§ 22.8).
2.1.2.8 Die Partikel הדי "siehe" (--»§ 25).
2.1.2.9 Die Endung bei Namen
  משה CIJ 836; נורה Bs 3, 10.

2.1.3 -ọ̄ « ō̦

2.1.3.1 זו "diese" NB 25; 26.
2.1.3.2 פה "hier" CIJ 621, 1; 622, 1; 630, 1; 634, 1; ZZ 102, C9 (--»§ 25; 30).

---

25 vgl. Albrecht § 7a.
26 dieselbe Schreibung gibt es auch mit א, vgl. S. 27, Anm. 9.
27 nach Epstein, 1252, können diese Endungen der Verben IIIi auch mit י geschrieben werden.

2.1.4 für griechisches -η [28]
אָ{לאה} (ἀλοη) "Aloe" Cu 11, 14.

2.1.5 -a
שה (Relativpronomen) DA 6; NB 17, 2 (--»§ 7).
2.1.5.1 lateinisches -a
קסטרה castra "Lager" Bs 3,14.

2.2 im Inlaut
2.2.1 der Murmellaut -ə-
משכהבו "seine Ruhestätte" CIJ 593; 608; 613; מישכהבו "seine Ruhestätte" CIJ 595.

2.2.2 für griechisches -ε- [29]
סהקונדינו (Σεκουνδινου) CIJ 595.

ו

ו und י können in den Handschriften bis zum 2. Jh. n.Chr. oft nicht unterschieden werden.

1.1 ו als Konsonantenbuchstabe für w im Anlaut [30]

1.1.1 ודי "gewiß" (--»§ 25).
1.1.2 ו "und" (--»§ 33)

1.2 im Diphtong āw
1.2.1 Das Pluralsuffix Sg.3.m. (--»§ 4).
1.2.2. In lateinischen Namen
פוסטינו{ס} (Faustinus) CIJ 569, 3; פוסטינה (Faustina) CIJ 611.

1.3 w » ' zwischen Vokalen (--»§ 2, א, 1.3).

1.4 ו und וב für b̠ (--»§ 2, ב). [31]

1.5 וו für w: um eindeutig w zu bezeichnen
1.5.1 Die Nomina IIw (--»§ 15.4).

---

[28] vgl. Epstein, 1252, nach Albrecht § 7a kann ה auch für α stehen und nach Epstein, 1252, für ε.
[29] bleibt nach Albrecht § 7b meist unbezeichnet.
[30] nach Albrecht § 4h häufiger als im Biblischhebräischen, so auch Segal § 55.
[31] macht nach Segal § 55 den konsonantischen Charakter des ו deutlich; zum Wechsel von ב und ו Segal § 58.59; Kutscher § 198.

1.5.2 Die Nomina IIIw (--»§ 15.7).
1.5.3 Die Verben IIIw

2. ו als Vokalbuchstabe
2.1 im Auslaut
2.1.1 -ọ̄ « aw
2.1.1.1 Das Singularsuffix Sg.3.m. (--»§ 4).
2.1.1.2 או "oder" Mu 22, 11; 30, 14.

2.1.2 -ọ̄ « ō ,
לוא "nicht" Mu 45, 3; 47, 5.
2.1.3 Bei Namen
אמבו NB 57; יחדו Cu 5, 13; עדו PL 3, 5; עילבו PL 3, 4; עכו BS 3, 13; שלומו Cu 5, 6.8f.

2.1.4 -ū
2.1.4.1 in Pronomen
2.1.4.1.1 Das Personalpronomen Sg.3.m. und Pl.1.c. (--»§ 3).
2.1.4.1.2 Das Demonstrativpronomen (--»§ 5).
2.1.4.2 Das Suffix Pl.1.c. (--»§ 4).
2.1.4.3 in Afformativen
2.1.4.3.1 Perfekt Pl.3.m./1.c. (--»§ 21.1).
2.1.4.3.2 Imperfekt Pl.3.m. (--»§ 21.2).
2.1.4.3.3 Imperativ Pl.m. (--»§ 21.3).
2.1.4.4 Bei arabischen Namen
משכו Mu 42, 1.4.
2.1.4.5 für die lateinische Enung -us
בנידיקיאנו (Beniricianus) CIJ 609[32].

2.1.4.6 אפילו "obwohl, selbst wenn" Bs 3, 21.
2.1.4.7 für griechisches ου
סהקונדינו (Σεκουνδινου) CIJ 595; פרסוביטרו (πρεσβυτερου) "Älteste" CIJ 595.

---

[32] ביטו (Vitus) CIJ 570; סילנו (Silanus) CIJ 630, 2 handelt es sich der Konstruktion nach um zwei lateinische Genitive im Singular. Wie aus dem Bild zu CIJ 630 ersichtlich wird, kann diese Schreibung nicht mit dem graphischen Zusammenfall von ו und י erklärt werden. Bei Krauss findet sich kein Beleg für eine derartige Schreibung, auch nicht eines Nominativs.

2.2 im Inlaut

2.2.1 inlautendes -ū- wird immer mit ו geschrieben, außer in -ūt bei ייקרת "Würde" ZZ 102, B23 (--»§ 11.3; 11.16; 11.22; 11.23; 11.26; 11.29.4; 15.5).

2.2.1.1 Bei hebräischen Namen

טוביה CIJ 868; יהודה CIJ 661, 3; 668, 1; JM 1, 1; Mu 24, E4; 29, 10.10; 42, 4; NB 15, 5; 27; 31; 39; V 38, 4.8.8; זיזון Bs 3, 11; ירושלם Mz 151. 152. 158. 159. 164. 165. 168. 175. 178. 179. 180. 191. 194. 198. 199. 199A. 200. 201. 202. 203. 204. 205. 206. 207. 208. 209. 209A. 209B. 209C. 210. 211. 211A. 211B. 211C. 212. 213. 214. 215.

2.2.1.2 Bei lateinischen Namen

לוליאנא (Julianus) NV 1 [33].

2.2.2 -ō̱- « o̱ « ā [34]

2.2.2.1 Die Akkusativpartikel את mit Suffix (--»§ 4).

2.2.2.2 Das aktive transitive Partizip Qal (--»§12; 20.1.2).
außer: אכלץ "essende" Sk 12, 3; דאגץ "sich sorgende" Sk 12, 4; ירש "seine Erben" Mu 30, 22; נתן "gebend" Mu 43, 5; הספר "der Schreiber" Je 139a; ערבים "bürgende" Mu 30, 24.

2.2.2.3 Die Endung Pl.f. (--»§ 12.2), außer מאת "hundert" Cu 1, 8 und אפדת "Amphoren" Cu 1, 9.

2.2.2.4 Die Nomina der Form qatāl (--»§ 11.14).

2.2.2.5 Die Nomina der Form qutāl (--»§ 11.18).

2.2.2.6 Die Nomina I' mit m-Präfix (--»§ 11.29.1).

2.2.2.7 Die Nomina der Wurzeln IIu mit m-/t-Präfix (--»§ 11.28; 11.29.4; 11.30).

2.2.2.8 Die Nomina II' mit phonetischer Schreibung (--»§ 15.1).

2.2.2.9 Die Nomina der Wurzeln IIu (--»§ 15.5).

2.2.2.10 Die Nomina mit der Endung -ōn (--»§ 11.28).

2.2.2.11 Der Imperfektvokal der transitiven Verben im Qal (--»§ 20.1.1; 21.2).

2.2.2.12 Das Imperfekt, der Imperativ und der Infinitiv Qal der Verben IIu (--»§ 20.1.5; 21.2; 21.3; 22.7).

2.2.2.13 Das Polel der Verben IIu (--»§ 20.2.3; 22.7).

2.2.2.14 Die Infinitivendung der Verben IIIi (--»§ 22.8).

2.2.2.15 Bei Namen:
חוני Mu 22, 11; 30, 26.33; יוסה GR 1, 4; KB 1; Mu 46, 1; ZZ 4, 4.33; יוסיי NB 65; כוזבא Cu 7, 14f; כוסבא Mu 24, B3. C3. E2; כוסבה Mu 43, 1; כורייס Bs 3, 15; עוזיאל PL 3, 5.

2.2.3 -ō̱- « aw

2.2.3.1 Die Nomina der Form qatl (--»§ 11.6).

---

33 vgl. S. 27, Anm. 7.
34 vgl. Epstein, 1245.

§2 Die Schrift- und Lautlehre

2.2.3.2 Die Nomina Iy mit t-Präfix (--»§ 11.30; 15.2).
2.2.3.3 Das Hif'ilpräformativ der Verben Iy (--»§ 20.5.1; 22.3).

2.2.4 für griechisches ω [35]

אטיו (Ατιω) NB 15, 1; אטיץ (Ατιων) NB 15, 4; אטון (ἔτων) "Jahre" CIJ 595; ארצטון (Αριστων) Mu 42, 3; טרכון (τραχων) "Trachonitis" Bs 3, 17; לאון (Λεων) CIJ 621, 2; 622, 2; ממלפפונות (μηλοπεπων) "Zuckermelonen" Bs 3, 2; פנטאקומותה (πεντακωμια) "Fünfdorf" Bs 3, 28.

2.2.5 -o-

2.2.5.1 Das Partizip zum Qal-Passiv (--»§12; 20.1.4).
2.2.5.2 Der Präformativvokal des Partizips Hof'al der Verben IIn.IIū.i (--»§ 12; 20.5.2; 22.4; 22.7).
2.2.5.3 Das Partizip Pu"al (--»§ 20.2.2).
2.2.5.4 Die Nomina der Form qutl, qatul und qutāl (--»§ 11.8; 11.10; 11.18).
2.2.5.5 כול "alle, jeder", meistens ohne ו (--»§ 18).
2.2.5.6 Der Imperativ und Infinitiv Qal (--»§ 20.1.5; 21.3).
2.2.5.7 Der Infinitiv Nif'al (--»§ 20.3).
2.2.5.8 Der Präformativvokal des Perfekt und Imperfekt Hof'al (--»§ 20.5.2; 21.1; 21.2).
2.2.5.9 Bei dem Namen מודרכי DU 102.
2.2.5.10 in der griechischen Endung -ος
אוטרפלוס (Ευτραπελος) Mu 29, 11; טפוס (ταφος) "Grabstätte" CIJ 595; פסטפוס (ψηφος) "Mosaik" Su 101, 3; קלבוס (Κολβος) Mu 29, 10; קרלוס (Κυριλλος) NB 61; קרנוס (Καρνος) Bs 3, 7; תידפולקטוס (Θεοφυλακτος) Je 173, 4.
2.2.5.11 für griechisches -o- [36]
2.2.5.11.1 in griechischen Wörtern
אוגדרואנטא (ὀγδοηντα) "achtzig" CIJ 595; אפורת (ἀμφορα) "Amphoren" Cu 1, 9; בולבסק [37] (βολβος) "Zwiebeln" Bs 3, 4.24.
2.2.5.11.2 in griechischen Namen
לאונטיס [38](Λεοντιος) NB 45; תידפולקטוס (Θεοφυλακτος) Je 173, 4.
2.2.5.12 für griechisches -υ- [39]
תידפולקטוס (Θεοφυλακτος) Je 173, 4; אוטרפלוס (Ευτραπελος) Mu 29, 11.

---

[35] vgl. Albrecht § 7b.
[36] vgl. Albrecht § 7b.
[37] Hier ist nicht nur die griechische Endung übernommen, sondern zudem die hebräische Pluralendung angefügt, vgl. Krauss I § 317.
[38] vgl. zu dieser Schreibung der Endung -ιος Albrecht § 82f, 5, Krauss I § 140.
[39] vgl. Albrecht § 7b.

2.2.5.13 für griechisches $-ου-$ [40]

סהכונדינו (Σεκουνδινου) CIJ 595.

ח

Die Verwechslung des Laryngals ח mit dem Konsonanten ה

1. ח statt ה [41]
   חזו "diese" Mu 44, 6; המינתח (μινθα) "die Minze" Bs 3, 2 [42].

2. ה statt ח
   אהי "mein Bruder" Mu 45, 6; התהזק "stärke dich selbst" Mu 44, 7; להם "Brot" Mu 45, 4; מלה ein Ortsname Bs 3, 18.

3. ע statt ח [43]
   הקצע "der Schwarzkümmel" Bs 3,3 [44].

ט

Ein ähnlicher Zusammenfall wie bei den Laryngalen, wenn auch in viel geringerem Maße, ist bei den emphatischen Konsonanten festzustellen. Sie werden mit dem stimmlosen Konsonanten ihrer Lautgruppe verwechselt (--»§ 2, א). [45]

1. ט statt ת
   אסטיד "Esther" DU 102.

2. ת statt ט
   נפתרה "sie verschied" CIJ 634, 8.

---

[40] vgl. Albrecht § 7b.
[41] vgl. Epstein, 1208.1232f; Albrecht § 4b; Segal § 43.
[42] mit ה für ח als Vokalbuchstabe.
[43] vgl. Albrecht § 4b.
[44] Nach Albrecht § 4b wird ח zuweilen zu כ, so auch Segal § 43; nach Segal § 42 entspricht ח genauso wie ה dem spiritus asper.
[45] So auch Epstein, 1217-1220; Albrecht § 4d; in § 4e schreibt er, daß צ vereinzelt zu ט werden kann, so auch Segal § 52.47; in § 52 gibt Segal darüber hinaus noch einen ט/ס-Wechsel an.

§2 Die Schrift- und Lautlehre

י

1.1 י als Konsonantenbuchstabe [46]
יי für y: Um eindeutig y zu bezeichnen, kann es mit יי geschrieben werden [47]

1.1.1 Die Nomina Iy, IIy und IIIy (--»§ 15.2; 15.3; 15.9; manchmal auch bei den Nomina III', die in Analogie zu den Nomina IIIī gebildet sind --»§ 15.1; 15.8) .
1.1.2 Das Präformativ Imperfekt Sg./Pl.3.m.(--»§ 20.1.1; 21.2).
1.1.3 Die Verben IIy.
1.1.4 Das Pi"el der Verben IIū (--»§ 20.2.1; 22.7).
1.1.5 Das Partizip Passiv Qal der Verben IIIī (--»§ 22.8).

1.1.6 -ay im Auslaut
1.1.6.1 Das Pluralsuffix Sg.1.c. (--»§ 4).
1.1.6.2 Bei den Namen: גשמיי Bs 3, 11; יני KA 1; יוסיי NB 65; מורדכי DU 102; סימי Mu 30, 9; שבתי CIJ 622, 1.
1.1.6.3 Bei griechischen Wörtern
קי (και) "und" CIJ 595.

1.1.7 -ay im Inlaut
1.1.7.1 מאוזניים "Waage" EN 2, 4; מוזנים "Waage" NO 102, 7; מים "Wasser" ZZ 106, A3.8.
1.1.7.2 Bei den Namen: כוריים Bs 3, 15; מחנים V 38, 6; עגלתיך V 38, 5.

1.1.8 ay » ē
1.1.8.1 Die Nomina mit m-Präfix der Wurzeln Iy (--»§ 11.29.3).
1.1.8.2 Der Infinitiv Qal von ידע "wissen" und ישב "sitzen" (--»§ 20.1.5; 22.3).
1.1.8.3 Das Imperfekt Qal der Verben Iy (--»§ 21.2; 22.3).
1.1.8.4 Die Endung des Dual St.abs.(--»§ 12.3)

1.1.9 y zwischen langen Vokalen kann durch א ersetzt werden (--»§ 2, א, 1.3).

1.1.10 y kann im Wortanlaut zu 1 werden (y-1-y » 1-1-y)
לוליאנא "Julian" NV 1.

2. י als Vokalbuchstabe
2.1 im Auslaut
2.1.1 -ī
2.1.1.1 Die Endung des Personalpronomens Sg.3.f. bei phonetischer Schreibung und Sg.1.c. (--»§ 3).

---
46 vgl. § 2, א, 1.3.
47 vgl. Epstein, 1208.1243; Segal § 57; ATTM 417.

2.1.1.2 Das Fragepronomen מִי "wer" (--»§ 6).
2.1.1.3 Die Endung der Nomina III' bei phonetischer Schreibung (--»§ 15.1).
2.1.1.4 Die Endung Sg.m.cstr. von אָב "Vater" und אָח "Bruder" (--»§ 14.1; 14.2).
2.1.1.5 Die Endung Sg.m. des Affixes -ī (--»§ 11.35).
2.1.1.6 Die Endung m. der Ordinalzahlen (--»§ 17.2).
2.1.1.7 Imperfekt Hif'il von בוא "kommen" bei phonetischer Schreibung (--»§ 20.5.1; 22.11).
2.1.1.8 Die Endung Perfekt Sg.1.c. (--»§ 21.1).
2.1.1.9 Die Konjunktion כִּי "daß" (--»§ 24.2).
2.1.1.10 Die Präposition בְּלִי "ohne" (--»§ 23.6).
2.1.1.11 Bei den Namen: אִיסִי Su 101, 2; חוֹרִי Mu 22, 11; 30, 26.33; מָתִי Cu 2, 5; עִינְגְּדִי Sk 12, 1; V 38, 2.4.5.7; 40; 40; 40; 42; תִּישְׁרֵי der siebte Monat (§ 17.6.1).

2.1.2 -ē
2.1.2.1 Die Endung Pl.m.cstr. (--»§ 12.1).
2.1.2.2 אֲזַי "dann".

2.1.3. ē
2.1.3.1. Der Auslaut des Imperfekts und Imperativs von הָיָה "sein" (--»§ 22.9)[48].
2.1.3.2 Die Interjektion הֲרֵי "siehe" (--»§ 25).
2.1.3.3 אִלְּלֵי "wenn es nicht wäre, daß" (--»§ 24.1).

2.1.4 für griechisches η [49]
סבסטי (Σεβαστη) Bs 3, 27; פִּילִי (πυλη) "Tor" Bs 3, 6.7.7.8.8.8.

2.2 im Inlaut
2.2.1 -ī-
2.2.1.1 Die Endung Pl.m.abs. (--»§ 12.1).
2.2.1.2 Die Nomina der Form qatīl (--»§ 11.15).
2.2.1.3 Die Abstrakta mit der Endung -īt (--»§ 11.27).
2.2.1.4 Die Nomina der Wurzeln IIu.i (--»§ 15.5; 15.6).
2.2.1.5 Die Nomina mit der Endung -ōn der Wurzeln IIu (--»§ 11.28).
2.2.1.6 Die Endung Sg.f. des Affixes -ī (--»§ 11.35).
2.2.1.7 Die Endung f. der Ordinalzahlen (--»§ 17.2).

---
48 nach Epstein, 1252, können die Endungen der Verben IIIi auch mit י anstelle von ה geschrieben werden.
49 vgl. Albrecht § 7b.

§2 Die Schrift- und Lautlehre

2.2.1.8 Das Imperfekt, das Partizip Qal und der Imperativ Hifʻil der Verben IIIī (--»§ 20.1.2; 20.5.1; 21.2; 22.7).

2.2.1.9 Das Partizip und der Infinitiv Hifʻil der Verben IIū (--»§ 20.5.1; 22.7).

2.2.1.10 Das Perfekt der Verben IIIī (--»§ 22.8).

2.2.1.11 Bei den Namen: אליעזר DA 6; NB 26; V 38, 3.8.8; 40; גמליאל NB 9; 15, 2.5; 26; דניאל NO 101; חליפא Mu 22, 12; חנין Mu 30, 17; חנינא Mu 22, 12; סימי Mu 30, 9; עזיאל PL 3, 5.

2.2.2 -ē-

2.2.2.1 entstanden durch die Monophtongisierung von ay in איך "wo" (--»§ 6); בין "zwischen" (--»§ 23.5); בית "Haus" (--»§ 14.6); זיתים "Oliven" (--»§ 15.3); und den Namen חריבה "kleine Trümmerstätte" (--»§ 11.25); קיץ EN 2, 1.

2.2.2.2 Das intransitive Partizip Qal (--»§ 20.1.2).

2.2.2.3 Bei hebräischen Wörtern, Namen und Titeln (teilweise durch Ersatz- oder Pausaldehnung): אסטיד Du 102; בידבי "Sohn des Rabbi" (--»§ 4); בידיבי "Sohn des Rabbi" (--»§ 4); הליל NB 28; טיבית der zehnte Monat" (--»§17.6.1); טבית (--»§17.6.1); ידושלים Mz 151. 152. 154. 155. 158. 158A. 159. 164; כסליו (auch כיסלו) der neunte Monat (§ 17.6.1); מישאיל EN 2, 8; ניחמיה NB 44; פידות "Früchte" (--»§ 14.11).

2.2.3 -i-[50]

2.2.3.1 Die Nomina der Form qitl, qill und qittūl (--»§ 11.4; 11.7; 11.23).

2.2.3.2 Die Nomina mit mi-Präfix (--»§ 11.29.8).

2.2.3.3 Der Monatsname: תישרי der siebte Monat (--»§ 17.6.1).

2.2.3.4 Das Perfekt Piʻʻel und Nifʻal (--»§ 20.2.1; 20.3; 21.1).[51]

2.2.3.5 Der Präformativvokal des Imperfekt und des Partizip Nifʻal (--»§ 20.3; 21.2).

2.2.3.6 Der Präformativvokal des Perfekt und Imperfekt Hifʻil (--»§ 20.5.1; 21.1; 21.2).

2.2.3.7 Der Imperativ und der Infinitiv Hifʻil (--»§ 20.5.1; 21.3).

2.2.3.8 Der Präformativvokal des Imperfekt und Jussiv Qal (--»§ 21.2).

2.2.3.9 אפילו "obwohl, selbst wenn" (--»§ 25).

2.2.3.10 Die Präpositionen ב, ל und מן (--»§ 23.4; 23.12; 23.14).[52]

2.2.3.11 In den Namen: איגר Bs 3, 17; איגרי Bs 3, 11; איסי SU 101, 2; איקבין Bs 3, 27; גיאתן Bs 3, 14; גריזין Cu 12, 4; יפית EN 2, 3; מיכאלא NB 63; מידים NB 29; מישאיל EN 2, 8; נימרץ Bs 3, 17; עידן ZZ 106, B4; פינחס GR 1, 3; קיסרין Bs 3, 16.25.

---

[50] nach Epstein, 1236f, kann א auch -i- anzeigen.
[51] vgl. Epstein, 1243f.
[52] vgl. Epstein, 1244.

2.2.4 für den Murmellaut -ə- [53]

לִי in: לִיקִיצָה "gemäß der bestimmten Zeit" CIJ 634, 7.

2.2.5 für griechisches -ι- bzw. lateinisches -i- in griechischen bzw. lateinischen Wörtern und Namen

אָטִיר (Ατιω) NB 15, 1; אָטִיוֹן (Ατιων) NB 15, 4; אָנִיאנא NB 10; אָנִיאנה NB 17, 2; אָנִינָה NB 11; אסטפליני (σταφυλινοι) "Möhren" Bs 3, 2; בִּיטוּ (Viti) CIJ 570; בִּיטָה (Vita) CIJ 569, 2; בנדיקיאנו (Beniricianus) CIJ 609; לוליאנא (Julianus) NV 1; מטאידינא (Ματηρινᾶ) CIJ 595; מלליוֹשא (Μελισσα) CIJ 661, 2; מִינחֹ (μινθα) "Minze" Bs 3, 2; מֹקִים (Μοκιμος) NB 30[54]; סיטוּרָה (Sitora) CIJ 1536; סִילוּ (Silani) CIJ 630, 2; סיסינה (Sisina) Je 173, 5; סהקנדינו (Σεκουνδινου) CIJ 595; פוסטינה (Faustina) CIJ 611; פרטיסה (Pretiosa) CIJ 570; קִידִילָא (κυριλλα) NB 18; קרילם (κυριλλος) NB 29.

2.2.6 für griechisches -η- [55]

מטאידינא (Ματηρινᾶ) CIJ 595; פסיפוס (ψηφος) "Mosaik" SU 101, 3.

2.2.7 für griechisches -υ- [56]

פניקטייה (πνυκτος) "erwürgt" Bs 3, 8; פרסובִּיטרו (πρεσβυτερου) "Ältester" CIJ 595; קִידִילָא (κυριλλα) NB 18.

2.2.8 für griechisches -ε- [57]

תיזפולקטוס (Θεοφυλακτος) Je 173,4.

2.2.9 in der griechischen Endung -ιος [58]

לאונטיס (Λεοντιος) NB 45.

2.2.10 in der griechischen Endung -ιον [59]

פרסטלן (περιστυλιον) "kleiner Säulengang" Cu 1, 7; אכסדרין (ἐξεδριον) "kleine Säulenhalle" Cu 11, 3.[60]

---

53 vgl. Epstein, 1243.
54 vgl. Albrecht § 82d, 4.; Krauss I § 216 Silbenschwund im Auslaut.
55 vgl. Albrecht § 7b.
56 vgl. Albrecht § 7b.
57 vgl. Albrecht § 7b.
58 vgl. Albrecht § 82f, 5.
59 nach Albrecht § 7b werden αι mit י oder אי, ει und οι mit י bezeichnet; ATTM, 384.
60 vgl. Albrecht § 82f, 5.

§2 Die Schrift- und Lautlehre

כ

Wie ת und ט können auch כ und ק wechseln (--»§ 2, ק).[61]

זקר "Andenken" CIJ 625.

ל

1. ל kann durch Assimilation zu י werden (y-l-y » l-l-y).
   לוליאנא (Julian) NV 1 (--»§ 2, י, 2.2.5); Krauss, I § 182.

2. ל kann ohne ersichtlichen Grund bei der Umschreibung griechischer Namen verdoppelt werden
   מלליושא (Μελισσα) CIJ 661, 2.[62]

מ

Auslautendes ם kann in den folgenden Fällen mit נ wechseln.[63]

1. Bei der Endung Pl.abs.m. des Nomens und des Partizips (--»§ 12.1; 20.1.2).

2. Beim Personalpronomen (--»§ 3)
   2.1 Pl.2.m. אתן "ihr"
   2.2 Pl.3.m. הן "sie"

3. Bei den Suffixen (--»§ 4)
   3.1 Das Singularsuffix Pl.3.m.
   3.2 Das Pluralsuffix Pl.2.m.
   3.3 Das Pluralsuffix Pl.3.m./f.

---

61 vgl. Epstein, 1226, der zu dem noch einen weiteren Wechsel mit נ und א annimmt; Albrecht § 4b.c geht davon aus, daß h zuweilen zu k̲ wird und umgekehrt; den כ/ג- Wechsel führt er darauf zurück, daß כ häufig wie χ gesprochen wird, was zur Folge hat, daß unspiriertes k dann mit ק geschrieben werden muß; so auch Segal § 45.59.

62 Nach Epstein, 1228f, kann ל mit נ und ר wechseln; nach Albrecht § 4d wird ר vor ל zu ו; daneben (§ 4g) können ל und ר durch partielle Assimilation wechseln; Segal § 54 geht auch von einem ל/ר-Wechsel aus.

63 vgl. Epstein, 1229f; Segal § 54; nicht so Albrecht § 4g und Kutscher § 199.

4. Wie ל kann auch מ ohne ersichtlichen Grund bei der Umschreibung griechischer Wörter doppelt stehen:
ממלפפונות (μηλοπεπων) "Zuckermelonen" Bs 3, 2.[64]

נ

1. n wird in den folgenden Fällen assimiliert und daher nicht geschrieben
  1.1 Die Nomina mit m-/t-Präfix der Wurzeln ln (--»§ 11.27.2; 11.29.2; 11.30).
  1.2 Das Imperfekt und der Infinitiv Nifʻal (--»§ 20.3; 21.2).
  1.3 Das Perfekt und das Imperfekt Hifʻil der Verben ln (--»§ 20.5.1; 21.1; 21.2; 22.4).
  1.4 Das Partizip Hofʻal der Verben ln (--»§ 20.5.2; 22.4).
  1.5 Das Imperfekt und der Imperativ Qal der Verben ln mit einigen Ausnahmen (--»§ 21.2; 21.3; 22.4).
  Beim Infinitiv Hifʻil der Verben ln bleibt das n erhalten (--»§ 20.5.1; 22.4).
  1.6 Die Präposition מן "von, weg" (--»§ 23.14).

2. Auslautendes נ kann mit מ wechseln (--»§ 2, מ).
3. Nach -ā kann ein n angefügt werden[65]
   האסטאן (στοα) "die Säulenhalle" Cu 11, 2; יודן "Juda" CIJ 1533; NB 5; 5; 6; 46; NJ 106, 3; NV 1; Su 103; סרטן "Krebs" BA 102, 4; NO 102, 4[66].

4. Bei Münzen steht נ gelegentlich an falscher Stelle[67].
   אלעזר הכה "Eleazar, der Priester" Mz 173. 174. 213; אלעזר הכהן Mz 197; שמנעו "Simeon" Mz 184A. 185. 203. 204.
5. Steht n vor einem Laryngal, so muß es nicht assimiliert werden:
   חיטץ "Weizen" Bs 3, 22, חטין "Weizen" Mu 44,3.9 und חטים "Weizen" Mu 30, 14, aber חנטין "Weizen" Mu 24, A11. B16. C15. D15. E11 .[68]

---

64 nach Epstein, 1216, kann m zu n werden, wenn das folgende Wort ebenfalls mit einem m beginnt: -m m- » -n m-.
65 vgl. ATTM, 149.
66 bei סרטן "Krebs" ist es fraglich, ob er in diese Gruppe gehört, weil syr. mand. sartānā haben, so auch arab. saraṭān.
67 Das könnte möglicherweise auf die Herstellung des Prägestempels zurückzuführen sein, in den der Name spiegelbildlich graviert wurde. (mündlich H.W. Weber)
68 nach Epstein, 1216, kann n vor einem mit n beginnenden Wort ausfallen; ferner, 1228f, kann n mit l wechseln.

§2 Die Schrift- und Lautlehre

ס

Der Buchstabe ס übernimmt zunehmend die Funktion des *ś (dafür ursprünglich שׂ), da beide in gleicher Weise gesprochen wurden.[69]

1. ס für *s

אסף "sammeln" Qu 1, B; אסר "vebieten" Bs 3, 1.9.9.11.13.19.24; חמס "Unrecht tun" ZZ 102, A10; חסד "Güte" Mu 45, 6; ZZ 2, 7.7.8; 102, C10; 120, 7; חסר "fehlen" Mu 22, 11; 30, 14; V 38, 8; טכס[70] "einrichten" ZZ 106, B4; יסר "anordnen" ZZ 102, B23; כוס "Becher" Cu 3, 3; כנס "sammeln" V 40; כנסת "Versammlung" ZZ 108, 1.2.3.4; כסה "abschneiden" Cu 11, 5; כסל "Vertrauen" ZZ 102, C2; כסליו der neunte Monat EN 2, 6; כסף "Silber" Cu 1, 3.14; 2, 6.11; 3, 2.6; 4, 4.8.10.12.14; 5, 4.11; 7, 10; 8, 6.16; 9, 10; 10, 6; 12, 5.6.7; V 38, 8.8; 42; מאס "verachten" ZZ 122, 11; מכסה "Steuer" Mu 24, E10. F12; מסלול "Weg" ZZ 123, 4; מספר "Zahl" NV 1; מוסר "Zucht" ZZ 102, B16; נכסן "Besitz" Sk 12, 3; ניסן der erste Monat BA 102, 13; EN 2, 5; HM 101, 13; NO 102, 13; סאה ein Geteidemaß Mu 24, B17 (zwischen den Zeilen); 30, 14; סבב "umgeben" ZZ 123, 2; סביב "ringsum" Bs 3, 6.25; סבל "tragen" Bs 3, 16; ZZ 102, C2.3.3; סדק "Spalt" Cu 5, 5; סוד "Geheimnis" ZZ 120, 11; סור "weichen" ZZ 120, 11; 122, 10; סיון der dritte Monat EN 2, 5; סלה ein an das Ende eines Sinnabschittes gesetztes Kunstwort AL 1; Je 173, 7; ZZ 125, 17; סלח "vergeben" QU 1, C2; ZZ 102, B11; סליחה "Vergebung" ZZ 102, C14; סלע "Fels" Cu 2, 11; 11, 5; Mu 30, 21; V 38, 8.8; 42; סלת "Weizengries" ZZ 102, A2; סנה "Brombeerstrauch" Cu 11, 4; סוף "Ende" Bs 3, 7; Mu 24, B14. C12. E9; סף "Schwelle" Cu 2, 12; 12, 2; ספינה "Schiff" ZZ 4, 17; ספיק "zweifelhaft" Bs 3, 10; ספר "Buch" Cu 6, 5; 8, 3; Je 139a.b; SU 101, 5; ZZ 102, B16; סקילה "Steinigung" ZZ 102, B5; סירא "Dornbusch" Cu 11, 14; סרטן "Krebs" BA 102, 4; EN 2, 3; NO 102, 4; סתם "verschließen" Cu 1, 7; סתר "verbergen" ZZ 102, A18; פרנס "Verwalter"[71] Mu 42, 1; V 38, 6; 40; קסוה "Schale" Cu 3, 4.

2. ס für *ś

חפס "suchen" ZZ 102, A17; מסמא "Steinplatte" Cu 11, 6; מעסר "Zehnt" Cu 1, 10; נסג "einholen" ZZ 106, B6; נסיא "Fürst" Mu 24, B3. C3. D18. E2.7. J3; נסי "Fürst" Sk 1, 1; סיד "Kalk" Su 101, 4; סיח "Beifuß" Cu 11, 4.10; סכין "Dornen" Cu 11, 8;

---

69 vgl. Epstein, 1233f; Albrecht § 4e; dagegen bleibt biblischhebräisches ס ש; Einleitung, III; ATTM, 102f.

70 das genannte Verb ist nur mit Vorbehalt hier zitiert, da es sich um ein giechisches Lehnwort handelt. Es existiert ebenso in der Schreibung טקס, gl. Dalman, Wörterbuch, S. 174b.

71 mit Vorbehalt zitiert, griechisches Lehnwort, vgl. Dalman, Grammatik, S. 183.

סמל "links" Cu 1, 13; סמול "links" Cu 10, 6; שרף "verbrennen" QU 1, B; שריפה "Verbrennen" ZZ 102, B5; סרר "herrschen" NV 1; עסה "machen" Mu 24, B11. C10. D10; 43, 6; עסר "verzehnten" Bs 3, 1 [72].19.21.22; Mu 24, C16; עסר "zehn" Cu 2, 9; 10, 6; אחת עסרה "elf" Cu 8, 15; שתים עסרה "zwölf" Cu 6, 13; שתין עסרה "zwölf" Cu 10, 13; שש עסרה "sechzehn" Cu 3, 6; 9, 8; שבע עסרא "siebzehn" Cu 8, 5f; תשעסרא "neunzehn" Cu 2, 8; עסרין "zwanzig" Cu 10, 11; 12, 9.

3. ש für *ś [73]

בשר "Fleisch" ZZ 104, 3; בשרון "Verachtung" Mu 42, 6; מעשר "Zehnt" MS 101; נשיא "Fürst" Mu 24, D3. F3; Mz 169. 170. 170A. 172. 172A. 193; V 38, 2.7; 40; 40; נשי "Fürst" HV 81, 1; עשה "machen" KB 1; ME 1; Mu 30, 23; NE 101; Su 101, 2; 102, 2; 103; NB 28; QU 1, C7; ZZ 4, 21; 102, B15; עשר "verzehnten" Mu 24, B17.18; ארבעה עשר "vierzehn" Mu 29, 9; שש עשרה "sechzehn" CIJ 622, 2f; ששה עשר "sechzehn" V 38, 8.8; שבע עשרה "siebzehn" NB 26; שבעשרה "siebzehn" Cu 1, 4; שמנה עשר "achtzehn" ZZ 4, 22; עשרין "zwanzig" Mu 24, B1. D1. F1; עשרים ואחד "einundzwanzig" Mu 30, 8; עשרים ושתים "zweiundzwanzig" Mu 30, 21; עשרין ושתים "zweiundzwanzig" NB 15, 3; עשרין וארבע "vierundzwanzig" Cu 8, 13; עשרים ושבעה "siebenundzwanzig" ZZ 4, 8; עשרים ושמנה "achtundzwanzig" V 38, 1; ארבעה עשר "der Vierzehnte" PL 3, 13; שש עש{רה} "der Sechzehnte" PL 1, 2; פרש "sich trennen" QU 1, A; פרוש{ם} "ihre Verteilung" Cu 12, 12; שיח "Grube" Cu 1, 13; שמח "sich freuen" CIJ 656; QU 1, C6; שוש "sich freuen" ZZ 107, 3.

4. s kann in Kontaktstellung neben einem ṭ zu ṣ assimiliert werden ארצטון (Αριστων) Mu 42, 3.

5. ס bei א-prostheticum (--»§2, א, 1.2).

---

72 Text אסר.
73 nach Epstein, 1233f, kann ש auch für ס stehen; das kommt bei meinen Belegen nicht vor.

ע

Der Zusammenfall von ע mit א und dem Laryngal ה.

1. mit א [74]

1.1 א statt ע

אזילך Ortsname Bs 3, 27; מתאסרץ "verzehntete" Bs 3, 1; איקבץ Ortsname Bs 3, 27; גיאתן Ortsname Bs 3, 14.

1.2 ע statt א

מרעשי "von meinem Kopf" XX 7, 8 (--»§ 2, א, 1.5.2).

2. ע statt ה [75]

הקצע "der Schwarzkümmel" Bs 3, 3 (--»§ 2, ה, 1.5.4).

3. statt zwei ע steht nur eins

שבעשרה "siebzehn" Cu 1, 4; תשעסרא "neunzehn" Cu 2, 8.

4. das ע ist ausgefallen

ב{ע}קול המים "an der Krümmung des Wassers" Cu 9, 11; רמ{ע}א לאה "Gefäße mit Priesterabgabe von Aloe" Cu 11, 14 (--»§ 2, א, 1.5); המ{ע}רב "der Westen" Cu 12, 1. [76]

פ

יוסך Je 171 für יוסף ist ein Schreibfehler, der auf der Ähnlichkeit der beiden Buchstaben beruht. Er läßt keine Rückschlüsse auf eine veränderte Aussprache dieses Konsonanten zu. [77] [78]

---

[74] vgl. Albrecht § 4b; Segal § 43.
[75] vgl. Albrecht § 4b.
[76] nach Albrecht § 7a kann ע α- bezeichnen.
[77] nach Segal § 59 bezeichnet der Buchstabe פ p und p̄, π und φ.
[78] zu צ: Dieser Buchstabe wird wegen seiner Aussprache $^t s$ mit keinem anderen Konsonanten verwechselt; nach Albrecht § 4e kann צ vereinzelt zu ט werden; Segal § 52 nimmt einen Wechsel mit ס und ט an.

§2, ק - ת

ק

Wie ת und ט können auch כ und ק wechseln (--»§ 2, כ).[79]

ר

Vor ר kann ā zu ọ werden[80] :
פורשת (Sg.f.cstr.) "Kreuzung" Bs 3,13; תורמסין [81] (θερμος) "Lupine" Bs 3,3.

ר kann auch ausfallen:
א{ר}ז "Zeder" Cu 11,10.[82]

ש

Zum Wechsel ש/ס (vgl. --»§ 2, ס).[83]

ת

Wie כ und ק können auch ת und ט wechseln (--»§ 2, כ; ק; ט).[84]

---

[79] vgl. Epstein, 1226f; Albrecht § 4c; Segal § 45.
[80] vgl. zu diesem Vokalwechsel Dalman, Grammatik, S. 89, 3.a: Übergang von a zu u besonders beliebt bei כ und מ, seltener bei ל, ר, פ, נ, ק und ש; ferner Nöldecke, Mand. Grammatik, S. 17f.
[81] verantwortlich für diese Schreibung kann auch die Überlieferungstradition sein, Dalman, Wörterbuch, S. 449b, zitiert diese Form nur mit u: תורמום gr.m. θερμος "Lupine".
[82] Nach Epstein, 1228f, kann ר mit ל wechseln, so auch Segal § 54 und Albrecht § 4g, der das mit partieller Assimilation begründet.
[83] Nach Albrecht § 4e kann ס gelegentlich für ש stehen, so auch Segal § 52.
[84] vgl. Epstein, 1217-1220; Albrecht § 4d; Segal § 47.59.

"In keinem andern ist das Heil, auch ist kein anderer Name unter dem Himmel den Menschen gegeben, durch den wir sollen selig werden." Apg. 4,12

Die Formenlehre

§ 3 Das Personalpronomen[1]

Sg.1.c.	אני	'anī	Pl.1.c.	אנו, אנחנו	'anaḥnū, 'ānū
2.m.	אתה	'attā	2.m.	אתן	'atten
3.m.	הו, הוא	hū	3.m.f.	הן, הם	hen, hem
3.f.	הי, היא	hī			

Sg.1.c.:	אני	"ich":	Mu 22, 4; 24, B6. E5; 30, 22.25; 43, 3.5; V 40; ZZ 4, 4.5.9.20.24; 121, 5; 125, 15.
Sg.2.m.:	אתה	"du":	V 40; ZZ 101, 3; 103, 3; 120, 13.
Sg.3.m.:	הו	"er":	Cu 11, 7.9; Mu 46, 9 (מהו).
	הוא	"er":	Mu 24, E6; 46, 4.8; ZZ 101, 5.6; 105, 2.
Sg.3.f.:	הי	"sie":	Cu 10, 10; Mu 42, 4 (שהי).
	היא	"sie":	Bs 3, 6.7.7.8.12.
Pl.1.c.:	אנו	"wir":	ZZ 102, B2.3.3.3.4.4.5.
	אנחנו	"wir":	Qu 1, C2; ZZ 101, 1; 102, A9.14.
Pl.2.m.:	אתן	"ihr":	Sk 12, 3.
Pl.3.m.:	הן	"sie":	Bs 3, 19.21.24; ZZ 4, 19.
	הם	"sie":	ZZ 120, 8.9.
Pl.3.f.:	הן	"sie":	Bs 3, 10; NB 15, 1.
	הם	"sie":	Mu 24, E9; V 38, 8.8; 42.

Das Personalpronomen Sg.1.c. heißt אני, selten אנוכי, Sg.2.m. אתה.
Das Pronomen Sg.3.m. heißt immer הוא, bis auf die oben genannten Belege aus der Cu. Nur wenn es mit anderen Wörtern zusammengeschrieben ist, überwiegt die phonetische Schreibung, מהו "was ist es?". Der Sg.3.f. lautet immer היא, bis auf die oben genannten Belege.

1 vgl. Segal § 67-70; Albrecht § 28; Kutscher § 201.

Der Pl.1.c. heißt immer אנו, es existieren nur drei Belege für אנחנו.
Beim Pl.3.m. überwiegt הן deutlich, jedoch ist הם ebenfalls gut belegt. Der Pl.3.f. heißt bis auf zwei Ausnahmen, bei denen הם gesetzt ist, immer הן.
Das Pronomen Pl.2.m. heißt אתם, es gibt insgesamt nur ganz wenige Belege für אתן, beim Pl.2.f. sind die Belege אתם und אתנה.

3.1 Zur Syntax des Personalpronomens

Das Personalpronomen als Subjekt oder Prädikat in einem Verbal- und Nominalsatz

1. Das Personalpronomen als Subjekt neben einem Partizip (--»§ 27.2; 31.1.6):
הן מתעסרין דמיי "sie (die Früchte) werden als Zweifelhaftes verzehntet" Bs 3, 19; ähnlich: Bs 3, 21.24; מעיד אני עלי חשמים "ich nehme den Himmel als Zeugen gegen mich" Mu 43, 3; אני נתן חכבלים ברגלכם "ich werde Fesseln an eure Füße legen lassen" Mu 43, 5f; כן הן מנחות אטיו...ואטיון "hier sind Atio und Ation bestattet" NB 15, 1.4; בטב אתן יושבין "unbeschwert sitzt ihr da" Sk 12, 2f; כותב אני לכבודך "ich schreibe zu deiner Ehre" ZZ 4, 4f; שואל אני בשלומך "ich erkundige mich nach deinem Wohlergehen" ZZ 4, 5f; אני נותן לך "ich gebe dir" ZZ 4, 20; מורים אנחנו לך ייי "wir bekennen dich, Jahwe" ZZ 101, 1.

2. Das Personalpronomen als Subjekt in einem reinen Nominalsatz
הו חרם "es ist Banngebiet" Cu 11, 7; אני קבלן "ich bin der Empfänger" Mu 30, 22; שהי שלו "sie gehört ihm" Mu 42, 4; הוא כן "er ist hier" Mu 46, 4; הוא צריך "er braucht" Mu 46, 8; { הן אצלן } "sie sind bei { }" ZZ 4, 19; צריך אני אותן "ich brauche sie" ZZ 4, 24f; אתה אים "DU bist Gott" ZZ 101, 3; אנו חיבים "wir sind schuldig" ZZ 102, B2.3.3.3f.4.5; אתה אלהנו "DU bist unser Gott" ZZ 103, 3; {עמי} הם זרע "sie sind der Same meines Volkes" ZZ 120, 8; הם לכ{בו}די "sie existieren zu meiner Ehre" ZZ 120, 9.

3. Das Personalpronomen 3.m.f. als Kopula im Nominalsatz [2]
3.1 Sg.m.:
בקבר בניה עבט חור הו "in Benajas Grab ist ein weißer Korb" Cu 11, 9; ייי הוא האים "Jahwe ist Gott" ZZ 101, 5.6; האיש חולה הוא "der Mann ist krank" ZZ 105, 2.

---

[2] vgl. Segal § 405.

§3 Das Personalpronomen

3.2 Sg.f.:
בצדו המערבי אבן שחורא הי "M. ist ein Kastell" Bs 3, 12; מזה היא קסטלה הפתח "an seiner westlichen Seite bezeichnet ein schwarzer Stein den Eingang" Cu 10, 9f.

3.3 als Kopula nach ש "welcher", das durch das zusammengesetzte Personalpronomen flektiert wird
שהיא פילי דקמפון "welches das Tor am Sportplatz ist" Bs 3, 6; ähnlich: Bs 3, 6f.7.8; שהם שנים שלמות... חמש "welche fünf ganze Jahre sind" Mu 24, E9f; שהם סלעים ארבעין "welche vierzig Sel'a sind" V 42.

4. Das Personalpronomen verstärkt ein Verbum finitum[3]
4.1 Perfekt
אני מרצוני חכרתי "mit meinem Einverständnis pachtete ich" Mu 24, B6f. C5f. E5; אנחנו כתבנו "wir haben geschrieben" Qu 1, C2; חכרנו אני ואתה "wir, du und ich, pachteten" V 40; עד שאני באתי לדרום "bis ich in den Süden käme" ZZ 4, 9; אנחנו אשמנו "wir luden Schuld auf uns" ZZ 102, A9; אנחנו הירשענו "wir erklärten uns schuldig" ZZ 102, A14.

4.2 Jussiv
אתה תברך "DU mögest segnen" ZZ 120, 13.

5. Das Personalpronomen Sg.1.c. zur Einführung des Namens
אני בר חזקא "ich, der Sohn des Hezqa" Mu 22, 4; ואני שלום אשתו "und ich, Salome, seine Frau" Mu 30, 25.

---

3 vgl. Segal § 404.

"Haltet euch nicht selbst für klug." Röm. 12,16

§ 4 Die Suffixe[1]

Die Suffixe sind nach Singular- und Pluralsuffixen getrennt aufgeführt, die belegten Nomina mit Suffix in die folgenden Gruppen unterteilt:
1. Das Suffix an regelmäßigen Nomina 2. Das Suffix an Nomina der Wurzel IIIi
3. Das Suffix an unregelmäßigen Nomina 4. Das Suffix an femininen Nomina, bzw. an Nomina mit der Endung -ūt 5. Das Suffix am Infinitiv
Zu den Suffixen an den Präpositionen vgl. --»§ 23.

Die Singularsuffixe

Sg.1.c.	י	-ī	Pl.1.c.	נו , ינו	-ēnū
2.m.	ך, יך	-(a)ḵ	2.m.	כם , כן	-ḵem, -ḵen
3.m.	ו	-ō	3.m.	ם , ן , הן	-ām, -ān, -ahęn
3.f.	ה , א	-ā	3.f.	ן , הן	-ān, -ahęn

Sg.1.c.: י: 1. **regelmäßige Nomina:** אדוני "mein Herr" Mu 30, 27; איני "ich habe nicht" Mu 46, 2; אמי "meine Mutter" ZZ 4, 18; ביתי "mein Haus" Mu 44, 3; כבודי "meine Ehre" ZZ 120, 9; ראשי "mein Kopf" XX 7, 8; רבי "mein Lehrer" Bs 3, 10; DA 6; Je 123, 25; 179; NB 8; 9; 10; 15, 1.4.5; 16, 1; 17, 2; 21, 1; 22, 1.2; 23; 24; 25; 26; 28; 28; 30; 51; NE 101; NJ 1; 102, 2; Su 101, 1.5; בירבי "Hochgelehrter" NB 16, 1; NJ 1 ; Su 101, 2.5; ביריבי "Hochgelehrter" NB 33; ברב "Hochgelehrter" NJ 106, 3; רצוני "mein Wille" Mu 24, C6. E5.
2. **Nomina IIIi:** מרי "mein Herr" Su 101, 1.
3. **singuläre Nomina:** אחי "mein Bruder" Mu 45, 6.
4. **feminine Nomina :** שותפותי (Text שותופתי) "meine Verbindung" V 40.

Sg.2.m.: ך: 1. **regelmäßige Nomina:** ביתך "dein Haus" Mu 30, 27; ZZ 4, 26; זבולך "DEINE Wohnung" ZZ 102, B22; חדרך "DEIN Zimmer" ZZ 102, B23; ידך "DEINE Hand" ZZ 102, B15; כבודך "deine Ehre" ZZ 4, 5; 121, 18; מרומך "deine Höhe" ZZ 36, 32; מישכבך "deine Ruhestätte" Je 182; לנפשך "für dich" V 40; סיפרך "DEIN Buch" ZZ 102, B16; עבדך "dein Sklave" ZZ 4, 30; 102, B8; עפרך "dein Staub" ZZ 4, 30; קדשך "DEINE Heiligkeit" ZZ 101, 8; רומך "DEIN Zorn" ZZ 102, B16; שלומך

---
[1] vgl. Albrecht § 29. 87i; Segal § 71.

§4 Die Suffixe

"dein Wohlergehen" ZZ 4, 6.25; שמך "DEIN Name" ZZ 101, 2.3.6; תלמידך (Text תלימדך) "dein Schüler" ZZ 4, 31 .
3. **singuläre Nomina**: אביך ('*abīk*)"dein Vater" Mu 45, 5.
4. **feminine Nomina**: ביאתך "dein Eingang" Cu 4, 3; 11, 13; מלכותך "DEINE Königsherrschaft" ZZ 103, 2; עצתך "ein Rat für dich" Qu 1, C5; קדושתך "DEINE Heiligkeit" ZZ 101, 4.
5. **Infinitive: Das Suffix bezeichnet überall das Subjekt**: בבואך "wenn du kommst" Cu 10, 5 (בוא); גישתך "DEIN Nahen" ZZ 102, B16 (נגש); במצאך "indem du findest" Qu 1, C6 (מצא); בעשותך "indem du tust" Qu 1, C7 (עשי); בשורך "wenn DU hinsiehst" ZZ 102, B17 (שור).

Sg.2.m.: ךְ: 1. **regelmäßige Nomina**: שמך "DEIN Name" ZZ 102, B13 .

Sg.3.m.: וֹ: 1. **regelmäßige Nomina**: ארונו "sein Sarg" NB 23; 26; 28; ביתו "sein Haus" Mu 30, 28; בנו "sein Sohn" NB 15, 5; 22, 2; 26; 28; זכרונו "sein Andenken" NJ 1; זרעו "sein Nachkomme" ZZ 102, B18. C10; ידו "seine Hand" ZZ 102, C9; כיסלו "das Vertrauen auf ihn" ZZ 102, C2; לשונו "seine Sprache" ZZ 122, 3; מאמרו "seine Anordnung" Mu 24, C20; בית מדרשו "sein Lehrhaus" DA 6; מזרחו "östlich von ihm" Cu 3, 11; משכבו "seine Ruhestätte" CIJ 569, 1; NB 5, 1.7; 6; משכהבו "seine Ruhestätte" CIJ 593; 613; מישכהבו "seine Ruhestätte" CIJ 595; נפשו "seine Seele" CIJ 1534; V 38, 8; סמולו "links von ihm" Cu 10, 6; עמו "sein Volk" AL 1; ZZ 104, 1; פרנסו "sein Verwalter" V 38, 6; 40; פתחו "seine Öffnung" Cu 1, 11; צדו "seine Seite" Cu 10, 8; צדקו "seine Gerechtigkeit" ZZ 102, C9; צורו "sein Fels" ZZ 102, C8; צפונו "nördlich von ihm" Cu 3, 8; קברו "sein Grab" CIJ 668, 1; קרובו "seine Nähe" ZZ 102, C6; קרקעו "sein Boden" Cu 1, 7; מרצונו "entsprechend seinem Willen" V 38, 8; שמו "sein Name" CIJ 1186; תכו "sein Inneres" Cu 2, 5; תומו "sein Glück" ZZ 102, C6.
3. **singuläre Nomina**: אביו ('*abīw*) "sein Vater" CIJ 630, 3.
4. **feminine Nomina**: אשתו "seine Frau" Je 113; 174; Mu 30, 25; NB 24, 2; ביאתו "sein Eingang" Cu 2, 12; 12, 1; בתו "seine Tochter" NB 15, 1.4; 21, 1; 25; ירידתו "sein Abstieg" Cu 10, 2; נשמתו "seine Seele" CIJ 569, 5; רשותו "seine Verfügungsgewalt" Mu 30, 28; שאתו "sein Untergang" ZZ 102, C9.
5. **Infinitive**: בלכתו "wenn er kommt" ZZ 102, C2 (הלך).

Sg.3.f.: ה: 1. **regelmäßige Nomina**: ארונה "ihr Sarg" NB 24, 1; אפרה "ihre Asche" Qu 1, B; בנה "ihr Sohn" Je 194; 196; משכבה "ihre Ruhestätte" CIJ 570; 611; 1536; נפשה "ihre Seele" CIJ 661, 5; Mu 29, 18; עצמה "sie selbst" Bs 3, 2.
3. **singuläre Nomina**: אחיה "ihr Bruder" NB 13; פיה "ihre Öffnung" Cu 12, 11.
4. **feminine Nomina**: דימעתה "ihre Träne" ZZ 102, B22; מנוחתה "ihre Ruhestätte" NB 20; נשמתה "ihre Seele" CIJ 1536; נישמתה "ihre Seele" CIJ 661, 4; תליתה "ihr Zweifel" ZZ 106, A1.

Die Pluralsuffixe

Sg.3.f.: א: 1. **regelmäßige Nomina**: פתחא "ihr Eingang" Cu 12, 10.
4. **feminine Nomina**: ביאתא "ihr Eingang" Cu 3, 9.

Pl.1.c.: נו: 1. **regelmäßige Nomina**: אמנו "unsere Mutter" Je 201.

Pl.1.c.: ינו: 1. **regelmäßige Nomina**: ליבינו "unser Herz" ZZ 102, B2; לבבינו "unser Herz" ZZ 102, B12; צדקינו "unsere Gerechtigkeit" ZZ 102, C14; שמינו "unser Name" ZZ 102, B15.
4. **feminine Nomina**: תפילתינו "unser Gebet" ZZ 102, B11; תפלתינו "unser Gebet" ZZ 108,6.

Pl.2.m.: כם: --»bei den Präpositionen: אצל(--»§ 23.3)
כן: --»bei den Präpositionen: אצל
Pl.3.m.: ם: 1. **regelmäßige Nomina**: דינם "ihr Gericht" ZZ 102, C6; כלם "sie alle" Mu 22, 2; כול[ו]ם "sie alle" ZZ 4, 18; כולם "sie alle" ZZ 120, 8; מגורם "ihr Aufenthaltsort" ZZ 122, 4; רצונם "ihr Wille" V 38, 2.
4. **feminine Nomina**: מנוחתם "ihre Ruhestätte" CIJ 630, 5.
Pl.3.m.: ן: ארונן "ihr Sarg" NB 22, 1.
Pl.3.m.: הן: --»bei den Präpositionen: ל (--»§ 23.12)
Pl.3.f.: ן: 1. **regelmäßige Nomina**: אמצען "ihre Mitte" Cu 4, 7.
Pl.3.f.: הן: --»bei den Präpositionen: ל (--»§ 23.12)

Die Pluralsuffixe

Die Pluralsuffixe treten im Unterschied zum Aramäischen und Arabischen auch an die femininen Pluralia.

Sg.1.c.	י , יי	-ay	Pl.1.c.	ינו	-ēnū
2.m.	ך , יך	-ēk	2.m.	כם , יכן	-ēkem, -ēken
3.m.	יו , ו	-āw	3.m.	הם , יהם	-ēhem
3.f.	יה	-ēh			

Sg.1.c.: י: 1. **regelmäßige Nomina**: חדרי "meine Zimmer" ZZ 102, A17.

Sg.1.c.: יי: 1. **regelmäßige Nomina**: דודיי "meine Freunde" ZZ 120, 8; חסריי "meine Gunstbeweise" ZZ 120, 7; ידיי (Dual) "meine beiden Hände" ZZ 120, 8.9; ידידיי "meine Lieblinge" ZZ 120, 9; עבדיי "meine Sklaven" ZZ 120, 7.

Sg.2.m.: ך: --»bei den Präpositionen אל (--»§ 23.2); לפני (--»§ 23.13).
Sg.2.m.: יך: 1. **regelmäßige Nomina**: אהליך "DEINE Zelte" ZZ 101, 8; עיניך "DEINE Augen" ZZ 102, B12; רחמיך "DEIN Erbarmen" ZZ 102, B16.

§4 Die Suffixe

Sg.3.m.: יו: 1. regelmäßige Nomina: בניו "sein Söhne" Je 171, 3; NB 17, 3; 22. כותליו "seine Wände" Su 101, 3.
2. Nomina IIIi: מע{ש}יו "seine Taten" KB 1; פניו "sein Angesicht" Mu 44, 5.

Sg.3.m.: ו: 1. regelmäßige Nomina: ירשו "seine Erben" Mu 30, 22; שולו "sein Boden" Cu 9, 1; 11, 7.

Sg.3.f.: יה: 2. Nomina IIIi: כליה "ihre Geräte" Cu 1, 3; 12, 5.
4. feminine Nomina: בנותיה "ihre Töchter" NB 21, 2; מקצועותיה "ihre Ecken" Cu 11, 1.

Pl.1.c.: ינו: 1. regelmäßige Nomina: דברינו "unsere Ausführungen" Qu 1, C6; ידינו "unsere Hände" ZZ 102, B2; יצרינו "unsere bösen Triebe" ZZ 102, B12; עינינו "unsere Augen" ZZ 121, 4; פשעינו "unsere Vergehen" ZZ 102, A20. B12; צרינו "unsere Feinde" ZZ 101, 7.
4. feminine Nomina: אבותינו "unsere Väter" ZZ 102, A19; דורותינו "unsere Generationen" ZZ 122, 13; טומאותינו "unsere Verunreinigungen" ZZ 102, B9; עוונותינו "unsere Sünden" ZZ 102, B11; רבותינו "unsere Lehrer" Bs 3, 26.

Pl.2.m.: כם: 1. regelmäßige Nomina: רגלכם "eure Füße" Mu 43, 6.
Pl.2.m.: יכן: 1. regelmäßige Nomina: בניכן "eure Söhne" ZZ 108, 7; חייכן "euer Leben" ZZ 108, 6.
3. singuläre Nomina: אחיכן "eure Brüder" Sk 12, 4.

Pl.3.m.: הם: 1. regelmäßige Nomina: שניהם "sie beide" V 38, 4.5.8.
2. Nomina IIIi: פניהם "ihr Angesicht" ZZ 101, 5.

Pl.3.m.: יהם: 4. feminine Nomina: משחותיהם "ihre Entfernungen" Cu 12, 12.

4.1 Die Syntax der Nominalsuffixe[2]

Meistens wird durch das Suffix am Nomen ein possessives Verhältnis ausgedrückt. Daneben kann das Suffix folgende Funktionen haben:

1. Das Singularsuffix Sg.1.c. in einer Anrede:
אדוני "mein Herr" Mu 30, 27; מרי "mein Herr" Su 101, 1
oder als Titel:
רבי "mein Lehrer" Bs 3, 10 (die restlichen Stellen zitiert Anfang § 4); ברבי "Hochgelehrter" NB 33; בירבי "Hochgelehrter" NJ 1.

---
2 vgl. Segal § 406.

4.1 Die Syntax der Suffixe

2. Das Suffix Sg.2./3.m. als genitivus objectivus:
עצתך "ein Rat für dich" Qu 1, C5; כיסלו "Vertrauen auf ihn" ZZ 102, C2.

3. Das Suffix 3.m. und f. vorweisend auf einen Genitiv: (--»§ 34.2.5)
(das Suffix richtet sich nach dem Genus des Beziehungswortes)

4. Das Suffix 3.m. als Rückbezug auf eine Ortsangabe:
בשית שבמלה מבצפונו "im Hohlraum, der sich im nördlichen Teil der Mauer befindet" Cu 3, 8; בקבר שבמלה ממזרחו בצפון "in einem Grab, das im nordöstlichen Teil der Stützmauer liegt" Cu 3, 11.

5. Das Suffix Sg.3.m./f. in einem asyndetischen Relativsatz, von dem dieser abhängt (--»§ 7.2)

6. als Rückbezug in einem komparativischen Ausdruck
שוקלים תחצי הכסף הלו יותר הימנו "sie zahlen die Hälfte jenes Silbers dazu (darüber hinaus)" V 38, 8.

"Denn es ist ein Gott und ein Mittler zwischen Gott und den Menschen, nämlich der Mensch Jesus Christus." 1.Tim. 2,5

§ 5 Das Demonstrativpronomen[1]

1. Die Nahdeixis

Sg.m.:	זה, זא	zē	Pl.c.	אלה		'ellē
f.:	זה , זו	zō		אלו, אילו		'ellū
				הללו		hallalū

Sg.m. :	זה	"dieser" :	AL 1; CIJ 661, 2; 668, 1; 669; DA 6; Je 173, 2; 181; KB 1; Mu 24, B12. C9; 30, 16.17.22.24.26.28; NB 5; 6; 30; 36; NJ 106, 2; Su 101, 3; ZZ 101, 6; 102, B11; 106, B3; V 38, 3.
	זא	"dieser" :	Cu 12, 11.
Sg.f. :	זה	"diese" :	NB 25; 26.
	זו	"diese" :	Mu 44, 6; NB 9; 10; 22, 1; 23; 24; 28; ZZ 4, 29.
Pl.c. :	אלה	"diese" :	Mu 24, B18. C16; Qu 1, A. A. B. C4.
	אלו	"diese" :	Bs 3, 21.23; Mu 45, 7; NB 17, 1.
	אילו	"diese" :	Bs 3, 5.
	הללו	"diese":	Bs 3, 11.19.22.

2. Die Ferndeixis

| Sg.m.: | הלז | "jener" : | *(hallaz)* Mu 24, E8. F10; V 38, 8; 40; 40. |
| f.: | הלזו | "jene" : | *(hallēzū)* V 38, 8. |

5.1 Zur Syntax des Demonstrativpronomens[2]

In den meisten Fällen wird das Demonstrativpronomen adjektivisch verwendet. Es wird wie sein Beziehungswort mit dem Artikel versehen, außer הלז "jener" und הללו "diese", die bereits den Artikel enthalten.

1 vgl. *Albrecht § 30; Segal § 72.74; Kutscher § 203.*
2 vgl. *Albrecht § 30; Segal § 410-413.*

5.1 Zur Syntax des Demonstrativpronomens

הַמָּקוֹם הַזֶּה "dieser Ort" AL 1; ähnlich: KB 1; הַפֵּירוֹת הַלָּלוּ "diese Früchte" Bs 3, 1.18f.22; הָעָפָר הַלָּז "jenes Feld" Mu 24, E8. F10; (Text חֹו) חֹוּ תשׁבת "diesen Sabbat" Mu 44, 6; הָאָרוֹן הַזֶּה "dieser Sarg" NB 25; בַּדְּבָרִים הָאֵלֶּה "in diesen Dingen" Qu 1, A; חֲצִי הַכֶּסֶף הַלָּז "die Hälfte jenes Silbers" V 38, 8; adjektivisch mit zu ergänzendem Beziehungswort הַמִּכְסָה "der Betrag": הַלָּו {הַמִּכְסָה} חֲצִי הַכֶּסֶף "die Hälfte des Silbers, jenen Betrag von" V 38, 8; הַזְּמַן הַלָּז "jene Zeit" V 40; הַמָּקוֹם הַלָּז (Text הַמּוֹקָם) "jener Ort" V 40; הָאִיגֶּרֶת חֹו "dieser Brief" ZZ 4, 29.

Ein Ausnahme dazu bildet

דוֹסְתָּס זֶה "dieser Dosthes" Mu 30, 26, der Artikel fehlt beim Demonstrativpronomen.

Daneben kann das Demonstrativpronomen substantivisch verwendet werden, אֵלּוּ{י} "diese" kommt nur so vor.

זֶה קִבְרוּ שֶׁל "Dies ist das Grab von" CIJ 668, 1; ähnlich: 669; זוּ שֶׁלְרַבִּי גַמְלִיאֵל (mit zu ergänzendem אֲרוֹנוּ "sein Sarg") "Dies gehört Rabbi Gamaliel" NB 9; זוּ אֲרוֹנוּ שֶׁלְרַבִּי יְהוֹשֻׁעַ "Dies ist der Sarg von Rabbi Josua" NB 23; ähnlich: NB 26; גַב אֵלֶּה "wegen dieser Dinge" Qu 1, A; הָבִין בְּכָל אֵלֶּה "Sei klug in all diesen Dingen" Qu 1, C4; אֵילוּ הַמְּקוֹמוֹת "Dies sind die Orte" BS 3, 5; אֵלוּ בִּשְׁבִיעִית שְׁבִיעִית "Diese sind im siebten Jahr als Siebentjahresfrüchte anzusehen" Bs 3, 21; הֲרֵי אֵלוּ מוּתָּרִין בִּשְׁבִיעִית "Siehe, diese sind im siebten Jahr erlaubt" Bs 3,23; מֵאֵלוּ "von diesen" Mu 45, 7; אֵלוּ אֲרוֹנוֹת "Dies sind Särge" NB 17, 1.

"Gott verlangt nur eins von euch: ihr sollt dem vertrauen, den er gesandt hat."
Joh. 6,29

§ 6 Das Fragepronomen[1]

Die Fragepronomina heißen מִי *mī* "wer?" und מָה *mā* "was?".

1. als Einleitung einer Wortfrage

מִי מנה "wer zählte?" CIJ 634, 7f; מהו "was ist?" Mu 46, 9.

2. als Korrelativ neben dem Relativpronomen שׁ "derjenige, diejenige, dasjenige"
כל מה שקנו ישראל "alles, was Israel erwarb" Bs 3, 12; פקדתי תמי שיתן לך
חטין שלה "ich befahl demjenigen, der dir seinen Weizen geben soll" Mu 44, 8f;
מה שנתנרב במשתה "das, was er anläßlich des Gastmahles spendete" Su 101, 4.

6.1 Die Fragepartikel[2]

Eine Satzfrage wird immer durch die Partikel -ה eingeleitet. Sie ist nur einmal in einem späten Text belegt: { }הנרבתן "hast du nicht versprochen?" ZZ 4, 16.

6.2 איכן "wo?"

עד איכן סביב לקיסרין "bis wo reicht die Umgebung von Caesarea?" Bs 3, 25.

---

1 vgl. Albrecht § 33; Segal § 80-82.460-466.
2 vgl. Segal § 461.

"Seid allezeit bereit zur Verantwortung vor jedermann, der von euch Rechenschaft fordert über die Hoffnung, die in euch ist."　　　　　　　　　　　1.Petr. 3,15

§ 7 Das Relativpronomen[1]

Das Relativpronomen heißt שׁ und ist undeklinierbar. Es wird immer mit dem folgenden Wort zusammengeschrieben, bis auf die Ausnahmen:

על חטא ש בשמיעת אחן "bezüglich einer Sünde, die durch Hören entsteht" ZZ 102, B1; על חטא ש ביודעים "bezüglich einer Sünde, die wissentlich begangen wurde" ZZ 102, B1; על חטא ש בלא יו{ד}עים "bezüglich einer Sünde, die unwissentlich begangen wurde" ZZ 102, B1.

Die Schreibung

שׁ Bs 3, 10.12.13.26; CIJ 630, 3; 634, 8; 668, 3; Cu 1, 1.6; 2, 1.5.7.9.10.13; 3, 8.11; 4, 6.9.11; 5, 5.12; 6, 14; 7, 8; 8, 1.2.14; 9, 1,14,16,17; 10, 5; 11, 7.8; 12, 10; HV 81, 9; Mu 24, B4.15.18. C4.13. D4. E3.6.7; F7; 30, 15.19.19.23.23.23. 26; 42, 3.4; 43, 4; 45, 4; 46, 8; NB 15, 2.6; 28; Qu 1, C3; Sk 5; 12, 6; Su 101, 2.4; 102, 2; V 38, 5.6; 40; 40; 40; 42; ZZ 4, 19.20; 102, A22.23. B1.1.1.2.3.3.4.4.5.6.6.6.7; 105, 3.4.6; 108, 2.5.

שׂא (שׁ fast nicht zu lesen): Mu 24, C7.
שה DA 6.

7.1 Der Aufbau der Relativsätze
1. Von einem Substantiv abhängige Relativsätze

כל מה שקנו "die Städte, die zweifelhaft sind" Bs 3, 10; העיירות שהן ספיק ישראל "alles, was Israel erwarb" Bs 3, 12; בחריבה שבעמק עכור "in Horeba, das im 'Akortal liegt" Cu 1, 1; ähnlich: Bs 3, 13; Cu 2, 5.7.9.10.13; 3, 8.11; 4, 6; 5, 5.12; 6, 14; 7, 8; 8, 1.14; 9, 1.14.16.17; 10, 5; 11, 8; 12, 10; HV 81, 9; Mu 24, B4.15.18. C4.13. D4. E3.6.7. F7; 30, 19.23.23.23; 42, 3; 43, 4; 46, 8; NB 28; Sk 12, 6; Su 101, 4; 102, 2; V 40; 40; 40; 42; ZZ 4, 20; 102, A22.23. B1.1.1.2.3.3.4.4.5; 105, 3; יחזקאל יהודה הנער שלא אחי אביו שחיה "Hesekiel, sein Onkel, der lebte" CIJ 630, 3; יהודה הנער שלא חטא מעולם "der Knabe Juda, der niemals sündigte" CIJ 668, 1.3; בבור הגדולא שבחצר "in der großen Zisterne, die sich im Hof befindet" Cu 1, 6; בבור המלח שתחת המעלות "in der Salzzisterne, die unter den Treppenstufen ist" Cu 2, 1; בשית הארמא שבשולי העצלא "im roten Hohlraum, der sich am Grund von Wadi 'Asla befindet" Cu

---

1 vgl Albrecht § 31; Segal § 77f; Kutscher § 206.

§7 Das Relativpronomen

4, 9f; בשית המזרחית שבצפון כחלה "im östlichen Hohlraum, der sich nördlich von einem K. befindet" Cu 4, 11f; בית אוצר שמזרח אהוד "ein Speicher, der im Osten von 'Ehud steht" Cu 8, 1f; המסמא הגדולא שבשולו "die große Steinplatte, die auf seinem Grund liegt" Cu 11, 6f; ללוקח ואבנים וכלאת שעליו "dem Käufer gehören sowohl die Steine als auch die K., die sich auf dem Grundstück befinden" Mu 30, 15; יעקב בן יהודה שיושב אבית מסכו "Jakob, der Sohn des Juda, der in Bet Maseku wohnt" Mu 42, 3f; כן הן מנחות אטיו בתו שלרבי גמליאל בן נחמיה שמתה בתולה בת עשרין ושתים שנה "hier sind sie bestattet: Atio, die Tochter Rabbi Gamaliels, des Sohnes Nehemias, die als junge Frau im Alter von zweiundzwanzig Jahren starb" NB 15, 1ff; ואטיון בתו שלרבי יהודה בנו שלרבי גמליאל שמתה בת תשע שנים וששה חודשים "und Ation, die Tochter Rabbi Judas, des Sohnes Rabbi Gamaliels, die als Mädchen im Alter von neun Jahren und sechs Monaten starb" NB 15, 4ff; מקצת מעשי התורה שחשבנו לטוב לך "einen Teil der Thoraauslegung, den wir als gut für dich erachten" Qu 1, C3; רבי איסי הכהן המכובר בירבי שעשה הפסיפוס הזה "Rabbi 'Issi, der geehrte Priester, der Sohn eines Rabbi, der dieses Mosaik verlegen ließ" Su 101, 1f; { }שב הכנסת בני "die Angehörigen der Versammlung, die in ( ) ist" ZZ 108, 2; { }ש הקהל הקדוש "die heilige Gemeinde, die in ( ) ist" ZZ 108, 5.

2. Selbständige Relativsätze

על שגלוים לנו "bezüglich dessen, was uns bekannt ist" ZZ 102, B6; על שאין גלוים לנו "bezüglich dessen, was uns unbekannt ist" ZZ 102, B6; את שגלוים לנו "das, was uns bekannt ist" ZZ 102, B6; את שאין גלוים לנו "das, was uns unbekannt ist" ZZ 102, B7.

3. Relativsätze mit Korrelativ, מי, מה (--»§ 6)

4. Von כל "jeder, alles" abhängige Relativsätze

4.1 כל ש-

כל שבה "alles, was da ist" Cu 9, 16; כל שבו ושחיו עליו "alles, was sich dort befindet und darauf lebt" Mu 30, 19; כל שתחפץ "alles, was dir gefällt" Mu 30, 23; כל שיש לי ושאקנה "alles, was ich habe und was ich noch erwerben werde" Mu 30, 23; כול[ו]ם כאן שהן "sie alle sind hier, die" ZZ 4, 18.

4.2 כל + Nomen + ש

כל דבר שהוא צריך "alles, was er braucht" Mu 46, 8; כל מהפירות והביאה שיהיה במקום (במוקם Text) "alles von den Früchten und der Ernte, die es dort geben wird" V 40.

5. Relativsätze mit rückweisendem Suffix

Gelegentlich kann durch Anfügung eines Suffixes auf das Beziehungswort zurückverwiesen werden. Das ist nicht notwendig, sondern die Ausnahme[2].

אם יש מקום שקנו אותו ישראל "wenn es einen Ort gibt, den Israel erwarb" Bs 3, 26; על חטא שאנו חיבים עליו "bezüglich einer Sünde, durch die wir schuldig geworden sind" ZZ 102, B2.3.3.3f.4.5.

6. ש zusammen mit einer Präposition

6.1 in den meisten Fällen mit בּ

בחריבה שבעמק עכור "in Horeba, das im 'Akortal liegt" Cu 1, 1; בבור הגדול שבחצר "in der großen Zisterne, die im Hof steht" Cu 1, 6; ähnlich: Cu 2, 5.9.13; 3, 8.11; 4, 6.9.11; 5, 5.12; 6, 14; 8, 1.14; 9, 14.16.17; 10, 5; 11, 7; 12, 10; ZZ 108, 2; V 38, 5 ; 42.

6.2 mit אצל

במערא שאצלה "in der Höhle, die sich daneben befindet" Cu 7, 8 .

6.3 mit נגד

בבור שנגד השער המזרחי "in der Zisterne, die sich gegenüber dem östlichen Tor befindet" Cu 2, 7 .

6.4 תחת

בבור המלח שתחת המעלות "in der Salzzisterne, die unter den Stufen ist" Cu 2, 1; בבור שתחת החומא "in der Zisterne, die sich unterhalb der Mauer befindet" Cu 2, 10; בקבר שתחת הסכין "im Grab, das unter den Dornen liegt" Cu 11, 8 .

7.2 Die asyndetischen Relativsätze

Im Gegensatz zu den Relativsätzen mit Relativpronomen, sind die asyndetischen Relativsätze nur an dem Suffix zu erkennen, das auf das Beziehungswort zurückweist[3].

בור ב{ו} כלין "eine Zisterne, in der Gefäße sind" Cu 2, 6;
4 שם קלל בו ספר אחד "dort ist ein Krug, in dem eine Buchrolle ist" Cu 6, 4f;
9 בקבר בניה עבט חור הו 10 בו כלי רמע א{ר}ז רמע סיח "in Benajas Grab liegt ein weißer Korb, in dem sich Gefäße mit Priesterabgabe der Zeder und des Brombeerstrauches befinden" Cu 11, 9;
5 מקום פניו יהו בו אצלך "das Vorhutlager, in dem sie sich bei dir aufhalten können" Mu 44, 5.

---

2 vgl. Albrecht § 31e; Segal § 420.
3 vgl. Brockelmann, Hebräische Syntax, 143-145; Segal § 477.

§7 Das Relativpronomen

Ein zweiter Relativsatz ohne neues Relativpronomen ist asyndetisch angefügt:
17 *בשובך* שבמצרנא בתח{ום} 10,1 דרום בעליאה השנית *ירידתו* 2 מלמעלא "im Taubenschlag der kleinen Festung, der im südlichen Gebiet liegt, zu dem man von oben herabsteigt" Cu 9,17; *בשית* שבינח בצפון כחלת *פתחא* צפון 10 "im Hohlraum von Janoch, der im Norden eines K. liegt und dessen Eingang im Norden ist" Cu 12,10.

"Gott widersteht den Hochmütigen, aber den Demütigen gibt er Gnade." 1. Petr. 5,5

§ 8 Der unbestimmte Artikel

אדם **"Mensch"** wird zusammen mit כל "ganz, alle" als eine Art "unbestimmter Artikel" verwendet.

יפ{סר} מן הגללאים שאצלכם (שהצלכם Text) כל אדם "sollte von den Galiläern, die bei euch sind, jemand desertieren" Mu 43, 4f.

"Wir warten aber auf einen neuen Himmel und eine neue Erde nach seiner Verheißung, in denen Gerechtigkeit wohnt." 2. Petr.3,13

§ 9 Das Reflexivpronomen [1]

נפש **"Seele"** dient mit rückweisendem Suffix als Reflexivpronomen: על נפשה (aramäisch) "(der Vertrag) ist gültig zu seinen Lasten (entsprechend der genannten Bedingungen)" Mu 24, C19. D20; 42, 10; V 40; על נפשה (mit dem Singularsuffix Sg.3.f.) "(der Vertrag) ist gültig zu ihren Lasten" Mu 29, 18; על נפשר "(der Vertrag) ist gültig zu seinen Lasten" V 38, 8.8.8.8; לנפשך "für dich selbst" V 40.

עצם **"Knochen"** kann ebenso als Reflexivpronomen gebraucht werden: בפני עצמה "für sich allein" Bs 3, 2; גיאתו עצמה (mit dem Singularsuffix Sg.3.f.) "und G. (Name) selbst" Bs 3, 14.

---

[1] vgl. Albrecht § 29c; Segal § 428-433; Kutscher § 205.

"Denn es ist noch nie eine Weissagung aus menschlichem Willen hervorgebracht worden, sondern getrieben von dem heiligen Geist haben Menschen im Namen Gottes geredet." 2. Petr. 1,21

§ 10 Der Artikel

Wie im Biblischhebräischen wird der Artikel ה immer mit dem folgenden Wort zusammengeschrieben. An die Präpositionen ב (--»§ 23.4), כ (--»§ 23.11), die Akkusativpartikel את (--»§ 29) und einmal an ו "und" (--»§ 33) wird er assimiliert[1]

10.1 Die Syntax des Artikels
Determination und Indetermination[2]

Ist ein Nomen durch den Artikel determiniert, wird auch sein Attribut mit dem Artikel versehen:

המינתה הנאגרת "die zusammengebundene Minze" Bs 3, 2; האפונין הגמלונין הנימכרין במידה "die großen Kichererbsen, die nach Größe verkauft werden" Bs 3, 4; ähnlich: Bs 3, 4; אלו המקומות המותרות "dies sind die erlaubten Orte" Bs 3, 5f; העיירות האסורות "die verbotenen Städte" Bs 3, 9; ähnlich: Bs 3, 11.26f; תחת המעלות הבאות (Text הבואת) "unter der hereinführenden Treppe" Cu 1, 1f; {באמה הבא}ה "im hineingehenden Kanal" Cu 4, 3; הכהן המכובד "der geehrte Priester" Su 101, 2.

doch genügt auch der Artikel am Attribut allein[3]:
דרך הגדולה ההולכת למידבר "der große Weg, der in die Wüste führt" Bs 3, 18; פול המצרי "die ägyptische Bohne" Bs 3, 2.20; אחוניות הבכירות "die Frühpflaumen" Bs 3, 20; בולבסין הלבנין "die weißen Zwiebeln" Bs 3, 24; אלו ארונות הפנימית והחיצונית "dies sind die Särge, der innere und der äußere" NB 17, 1.

---

1 Von einer Assimilation und nicht Elision des Artikels ist deshalb die Rede, weil der Artikel nicht ersatzlos ausfällt, was das Wort Elision besagt, sondern an den folgenden Konsonanten unter Verdoppelung desselben assimiliert wird, wie auch die masoretische Punktation zeigt.

2 vgl. Epstein, 1252; Segal § 373-375; Kutscher § 217.

3 Die Konstruktion aus Gen. 1,31 יום הששי "der sechste Tag" ist mit den oben genannten Beispielen meiner Ansicht nach nicht vergleichbar, da es sich dort um die Konstruktion Nomen + attributives Adjektiv handelt, während in Gen. zwei Nomina zusammenstehen.

10.1 Die Syntax des Artikels

Ist ein Nomen indeterminiert, ist auch sein Attribut indeterminiert:
אשה נבונה "eine kluge Frau" CIJ 634, 2; מעסר שני מפוגל "ein zweiter verdorbener Zehnt" Cu 1, 10f; שני דודין מלאין "zwei gefüllte Krüge" Cu 4, 8; כורין מעשרת "verzehntete Kor" Mu 24, B17.18. C16.16.

1. Nisben, Volksnamen sind nur determiniert belegt

העציני "der Esjoniter" Cu 2, 5; העינגדרין "die Leute aus 'Engedi" Sk 5; הגלילי "der Galiläer" Je 123, 5.14; הגללאים "die Galiläer" Mu 43, 4; הבשנית "die Beschäniterin" Je 162; הבשני "der Beschäniter" Je 163; 206; הגיים "die Römer" Mu 42, 5; הגואין "die Heiden" Sk 5; הלוי "der Levit" Su 103.

2. Ortsnamen mit zusätzlichem Artikel

גי הסככא "Wadi Qumran" Cu 4, 13; נחל הכפא "das Tal von Kappa" Cu 5, 12; הכחבא "Wadi Koziba" Cu 7, 14f; השוא "Wadi Schawa" Cu 8, 10.14; הנטף "Wadi Nataph" Cu 9, 1; הלוחית V 38, 5; הר הכרמל "der Berg Karmel" ZZ 101, 3.

3. Titel nach Namen sind determiniert [4]

הכוהן הגדול "der Hohepriester" Cu 6, 14f; Je 39; אליעזר הקפר "Eliezer haq-Qapar" DA 6; המור "der Geweihte" Je 28; המיר "der Geweihte" Je 29; הספר "der Schreiber" Je 139a; הסופר "der Schreiber" Je 139b; Su 101, 5; הכהן "der Priester" Je 146; Mz 166. 167; הכוהן "der Priester" Je 180; החרש "der Handwerksmeister" Je 195; הנסי על ישראל "der Fürst über Israel" Sk 1, 1; נשי ישראל "der Fürst über Israel" Hv 81, 1; Mu 24, B3.9f; C3. D3.18. E2f.7. F3; הכהן המכובד "der geehrte Priester" Su 101, 2.

3.1 ebenso Appositionen

יודה הנער "der Knabe Juda" CIJ 668, 1; שמעון הזקן "Simeon, der Alte" Je 220; הקטן "der Kleine" NB 11; 31; הקדושים "die Heiligen" NB 17, 3; הטוב "der Gute" NB 38; זמן הגנות של עין גדי הגנות "יורן הכהן (הכהן Text) "Juda, der Priester" NJ 106, 3; של הירק "die Erntezeit für Gärten in Engedi, und zwar für Gemüsegärten" V 40.

3.2 Titelzusätze nach Unterschriften sind indeterminiert [5]

יהוסף בן יהוסף "שאול בן אלעזר עד "Saul, der Sohn des Eleazar, Zeuge" Mu 42, 11; יהוסף בן יהוסף עד "Josef, der Sohn des Josef, Zeuge" Mu 42, 12; ähnlich V 38, 8; יעקוב בן יהוסף מעיד "Jakob, der Sohn des Josef, bestätigt" Mu 42, 13.

---

4 vgl. Segal § 374.
5 Die oben genannten Beispiele können auch so erklärt werden, daß עד/מעיד prädikativ gebraucht sind: "... ist Zeuge/ bezeugt es".

4. Himmelsrichtungen müssen nicht determiniert sein
4.1 determiniert
מן הדרום "im Süden" Bs 3, 6; מן המערב "im Westen" Bs 3, 6; Cu 12, 1 (המ{ע}רב); מן הצפון "im Norden" Bs 3, 7; Cu 1, 11; 5, 2; מן המזרח "im Osten" Bs 3, 8; Cu 2, 10; מהמערב והדרום "im Westen und Süden" Mu 30, 15.

4.2 indeterminiert
{ב}מערת העמוד...{ה}צופא מזרח "in der nach Osten gerichteten Säulenhöhle" Cu 6, 1.2; בדרך מזרח בית אוצר "am Weg, der sich im Osten eines Speichers befindet" Cu 8, 1f; בשלף...הצופא מערב "im nach Westen hin abfallenden Feld" Cu 8, 10.10f; בצריח הצופא צפון "in der nach Norden ausgerichteten Grabkammer" Cu 8, 11f; ähnlich: Cu 9, 4f; בתח{ום} דרום "ins südliche Gebiet" Cu 9, 17f; ראש הסלע הצופא מערב "die nach Westen gerichtete Felsspitze" Cu 11, 5; פתחא צפון "ihr Eingang ist nach Norden hin" Cu 12, 10.

so auch aufgezählte Himmelsrichtungen
תחומ{י} המכר הזה מזרח המכיר הדרך מערב צפון כבלולה דרום חנין בר יהונתן "die Grenzen dieses Verkaufsobjektes liegen wie folgt: Osten: der Verkäufer; Westen: der Weg; Norden: Kablula; Süden: Hanin, der Sohn des Jonathan" Mu 30, 16f; ähnlich: Mu 22, 3.

5. Gattungsbegriffe, z.B. Baum- und Gemüsenamen sind determiniert
הפירות "Früchte" Bs 3, 1.18.22; V 40; הקישואין "Gurken" Bs 3, 1; האבטיחין "Wassermelonen" Bs 3, 2; הממלפפונות "Zuckermelonen" Bs 3, 2; האסטפליני "Möhren" Bs 3, 2; המינתה "Minze" Bs 3, 2; פול המצרי "ägyptische Bohnen" Bs 3, 2.20; הקפלוטות "Lauch" BS 3, 3; הזירעונין "Sämereien" Bs 3, 3; הקצע (Text קצח) "Schwarzkümmel" Bs 3, 3; השמשמין "Sesam" Bs 3, 3.20; החרדל "Senf" Bs 3, 3; הארז "Reis" Bs 3, 3.20.23; הכמן "Kümmel" Bs 3, 3.23; התורמסין "die Lupine" Bs 3, 3; האפונין "Kichererbsen" Bs 3, 4; השום "Knoblauch" Bs 3, 4; הבולבסין "Zwiebeln" Bs 3, 4.24; התמרין "Datteln" Bs 3, 5; היין "Wein" Bs 3, 5.23; השמן "Öl" Bs 3, 5.23; הפת "Brot" Bs 3, 5.22; האגוזין "Nüsse" Bs 3, 20; החנטין "Frühpflaumen" Bs 3, 20; החיטין "Weizen" Bs 3, 22; אחוניות הבכירות "Weizen" Mu 24, A11. B16. C15. D15. E11; החיתים "Oliven" Mu 30, 18; העץ "Gehölz" Mu 30, 18; התאנים "Feigen" Mu 30, 18; הבאיה "der Ertrag" V 40; דקל הטובה "die gute Dattelpalme" B16. C15. D15. E11; הזיתים "Oliven" V 42; הירק "Gemüse" V 42; האיל "der Elan (ein Baum?)" V 42; außer: חטים "Weizen" Mu 30, 14; חטין "Weizen" Mu 44, 3.

6. Zeitangaben, Feste sind determiniert
העצרת "Pfingsten" Bs 3, 3; החנוכה "Hanuka" Bs 3, 3; היום "heute" Mu 24, C6.11. E5.8; השמטה "das Erlaßjahr" Mu 24, B14. C12. E9; להעריבות השמש "bei Sonnenuntergang" Qu 1, B; באחרית העת "in Zukunft" Qu 1, C6; זמן הגנות "die

10.1 Die Syntax des Artikels

Erntezeit für Gärten" V 40; עד סוף הזמן הלז "bis zum Ende jener Zeit" V 40; זמן הפרות של עין גדי של הירק ושל האילן "die Erntezeit in Engedi für Gemüse und den Elan (ein Baum?)" V 42.

7. Ordnungszahlen bis "zehn" sind durch den Artikel determiniert, ab "elf" dienen die Kardinalzahlen als Ordinalzahlen (--»§ 17.2)
Bei den Bruchzahlen ist das Beziehungswort determiniert
חצי השקל "ein halber Schekel" Mz 149. 152. 155. 159; רבע השקל "ein Viertelschekel" Mz 150. 160.

7.1 so auch bestimmte Summen [6]
חצי הכסף "die Hälfte der Silbers" V 38, 8.8.

7.2 das Gezählte ist indeterminiert bei
7.2.1 Entfernungsangaben
אמות אריח "Ziegelsteinelle" Cu 1, 2f; שש אמות "sechs Ellen" Cu 1, 12; ähnlich: Cu 1, 14; 2, 8.14; 3, 2.6.12; 4, 4.7.14; 5, 3.10.10f.14; 6, 4.10.12f; 7, 1f.6.9.12.15; 8, 5f.9.12f.15; 9, 2.2.5f.8.12f; 10, 6.9.13; גבה מן הקרקע "in einer Höhe vom Fußboden" Cu 1, 14; רחוק אמות תשעסרא "neunzehn Ellen entfernt" Cu 2, 8.

7.2.2 Maß- und Mengenangaben
משקל ככרין שבעשרה "ein Gewicht von siebzehn Talenten" Cu 1, 4; עשתות זהב "Goldbarren" Cu 1, 6f; בלגין ואפורת "in Halbliterflaschen und Amphoren" Cu 1, 9; ברין שלכסף "Silberbarren" Cu 2, 11; ähnlich: Cu 7, 10; ברין אסתרין ארבע "vier Statergroßbarren" Cu 9, 3; מנין עסרין "zwanzig Minen" Cu 12, 9; ששת כורין "sechs Kor" Mu 24, D16; חמש סאים "fünf Se'a" Mu 30, 14; ähnlich: Mu 24, B17 (zwischen den Zeilen); 44, 2f; סלעים עשרים ושתים "zweiundzwanzig Sel'a" Mu 30, 21; תשע שנים "neun Jahre" NB 15, 6f; ששה חודשים "sechs Monate" NB 15, 8; דינרין ששה עשר "sechzehn Dinar" V 38, 8.8; סלעים ארבע "vier Sel'a" V 38, 8.8; סלעים ארבעין "vierzig Sel'a" V 42; שלושה עשר חרובין "dreizehn Harub" ZZ 4, 12; ähnlich: ZZ 4, 8 (vgl. die Jahresangaben mit שנה "Jahr" --»§ 17.6).

8. Gold und Silber ist indeterminiert [7]
כלין וכסף "Gefäße und Silber" Cu 2, 6; כסף ככ "Silbertalente" Cu 4, 4f; ähnlich: Cu 4, 10.12.14; זהב "Gold" Cu 7, 16; כסף וזהב "Silber und Gold" Cu 8, 6f; כסף הכל "das ganze Silber" Cu 12, 8f; כסף זחין "Silberzuz" V 42.

---
6 vgl. Segal § 374.
7 nach Segal § 374 sind sie immer determiniert.

9. so auch Gefäße und Behälter

שרת כסף "eine Kiste mit Silber" Cu 1, 3; כלי דמע "Gefäße mit Priesterabgabe" Cu 1,9; ähnlich: Cu 3, 2f.9; 8, 3; 11, 1.4.10.14; 12, 6f; כלין "Gefäße" Cu 2, 8; מזרקות כוסות מנקיאות קסאות "Schalen, Becher, Opfergefäße und Kannen" Cu 3, 3f; שני דודין מלאין "zwei volle Töpfe" Cu 4, 8; כאלין שלדמע "Kisten mit Priesterabgabe" Cu 5, 6f; קלל בו כלין כופרין ספר אחד "ein Krug, in dem sich eine Buchrolle befindet" Cu 6, 4f; "verpichte Gefäße" Cu 10, 11; עבט חור הו "ein weißer Korb" Cu 11, 9; כחין "kleine Krüge" Cu 12, 2; שרא אחת "eine Kiste" Cu 12, 5.

10. substantivierte Adjektive und Partizipien sind determiniert [8]

האוסף "derjenige, der einsammelt" Qu 1, B; הטהר "der Reine" Qu 1, B; הטמה "der Unreine" Qu 1, B; המזה "derjenige, der sprengt" Qu 1, B; הסורף "derjenige, der verbrennt" Qu 1, B; השרחט "derjenige, der schlachtet" Qu 1, B.

11. folgende feste Wendungen sind indeterminiert

אם יתיר או חסר "mehr oder weniger" Mu 22, 10f; 30, 14; קצת עפר "ein Stück Feld" Mu 24, B7. C7; שנה ושנה "Jahr für Jahr" Mu 24, B16. C14.18; 30, 27; חנטין יפות ונקיות "schöner, reiner Weizen" Mu 24, B16f. C15. D15f. E11f; ähnlich: 44, 2f; מכל אהוה חרר ותגר "ohne Rücksicht auf irgendeinen Einspruch und Prozeß" Mu 30, 25; שלום "sei ein Frieden" Mu 42, 7; ähnlich: Mu 44, 8; 46, 12.

12. adverbielle Ausdrücke, besonders עולם

רשות שלעלם "eine ewige Verfügungsgewalt" Mu 22, 5; לעולם "für immer" Mu 30, 25.29; מן בשרון "aus Verachtung" Mu 42, 6.

10.2 seltenere Möglichkeiten der Determination

durch einen Namen

נשי ישראל "der Fürst über Israel" HV 81,1; נסיא ישראל "der Fürst über Israel" Mu 24, B3. C3. D18. E2f.7. F3; נשיא ישראל "der Fürst über Israel" Mu 24, D3; V 38, 2.7; 40; במחוז עגלתין "im Verwaltungsbezirk ʿAgaltayn" V 38, 5.

---

[8] vgl. Segal § 374.

"Wer zu mir kommt, den werde ich nicht hinausstoßen." Joh. 6,37

§ 11 Die Nominalformen

Hier sind nur die Formen zusammengestellt, deren Nominalform durch die Schreibung mit Vokalbuchstaben erkennbar ist. Alle verschiedenen Schreibungen von einem Nomen sind zitiert.
Die einzelnen Punkte sind in primäre und abgeleitete Nomina unterteilt.[1]

1. qāl [2]
primär

דודיי "meine Freunde" ZZ 120, 8; כחין "kleine Krüge" Cu 12, 2; כוסות "Trinkschalen" Cu 3, 3; קול "Stimme" ZZ 107, 1.

abgeleitet
von den Wurzeln IIā.ī.ū: אור "Licht" ZZ 107, 4; דור "Geschlecht" ZZ 2, 1; דורותינו "unsere Generationen" ZZ 122, 13; טוב "gut" CIJ 630, 1; V 42; ZZ 2, 1.6; 120, 10; לטוב "zum Guten" DL 1.8.11; JM 1, 2; Qu 1, C3; הטוב "das Gute" Qu 1, C7; NB 38; בטוב "sorglos" SK 12, 2; נוח "selig" CIJ 569, 4; 1534; NJ 1; 106, 4; {נוח}ת (f.cstr.) "selig" CIJ 611, 11; קוץ "Dorn" PL 3, 4.

2. qīl
primär

איש "Mann" ZZ 105; ביב "Kanal" Cu 9, 11; ביבא "Kanal" Cu 12, 8; בינין "Tamarisken" Cu 4, 6; טיף "Untersatz" Cu 11, 17; סיד "Kalk" Su 101, 4; סיח "Dornstrauch" Cu 11, 4.10; סירא "Dornstrauch" Cu 11, 14; עיר "Stadt" Mu 24, B8. C7. E6; עיירות "Städte" Bs 3, 9.10.11.26.

abgeleitet
Verbalabstrakta von den Wurzeln IIū.ī: ביאה "Eingang" Cu 5, 13; ביאתו (mit dem Singularsuffix Sg.3.m.) "der Eingang zu ihm" Cu 12, 1; ähnlich: Cu 2, 12; 3, 9; 4, 3; 11, 13; גיל "Freude" ZZ 102, B21; 107, 7; דין "Gericht" ZZ 102, B5; דינם "ihr (Pl.3.m.) Gericht" ZZ 102, C6; מיתת (cstr.) "Todesstrafe" ZZ 102, B5; מיתות "Todesarten" ZZ 102, B5; שיח (Text שיא) "Grube" Cu 1, 13.

---

1 vgl. Albrecht § 35-81; Segal § 220-285.
2 vgl. Segal § 287 zur Pluralbildung von zweikonsonantigen Wurzeln; ferner Albrecht § 84b.

3. qūl
primär

דורין "Töpfe" Cu 4, 8; חוץ "draußen" Bs 3, 9.22; ZZ 4, 11; טור "Steinlage" Cu 7, 15; רוח "Richtung" Cu 7, 5; שום "Knoblauch" Bs 3, 4.

abgeleitet
von den Wurzeln IIū: דור "Lager" Cu 8, 14; צוק "Schlucht" Cu 8, 8; 9, 14.

4. qill
primär

ליבינו "unser Herz" ZZ 102, B2.

5. qull
primär

כובים "Dornen" ZZ 104, 5; כול "jeder, ganz, alle"[3]; כורין ein Getreidemaß Mu 24, B17. D16. E12; 44, 3; מור "Myrrhe" ZZ 107, 10.

von den Wurzeln II=III: חופת (Sg.f.cstr.) "Decke" ZZ 102, B23; חורין "Höhlen" Cu 9, 7; עח "Kraft" ZZ 120, 13; רוב "Menge" Qu 1, A; ZZ 4, 1; 120, 13; תומו "sein Glück" ZZ 102, C6.

6. qatl[4]
Die qatl, qitl und qutl Formen sind nach Absolutus, Constructus, Singular und Plural getrennt aufgeführt.

primär
Sg.abs.: יום "Tag" Mu 24, C6.11. E5.8; 47, 4; ZZ 102, B11; שור "Stier" BA 102, 2; EN 2, 3; HM 101, 2; NO 102, 2.
Sg.cstr.: יום "Tag" ZZ 106, B9; 121, 6; ראש "Kopf" Bs 3, 14; Cu 11, 5; ZZ 108, 3; רוש "Kopf" Cu 5, 1; Je 207; Mu 42, 2; רעשי "mein Kopf" XX 7, 8.
Pl.cstr.: ראשי "Leiter" ZZ 108, 1.

abgeleitet
Wurzeln IIū:
Sg.abs.: סוף "Ende" Mu 45, 3.
Sg.cstr.: סוף "Ende" Bs 3, 7; Mu 24, B14. C12. E9; V 40.

---

3 --» § 18.
4 vgl. Albrecht § 38.84c; Segal § 200.282.

7. qitl

primär
Sg.abs.: סֵפֶר "Buch" Cu 6, 5; שִׂיחַ "Hohlraum" Cu 3, 8; 4, 9.11; 9, 14; 12, 4.10; תֵּשַׁע "neun" Cu 3, 2; 6, 10; NB 15, 6.
Sg.cstr.: סִיפְרָךְ " DEIN Buch" ZZ 102, B16.

Wurzeln IIn:
Pl.abs.: חִיטִין "Weizen" Bs 3, 22; חִנְטִין "Weizen" Mu 24, A11. B16. C15. D15. E11; חִטִּים "Weizen" Mu 30, 14; חִטִּין "Weizen" Mu 44, 3.9.
Pl.abs.: תִּישְׁעִים "neunzig" NV 1 .

abgeleitet
Sg.cstr.: נִיקְרַת "Ausgehauenes" Cu 1, 12.
Verbalabstrakta der Wurzeln In:
Sg.cstr.: נִשְׁמָתוֹ "seine Seele" CIJ 569, 5; נִישְׁמָתָהּ "ihre Seele" CIJ 661, 4; נִשְׁמָתָהּ "ihre Seele" CIJ 1536.
Verbalabstrakta der Wurzeln III Gut.: דִּימְעָתָהּ "ihre Tränen" ZZ 102, B22.
Verbalabstrakta der Wurzeln II=III: מִידָה "Maß" Bs 3, 4.4; מִדָּה "Maß" Cu 2, 3.

8. qutl

primär
Sg.abs.: אוֹזֶן "Ohr" ZZ 102, B1; שׁוֹבָךְ "Taubenschlag" Cu 9, 1.17.
Wurzeln II': בּוֹר "Zisterne" Cu 1, 6; 2, 1.6.7.10; 4, 1; 10, 3; 12, 3.
Sg.cstr.: פּוּרְשַׁת "Kreuzung" Bs 3, 13.
Pl.cstr.: כּוּתְלָיו "ihre Wände" Su 101, 3 .

abgeleitet
Verbalabstrakta, Sg.abs.: אוֹמֶן "Wahrheit" ZZ 107, 18; חוֹלִי "Krankheit" (IIIī) ZZ 120, 12; קוֹדֶשׁ "Heiligkeit" ZZ 106, B1; רוֹבֶד "Treppenabsatz" Cu 2, 3.
Sg.cstr.: זוֹהַר "Glanz" ZZ 102, B22; יוֹפִי "Schönheit" (IIIi) ZZ 102, B23; נוֹכַח "gegenüber" ZZ 102, C10; רוֹמְךָ "DEIN Zorn" ZZ 102, B16.
der Wurzeln III': **Pl.cstr.:** טוּמְאוֹתֵינוּ "unsere Unreinheiten" ZZ 102, B9; {טוּמְאָתָהּ}טומאתה "ihre Unreinheit" ZZ 102, B23.

9. qatil

abgeleitet
יְבֵישִׁין "trockene" Bs 3, 25; יָתִיר "mehr" Mu 30, 14; נְזִיקִים "Alte" ZZ 103, 1; סָפִיק "zweifelhaft" Bs 3, 10.

---

5 vgl. Albrecht § 39; Segal § 221.
6 vgl. Albrecht § 40; Segal § 222.

§11 Die Nominalformen

10. qatul [7]
abgeleitet
Adjektive: [8]
Sg.m.: **ohne ו geschrieben:** גבה "hoch" Cu 1, 14.
Sg.f.: **ohne ו geschrieben:** ארמא "rot" Cu 4, 9; קרשה "heilige" Mz 148. 149. 150.

Sg.m.: **mit ו geschrieben:** גדול "groß" Cu 1, 6; 2, 12; 4, 1; 5, 9; 7, 1; 10, 4; Je 39; ZZ 106, B3; כאור "schimpfliches" ZZ 102, B15; מתוק "süß" ZZ 122, 3; קדוש "heilig" ZZ 108, 5.
Sg.f.: ה: גדולה "große" Bs 3, 18; קדושה "heilige" Mz 151. 152. 154. 155. 158. 158A. 159. 164.
Sg.f.: א: גדולא "große" Cu 5, 3; 11, 7; 12, 8; שחורא "schwarze" Cu 10, 9; 12, 2.

Pl.m.: ים: טהורים "reine" Qu 1, B; ZZ 102, B9; קדושים "heilige" NB 17, 3.

Verbalabstrakta
Sg.m.: מאום "Fehler" ZZ 104, 3; {ע}קול "Krümmung" Cu 9, 11; צרור "Beutel" CIJ 661, 5; 1534.
Sg.f.: גאולת (cstr.) "Erlösung" Mu 30, 8; גאלת (cstr.) "Erlösung" Mu 24, B2. D2. E1; 29, 9; Mz 150. 166. 167. 168. 169. 170. 170A. 171. 172. 172A. 173. 174. 175. 176. 179; חנוכה "Tempelweihfest" Bs 3, 3; קדושת (cstr.) "Heiligkeit" Su 101, 1; ZZ 101, 4; קטורת (abs.) "Räucherwerk" ZZ 102, A4.

11. qutal
abgeleitet
קודם "vor" ZZ 4, 5.

12. qātal
primär
עולם "Ewigkeit" Bs 3, 5.23; CIJ 569, 6; 571, 2; 649; 661, 4; 668, 3; 1186; 1536; HH 2; Mu 30, 25.29; NB 5; 6; Su 102, 5; ZZ 4, 27; 102, C10; 106, B12.

13. qātil
Partizipien, auch substantiviert, ohne Vokalbuchstaben geschrieben:
ספר "Schreiber" Je 139a; ירשו "seine Erben" Mu 30, 22.
mit Vokalbuchstaben geschrieben:
אומרין "sagende" Bs 3, 20; אוסף "sammelnd" Qu 1, B; אוסרין "verbietende" Bs 3,

---
[7] vgl. Albrecht § 44; Segal § 226.
[8] vgl. Albrecht § 44; Segal § 226.

14. qatāl

24; חוֹתְמִים "siegelnde" Mu 29, 9; 30, 3.9; יוֹדְעִים "wissende" ZZ 102, B1.1; לוֹקֵחַ "Käufer" Mu 30, 15.22; סוֹפֵר "Schreiber" Je 139b; Su 101, 5; שׂוֹרֵף "verbrennend" Qu 1, B; שׂוֹחֵט "schlachtend" Qu 1, B.

14. qatāl [9]
primär

אֲרוֹנִי "mein Herr" Mu 30, 27; אָרוֹן "Sarg" NB 25; אֲרוֹנוֹת "Särge" NB 17, 1; אֲרוֹנוֹ "sein Sarg" NB 23; 26; 28; אֲרוֹנָה "ihr Sarg" NB 24; אֲרוֹנָן "ihr (Pl.3.m.) Sarg" NB 22, 1; לָשׁוֹן "Sprache" ZZ 122, 3; קְרוֹבוֹ "seine Nähe" ZZ 102, C6; קְרוֹבִין "nahe" Cu 9, 11; רָחוֹק "entfernt" Cu 2, 8; שָׁלוֹשׁ "drei" Cu 1, 14; 3, 13; 4, 7; 5, 11; 6, 4; 7, 15; 8, 9; Mz 156; V 38, 1; 40; שְׁלוֹשֶׁת (cstr.) "drei" NB 22, 1; שְׁלוֹשׁ{עָס}רָא "dreizehn" (f.abs.) Cu 9, 2; שְׁלֹשָׁה עָשָׂר "dreizehn" (m.abs.) Pl 3, 11f; שְׁלוֹשָׁה עָשָׂר "dreizehn" (m.abs.) ZZ 4, 12.

abgeleitet
Verbalabstrakta: כְּבוֹדְךָ "deine Ehre" ZZ 4, 5; 121, 18; שָׁלוֹם "Friede" AL 1; Bs 3, 1.19.26; CIJ 283; 292; 293; 319; 397; 497; 499; 552; 558; 570, 3; 572; 573; 574; 575; 578; 579; 584; 586; 593; 595, 1; 596; 597; 599; 600; 606; 607; 608; 609; 611, 11; 613; 622, 4; 626, 5; 630, 5; 632, 1; 644; 650; 650; 659; 661, 1.6; 670, 9; 671, 6; 688, 3; 732, 6; 739; 874; 887; 961; 970; 1437; 1438; 1536; EN 2, 7.8; GR 1, 1; HH 2; IF 1; Je 169; JM 1, 3; JR 101; KB 1; 1; ME 1; Mu 42, 2.7; 43, 3; 44, 2.8; 46, 2.12; 48, 6; NB 5; 5; 14; 16, 3; 19; 24; 30; 40; 41; 42; 46; 47; 54; 55; 67; 68; 69; NJ 1; 101; 103; 107; 109; 110; 111; 112; 113; 114; 115; 116; 117; 118; 119; 120; NO 101; Sk 12, 2; Sp 1; SU 101, 6; ZZ 4, 1.3.6.6.25.26.27; 6, 1; 108, 6.7; 120, 13; 121, 6; 125, 16.17.

15. qatīl [10]
primär

אָרִיחַ "Ziegelstein" Cu 1, 3; צְרִיחַ "Grabkammer" Cu 2, 5; 8, 11; 9, 4; צְרִיחֵי "Grabkammern" Cu 9, 7.
mit Femininendung: סְפִינָה "Schiff" ZZ 4, 17; יְרִיעוֹת (cstr.) "Vorhang" ZZ 101, 8.

abgeleitet
Adjektive: [11]
Sg.m.: סָבִיב "ringsum" Bs 3, 25; צָרִיךְ "nötig" Mu 46, 2.6.8; ZZ 4, 24.

---

[9] vgl. Segal § 227.
[10] vgl. Albrecht § 45.84g; Segal § 228. 282.
[11] vgl. Albrecht § 43; Segal § 225.228.

§11 Die Nominalformen

Pl.f.: בכירות "frühgereift" Bs 3, 20; סביבות "Umgebung" Bs 3, 6; נקיות "reine" Mu 24, B17. C15. D16 .

substantivierte Adjektive: חריץ "Graben" Cu 5, 8; נזיר "Naziräer" Je 29; נסיא "Fürst" Mu 24, B3. C3. D18. E2. J3; נשיא "Fürst" Mu 24, D3. F3; V 38, 2.7; 40; 40; Mz 169; 170; 170A; 172; 172A; 193; 194; נשי "Fürst" HV 81, 1; נסי "Fürst" Sk 1, 1; סביבות "Umgebung" Bs 3, 6.
Nomina actoris: מכיר "Käufer" Mu 30,16[12] .
zusammen mit der Femininendung bildet diese Nominalform Verbalabstrakta[13]
דרישת (cstr.) "Suchen" ZZ 102, C10; חנינה "Gnade" CIJ 634, 6; טבילה "Bad" Cu 1, 12; יציאת (cstr.) "Ausgang" Cu 7, 14; ירידתו "sein Abstieg" Cu 10, 1; ZZ 120, 13; סליחה "Vergebung" ZZ 102, C14; סקילה "Steinigung" ZZ 102, B5; סריפה "Verbrennung" ZZ 102, B5; {ו}עמירדת (Pl.3.f.) "ihre Auferstehung" NB 15, 8; צחיאת (cstr.) "flimmernd heiße Stelle" Cu 9, 15; שמיעת (cstr.) "Hören" ZZ 102, B1; תקיעה "Hornblasen" Je 221.

16. qatūl[14]
primär
שקוף "Türsturz" KB 1; תחום "Gebiet" Bs 3, 9.10.11.27; תחומי "Grenzen" Bs 3, 13; Mu 30, 16; תחומו "seine Grenzen" Mu 30, 18 .

abgeleitet
זבולך "DEINE Wohnung" ZZ 102, B22; חכור "Pacht" Mu 24, B15. C13. E10; V 40; "Pächter" Mu 24, B8. C8. F7; רחום "barmherzig" ZZ 102, C3; שבוע "Woche, Siebent" Bs 3, 1.5.19.21.24.
mit der Femininendung: בתולה "Jungfrau" BA 102, 6; EN 2, 3; HM 101, 6; NB 15, 3; NO 102, 6.

17. qitāl
primär
אגוזין "Nüsse" Bs 3, 20.

---

12 Nach M. Broshi und E. Qimron, 211 (Zitat in § 1 zu Mu 30), beruht Miliks Lesung auf einem Irrtum. Die Schrift in Mu 30 ist aber so kursiv, daß mir eine Unterscheidung zwischen ו und י schwer möglich erscheint. Dagegen ist in Mu 24 חכור "Pächter, Pacht" statt חכיר zu lesen (vgl. Nr. 16 oben).
13 vgl. Kutscher § 213.
14 vgl. Albrecht § 46; Segal §§ 229.

18. qutāl
abgeleitet
תְּאוֹמִים "Zwillinge" BA 102, 3; EN 2, 3; HM 101, 3; NO 102, 3.

19. qittil
primär
אִיגֶרֶת "Brief" (f.abs.) ZZ 4, 29.

20. qattāl [15]
abgeleitet
von Nomina als Berufsbezeichnung: קַיָּשׁ "Bogenschütze" EN 2, 4 (a > e vor s).

21. qattīl
abgeleitet
צַדִּיק "gerecht" CIJ 625; 629, 1.2; 635; NB 26; צַדִּיקִים "gerechte" NB 25; שְׁפִירָה "schöne" Mu 29, 18.

22. qattūl [16]
abgeleitet
עַמּוּד "Säule" Cu 4, 1; 6, 1; 11, 3.

23. qittūl [17]
abgeleitet, Verbalabstrakta: אִבּוּד "Untergang" ZZ 121, 6; {ם}פְּרוּשָׁה "ihre (Pl.3.m.) Verteilung" Cu 12, 12; קִישּׁוּאִין "Gurken" Bs 3, 1.

24. qawtal
abgeleitet: אוֹצָר "Schatz" Cu 8, 2; Mu 24, B19; אֹצָר "Schatz" Cu 1, 10; אוֹצָרוֹ "sein Schatz" Mu 24, C17; גּוֹרָל "Los" ZZ 110; גּוֹרָלוֹת "Lose" ZZ 110.

---

[15] vgl. Segal § 240.
[16] vgl. Segal § 239.
[17] vgl. Kutscher § 213; Segal § 241.

25. qutayl [18]
abgeleitet
arabische Diminutivform in einem Ortsnamen: חריבה "kleine Trümmerstätte" Cu 1, 1.

26. Die Abstrakta mit der Endung -ūt [19]
defektiv geschrieben: Wurzel II=III: חרת "Freiheit" Mz 153; 153A.
Wurzel Iy: ייקרת "Würde" ZZ 102, B23 .
plene geschrieben
denominal: מלכותך "dein Königtum" ZZ 103, 2.
deverbal: קדרות "Finsternis" Cu 8, 8; (Text שותפתי) שותפותי "meine Verbindung" V 40.
Wurzeln II=III: דלות "Armut" ZZ 102, B16; זלות "Gemeinheit" ZZ 106, B6; חרות "Freiheit" HV 81, 1; Mz 153B; 156; 194; 199; 199A; 200; 201; 202; 203; 204; 205; 206; 207; 207A; 208; 209; 209A; 209C; 210; 211; 211A; 211B; 211C.
Wurzeln IIū: עדרות "Zeugnis" ZZ 102, B18.
Wurzeln IIIī: רשותו "seine Verfügungsgewalt" Mu 30, 28.

27. Die Abstrakta mit der Endung -īt [20]
denominal
אחרית "Zukunft" Qu 1, C6.
denominales Diminutiv: ימומית "kleines Wasserbecken" Cu 11, 13 .

28. Die Nomina mit der Endung -ōn [21]
primär
plene geschrieben: אפונין "Kichererbsen" Bs 3, 4; צפון "Norden" Bs 3, 7; Cu 1, 11; 3, 12; 4, 11; 5, 2; 8, 12; 9, 14; 12, 10.10; Mu 22, 3; 30, 17; צפונו "nördlich von ihm" Cu 3, 8; 4, 2; קנמון "Zimt" ZZ 107, 10.
Verbalabstrakta: בשרון "Verachtung" Mu 42, 6; גאון "Erhabenheit" ZZ 102, C3; גבנונים "Giebel" ZZ 107, 9; המון "Lärm" ZZ 122, 8; זיכרון "Andenken" CIJ 630, 1; זכרונו "sein Andenken" NJ 1; זירעונין "Sämereien" Bs 3, 3; רצוני "mein Wille" Mu 24, B6. C6. E5; רצונם "ihr (Pl.3.m.) Wille" V 38, 2; מרצונו "entsprechend seinem Willen" V 38, 8; שאון "Getöse" ZZ 107, 15.

Adjektive:
Sg.m.: עליון "oberer" Cu 1, 8.

---
18 vgl. Albrecht § 78.
19 vgl. Albrecht § 74.84h; Segal § 272.280.285; Kutscher § 214.
20 vgl. Albrecht § 73; 83h.84h; Segal § 271.279; Kutscher § 214.
21 vgl. Epstein, 1256f; Albrecht § 69; Segal § 268.

29. Die Nomina mit ma/mi-Präfix

Sg.f.: א: חיצונא "äußere" Cu 8, 4; עליונא "obere" Cu 12, 4.
Sg.f.: ית: חיצונית "äußere" NB 17, 1.

Pl.m.: ין: גמלונין "große" Bs 3, 4.

29. Die Nomina mit ma—/mi-Präfix [22]

29.1 der Wurzeln I' und III'

מאוזנים "Waage" BA 102, 7; מאוזניים "Waage" EN 2, 4; מחנים "Waage" HM 101, 7; מחניים "Waage" NO 102, 7; מאכלת (abs.) "Speise" ZZ 102, C9; מאמרו "sein Befehl" Mu 24, C20; מאמרה (aram. Suffix Sg.3.m.) "sein Befehl" V 38, 8; ממרה "sein Befehl" V 38, 8; מחוז "Verwaltungsbezirk" Sk 12, 4; V 38, 5; מקרא "Lesung" ZZ 107,7.

29.2 der Wurzeln In

מבוע "Quelle" Cu 12, 6; מכה "Schlag" ZZ 120, 12; מכות "Schläge" ZZ 102, B4.

29.3 der Wurzeln Iy.w

מדע "Wissen" Qu 1, C4; מוסר "Zucht" ZZ 102, B16.

29.4 der Wurzeln IIā.ū.ī

IIā.ū: מבא "Eingang" Cu 11, 16; מגורם "ihr (Pl.3.m.) Aufenthaltsort" ZZ 122, 4; מנוחתה "ihre Ruhestätte" NB 20; מקום "Platz" AL 1; Bs 3, 26; KB 1; Mu 22, 2; 44, 5.7; NB 36; V 40 (Text מוקם); מקומות "Orte" AL 1; Bs 3, 5; KB 1; V 38, 6; מרום "Höhe" ZZ 4, 2; 104, 7; מרומך "DEINE Höhe" ZZ 36, 32; מרומים "Höhen" ZZ 4, 1.
IIī: מדינה "Stadt" Bs 3, 4.

29.5 der Wurzeln II=III

מערת (cstr.) "Höhle" Cu 2, 3; 6, 1; מערא "Höhle" Cu 6, 7; 7, 8; מערה "Höhle" NB 28.

29.6 der Wurzeln IIIī

abs.: מזקא "Zuleitung" Cu 2, 9; מזקות "Zuleitungen" Cu 10, 3; מחנה "Lager" Mu 24, E3; מחניה (mit der aramäischen Emphaticusendung) "Lager" Mu 42, 2; מחצא "Hälfte" Cu 9, 6; מכה "Schlag" ZZ 120, 12; מעבא "Erdgießerei" Cu 1, 13; מעלהא "Treppe" Cu 12, 4; מעלות "Treppe" Cu 1, 2; 2, 1; מעשים "Taten" ZZ 102, B16; מצוות "Gebote" ZZ 108, 8.
cstr.: מעשה "Tat" ZZ 120, 8; מעשי "Taten" Qu 1, C3; מע{ש}יו "seine Taten" KB 1; מצוות "Gebote" CIJ 634, 4; משתה "Gastmahl" Su 101, 4.

---

22 vgl. Albrecht § 67; Segal § 255.

§11 Die Nominalformen

29.7 der Wurzeln IIIy

מנקיאות "Schalen" Cu 3, 3.

29.8 mit mi-Präfix

מיגדל "Turm" Bs 3, 13; מידבר "Wüste" Bs 3, 18; מיזרח "Osten" Bs 3, 8; מישכהבו "seine Ruhestätte" CIJ 595, 1f; מישכבך "deine Ruhestätte" Je 182; מישפט "Gericht" ZZ 102, B15.

30. Die Nomina mit ta-Präfix [23]
der Wurzeln Iu und IIū

תקופת "Jahreszeit" BA 102, 13.14.15.16; HM 101, 13.14.15.16; NO 102, 13.15.16.
der Wurzeln Iw und IIIĭ

תורה "Thora" Qu 1, C3.4.
der Wurzeln IIū mit der Femininendung

תרומה "Priesterabgabe" ZZ 2, 5; תשורת (cstr.) "Gabe" ZZ 102, B2.

31. Die Nomina mit ha-Präfix [24]
der Wurzel בוא

הבאיה "Ertrag" V 40[25].

32. Die Nomina mit א-Präfix
der Wurzel בטח

אבטיחין "Wassermelonen" Bs 3, 2.
der Wurzel מצע

אמצען "ihre (Pl.3.f.) Mitte" Cu 4, 7.
der Wurzel שיח/שוח

אשיח "Wasserspeicher" Cu 5, 6; 7, 4; 10, 5; אשיחין "Speicherbecken" Cu 11, 12.

33. Die durch Reduplikation gebildeten Nomina [26]

גלגולא "Augapfel" Mu 42, 2; גלגלה "Augapfel" Mu 43, 2; גלגולה "Augapfel" Mu 44, 1; הרהור "schlimme Gedanken" ZZ 102, B2.

34. Die Nomina mit dem Lokativ-Terminativ-Adverbialis -ā

מטה: ה "unten" ZZ 104, 7; מעלה "oben" ZZ 104, 7.
מלמעלא :א "von oben" Cu 10, 2.

23 vgl. Albrecht § 66; Segal § 263.
24 vgl. Albrecht § 62; Kutscher § 213; Segal § 250-253.288.
25 Nominalform haqtala, Inf. cstr. hif. mit der Femininendung.
26 vgl. Segal § 246.

35. Die Nomina mit dem Affix -ī

Die so gebildeten Adjektive können die Zugehörigkeit ausdrücken zu:
1. einem Namen: הלוי "der Levit" KB 1; גלילי "der Galiläer" Je 123; מצרי "ägyptisch" Bs 3, 2.20.
2. einem Nomen: מזרחי "östlich" Cu 2, 7; פנימית "innere" NB 17, 1; לכושי "vom Topf" Cu 3, 9.

Sg.m.: ־י: בשני "aus Bēschān" Je 163; 206; גלילי "Galiläer" Je 123, 5.14; לכושי "vom Topf" Cu 3, 9; הלוי "der Levit" KB 1; מזרחי "östlich" Cu 2, 7; מערבי "westlich" Cu 6, 12; 10, 8.13; 11, 16; צפוני "nördlich" Cu 2, 14; 6, 3.
Sg.f.: ־ית: בשנית "aus Bēschān" Je 162; דרומית "südlich" Cu 3, 1; 11, 2; חיצונית "äußere" NB 17, 1; מזרחית "östlich" Cu 3, 5f; 4, 11; מערבית "westlich" Cu 3, 10; פנימית "innere" NB 17, 1.

Pl.m.: הגללאים "die Galiläer" Mu 43, 4[27]; העונגדין "die Leute aus ʿEngedi" Sk 5.

---

27 mit א-Einschub, --»§ 2,א, 1.3.

Laß Dir an meiner Gnade genügen, denn meine Kraft ist in den Schwachen mächtig.
2. Kor. 12,9

§ 12 Die Flexion[1]

1. Die Maskulinendung

Sg. abs. - - Pl. abs. ים, ין -īm, -īn
cstr. - -   cstr. י, ה -ē

Pl.abs. ים: Nomina und Adjektive: אחראים "bürgende" Mu 30, 24; אחרים "bürgende" Mu 22, 3.11.12; ארבעים "vierzig" CIJ 630, 4; ZZ 102, B4; בנים "Söhne" ZZ 103, 1; גבנונים "Giebel" ZZ 107, 9; גיים "Heiden" Mu 42, 5; גללאים "Galiläer" Mu 43, 4; גמולים "Taten" ZZ 122, 4; {ג}שמים "Regen" ZZ 120, 14; {ד}ברי{ם} "Rechte" Mu 30, 27; "Dinge" Qu 1, A; דגים "Fische" BA 102, 12; EN 2, 4; HM 101, 12; NO 102, 12; זיתים "Oliven" Mu 30, 18; זכרים Bedeutung unklar ZZ 124, 4; זקינים "Alte" ZZ 103, 1; חודשים "Monate" NB 15, 8; חיבים "Schuldige" ZZ 102, B2.3.3.4.5; חטים "Weizen" Mu 30, 14; חיים "Leben" CIJ 656; 1534; Je 174, 2; טהורים "Reine" Qu 1, B; ZZ 102, B9; ישינים "Schlafende" ZZ 120, 13; כובים "Dornen" ZZ 104, 5; כבלים "Fesseln" Mu 43, 5; מים "Wasser" ZZ 106, A3.8; מיתים "Tote" ZZ 102, C15; מלכים "Könige" ZZ 107, 13; מרומים "Himmel" ZZ 4, 1; נערים "Knaben" ZZ 103, 1; סאים ein Getreidemaß Mu 30, 14; סלעים eine Münze Mu 30, 21; V 38, 8.8; 42; עזים "Ziegen" ZZ 109; עשרים "zwanzig" Mu 30, 8.21; V 38, 1; פנים "Angesicht" ZZ 102, A1; לפנים "davor" Bs 3, 9; צדיקים "Gerechte" NB 25; קרושים "Heilige" NB 17, 3; רחמים "Erbarmen" DL 1, 4; שלמים "Opfer" ZZ 102, A5; תאומים "Zwillinge" BA 102, 3; EN 2, 3; HM 101, 3; NO 102, 3; תאנים "Feigen" Mu 30, 18.

Partizip: Qal Aktiv: חותמים "Unterzeichnende" Mu 29, 9; 30, 3.9; יודעים "wissentlich" ZZ 102, B1.1; יושבים "Wohnhafte" V 38, 5; ערבים "Haftende" Mu 30, 24; כוהנים "Priester" NB 35; 36; ZZ 124, 6; קרבים "sich Nähernde" Mu 42, 5; שוקלים "Zahlende" V 38, 8.8.
Qal Passiv: חצובים "gespaltene" ZZ 107, 14; חרותים "eingegrabene" ZZ 107, 14.

---

1 vgl. Albrecht § 84a; Segal § 281; 283; Kutscher § 214; Epstein, 1209.

1. Die Maskulinendung

Pl.abs. ין־: **Nomina und Adjektive:** אבטיחין "Wassermelonen" Bs 3, 2; אגחין "Nüsse" Bs 3, 20; אחין "Brüder" ZZ 4, 18; אסתרין "Statere" (στατηρ) Cu 9, 3; אפונין "Kichererbsen" Bs 3, 4; ארבעין "vierzig" Cu 1, 3.14; V 42; אשיחין "Wasserreservoire" Cu 11, 12; ברין "Stangen" Cu 2, 11; 7, 10; בינין "Tamarisken" Cu 4, 6; בולבסין "Zwiebeln" (βολβος) Bs 3, 4.24; בצלין "Zwiebeln" Bs 3, 4; הגואין "die Heiden" Sk 5; גמלונין "lange" Bs 3, 4; דודין "Töpfe" Cu 4, 8; דינרין "Dinare" V 38, 8.8; זחין "Zuz" V 42; זמרין "Sänger" Bs 3, 8; זירעונין "Sämereien" Bs 3, 3; חורין "Höhlen" Cu 9, 7; חיטין "Weizen" Bs 3, 22; חנטין "Weizen" Mu 24, A11. B16. C15. E11; ח{ט}ין "Weizen" Mu 44, 3.9; חסדין "Fromme" Mu 45, 6; חרובין eine Münzart ZZ 4, 8.12.21; יבישין "trockene" Bs 3, 4; כאלין "Kisten" (χηλοι) Cu 5, 6; כדין "Krüge" Cu 10, 7; כחין "kleine Krüge" Cu 12, 2; ככרין "Talente" Cu 1, 4.8; 2, 2.6.9.15; 7, 7.16; 10, 10; 12, 1.3.7.9; כלין "Gefäße" Cu 2, 6.8; 10, 11; כורין ein Getreidemaß Mu 24, B17. D16. E12; לבנין "weiße" Bs 3, 24; לגין Halblitergefäße Cu 1, 9; מינין "Minen" Cu 12, 9; מיתין "Tote" Mu 46, 5; מלאין "volle" Cu 4, 8; ארבנורין Ortsname Bs 3, 28; סאין ein Getreidemaß Mu 24, B17; סכין "Dornen" Cu 11, 8; ספרין "Bücher" Cu 8, 3; העונגדין "die Leute aus 'Engedi" Sk 5; עשרין "zwanzig" Cu 8, 13; Mu 24, B1. D1. F1; NB 15, 3; ZZ 4, 8; עסרין "zwanzig" Cu 10, 11; 12, 9; פתחין "Eingänge" Cu 6, 2; קברין "Gräber" Cu 12, 11; קרובין "sich Nähernde" Cu 9, 11; קישואין "Gurken" Bs 3, 1; שבעין "siebzig" Cu 2, 6; 4, 12; שמין unklare Bedeutung ZZ 105, 6; שמשמין "Sesam" Bs 3, 3.20; ששין "sechzig" Cu 2, 4; 5, 10; 10, 7; 12, 1; ZZ 104, 6; V 42; תמרין "Datteln" Bs 3, 5.23; תורמסין "Lupine" (θερμος) Bs 3, 3.4

Partizip: Qal Aktiv: אכלין "Essende" Sk 12,3 ; אומרין "Sagende" Bs 3, 20; אוסרין "Verbietende" Bs 3, 24; באין "Kommende" Bs 3, 24; דאגין "Denkende" Sk 12, 4; חוששין "Nachdenkende" Bs 3, 26; יושבין "Wohnende" Sk 12, 3; שותין "Trinkende" ZZ 104, 6.

Qal Passiv: אסורין "verbotene" Bs 3, 1.19; זכורין "eingedenk" Su 102, 1 .
Qal-Passiv: כופרין "verpichte" Cu 10, 11.
Pi"el: מחקנין "verzehntende" Bs 3, 24.
Nif'al: נמכרין "verkaufte" Bs 3, 4.4 .
Hitpa"el: מתעסרין "Verzehntete" Bs 3, 1 (Text מתאסרין).19.21.22 .
Hof'al: מותרין "erlaubte" Bs 3, 6.23.

Pl.cstr.: י־: **Nomina und Adjektive:** אנשי "Leute" Mu 43, 2; Sk 12, 1; אלהי "Gott" CIJ 869, 2; Je 173, 1; ZZ 102, C14; בני "Söhne" Bs 3, 4; Je 171, 1.2; ZZ 4, 26; 104, 2; 108, 2; דרכי "Wege" ZZ 102, C6; חי "Leben" CIJ 571, 2; חיי "Leben" CIJ 661, 4; 1536; טללי "Tau" ZZ 102, C15; ימי "Tage" HV 81, 1; ZZ 101, 7; כבלי "Fesseln" ZZ 106, B14; כלי "Gefäße" Cu 1, 9; 3, 2.9; 8, 3; 11, 1.4.10.14; 12, 6.6; מעשי "Taten" Qu

§12 Die Flexion

1, C3; נכסי "Vermögen" SK 12, 3; פני "Angesicht" CIJ 634, 5; צריחי "Grabhöhlen" Cu 9, 7; ראשי "Köpfe" ZZ 108, 1; שולי "Boden" Cu 1, 11; 4, 9; 9, 1; שני "Jahre" Bs 3, 5.19.21.24; תחומ{י} "Grenzen" Bs 3, 13; Mu 30, 16.

Pl.cstr. ה: Nomina und Adjektive: חיה "Leben" Je 173, 3.

2. Die Femininendung [2]

Sg.	abs.	ה, א	-ā́	Pl.	abs.	ות, ת	-ṓṯ
		ת	-əṯ				
	cstr.	ת	-áṯ			ות	-ṓṯ

Sg.abs.: ה: Nomina und Adjektive: אמנה "Kredit" ZZ 4, 20; אמונה "Glauben" CIJ 634, 4; ארבעה "vier" Mu 22, 13; אשה "Frau" CIJ 634, 2; ביאה "Öffnung" Cu 5, 13; ברכה "Segen" CIJ 625; 629, 2; 635; 661, 4; 688; KB 1; NB 25; ZZ 120, 10.12; בתולה "Jungfrau" BA 102, 6; EN 2, 3; HM 101, 6; NB 15, 3; NO 102, 6; גדולה "große" Bs 3, 18; גלמודה "Unfruchtbare" ZZ 102, B21; גנה "Garten" V 40; חמה "Zorn" ZZ 123, 5; חנוכה "Einweihungsfest" Bs 3, 3; חנינה "Gnade" CIJ 634, 6; טבילה "Bad" Cu 1, 12; טובה "Güte" Su 101, 1; 102, 1; כשרה "tugendhafte" CIJ 1536; מידה "Maß" Bs 3, 4.4; מדה "Maß" Cu 2, 3; מדינה "Stadt" Bs 3, 4; מכה "Schlag" ZZ 120, 12; {מ}כסה "Steuer" Mu 24, E10. F12; מנחה "Gabe" Cu 9, 10; מערה "Höhle" NB 28; מערכה unklare Bedeutung ZZ 120, 12; סליחה "Vergebung" ZZ 102, C14; ספינה "Schiff" ZZ 4, 17; סקילה "Steinigung" ZZ 102, B5; ערמה "Klugheit" Qu 1, C4; עשרה "zehn" CIJ 622, 3; Cu 1, 4; NB 26; עסרה "zehn" Cu 3, 6; 6, 13; 8, 15; 9, 8; 10, 13; פרה "Färse" Mu 42, 3; צדקה "Gerechtigkeit" Qu 1, C7; קדושה "heilige" Mz 151. 152. 154. 155. 158. 158A. 159. 164; רצפה "Pflaster" Bs 3, 7; שבעה "sieben" ZZ 4, 8; 107, 17; שגגה "unwissentliche Sünde" ZZ 102, B1; שמטה "Erlaßjahr" Mu 24, B14. C12. E9; שנה "Jahr" CIJ 622, 3; 630, 4; 634, 10; NB 15, 4; 26; Mu 24, B16. 16. C14. 14.18.18; 30, 27.27; NV 1; שריפה "Verbrennung" ZZ 102, B5; שפירה "schöne" MU 29, 18; ששה "sechs" NB 15,8 ; תרומה "Priesterabgabe" ZZ 2, 5.

Partizip: Qal Aktiv: שומרה "bewahrende" ZZ 120, 11.
Nif'al: נבונה "klug" CIJ 634, 2.

---

[2] vgl. Segal § 277f.

2. Die Femininendung

Sg.abs.: א: Nomina und Adjektive: ארמא "rote" Cu 4, 9; אמא "Kanal" Cu 1, 11; 8, 1; 4, 3; 7, 3; ביבא "Kanal" Cu 12, 8; ברכא "Teich" Cu 2, 13; גדולא "große" Cu 5, 3; 11, 7; 12, 8; חומא "Mauer" Cu 2, 10; חליא "durchlöcherter Stein" Cu 1, 7; חיצונא "äußere" Cu 8, 4; כנא "Steinbasis" Cu 6, 7; מזקא "Zuleitung" Cu 2, 9; מערא "Höhle" Cu 6, 7; 7, 8; סירא "Dornstrauch" Cu 11, 14; עליונא "obere" Cu 12, 4; עסרא "zehn" Cu 2, 8; 8, 6; 9, 2; פנא "Ecke" Cu 3, 1.5.10; שרא "Kiste" Cu 12, 5; שחורא "schwarze" Cu 10, 9; 12, 2.

Sg.abs.: ה: Nomina und Adjektive: אחת "eins" Cu 12, 5; Mu 46, 6; Mz 165. 166. 167. 168. 169. 170. 170A. 171. 172. 172A. 173. 174. 175. 176. 177; חבלת "Landparzelle" Cu 9, 4; חטאת "Sünde" Qu 1, B; ZZ 102, B2; 106, B14; כחלת Name Cu 1, 9; 2, 13; 4, 11; 12, 10; כנסת "Versammlung" ZZ 108, 1.2.3.4; מאכלת "Speise" ZZ 102, C9; סלת "Weizengries" ZZ 102, A2; עצרת "Pfingsten" Bs 3, 3; קטורת "Räucherwerk" ZZ 102, A4.

Partizip: Qal Aktiv: הולכת "gehende" Bs 3, 18; שוכבת "liegende" CIJ 634, 1.
Hof'al: מוכנת "bereitete" CIJ 634, 3.

Sg.cstr.: ה: Nomina und Adjektive: אחת "eins" Cu 8, 15; אמת "Kanal" Cu 5, 1; ארבעת "vier" Cu 10, 17; Mu 24, B17; Su 102, 4; אשת "Frau" CIJ 621, 1; Je 132; 133; 142; 143; Mu 30, 6; בת "Tochter" CIJ 570; 634, 9; Je 114; 120; 134; 146; JR 4; Mu 29, 18; 30, 26; NB 15, 3.6; גאלת "Erlösung" Mu 24, B2. D2. E1; 29,9; גאולת "Erlösung" Mu 22, 1; 30, 8; Mz 161. 162. 162A. 163. 163A. 165. 166. 167. 168. 169. 170. 170A. 171. 172. 172A. 173. 174. 175. 176. 177; גנת "Garten" Cu 11, 6; דרישת "Forschen" ZZ 102, C10; חומת "Mauer" Bs 3, 13.13; חמשת "fünf" Mu 44, 2; חופת "Decke" ZZ 102, B23; טהרת "Reinheit" Qu 1, B; יציאת "Austritt" Cu 7, 14; יריעת "Vorhang" ZZ 101, 8; כפת "Gewölbe" Cu 9, 11; ממת "Furt" Cu 6, 14; מיתת "Todesstrafe" ZZ 102, B5; ממלכת "Königtum" ZZ 124, 6; מערת "Höhle" Cu 2, 3; 6, 1; ניקרת "ausgehauenes" Cu 1, 12; פנת "Ecke" Cu 7, 11; 11, 2; פרת "Färse" Qu 1,B; פורשת "Kreuzung" Bs 3, 13; צחיאת "heiße Stelle" Cu 9, 15; קדושת "Heiligkeit" Su 101, 1; קיצת "Ende" CIJ 634, 7; שרת "Kiste" Cu 1, 3; שלושת "drei" NB 22, 1; שמיעת "Hören" ZZ 102, B1; שנת "Jahr" Mu 22, 9; 24, B1. D1; 29, 9; 30, 8; Mz 153. 153A. 156. 161. 162. 162A. 163. 163A. 165. 166. 167. 168. 169. 170. 170A. 171. 172. 172A. 173. 174. 175. 176. 177; V 38, 1; 40; ששת "sechs" Mu 24, D16; תקופת "Jahreszeit" BA 102, 13.14.15.16; HM 101, 13.14.15.16: NO 102, 13.15.16; תשורת "Gabe" ZZ 102, B2.

Pl.abs.: וֹת: Nomina und Adjektive: אָבוֹת "Väter" ZZ 103, 1; אֲחוֹנִיוֹת "Pflaumen" Bs 3, 20; אַמּוֹת "Ellen" Cu 1, 12.14; 2, 8.14; 3, 2.6.12; 4, 4.7; 5, 3.10.10.14; 6, 4.10.12; 7, 6.9.12.15; 8, 5.9.12.15; 9, 2.2.5.8.12; 10, 6.9.13; אֲפְסִיוֹת "Spätfrüchte" Bs 3, 5; אֲרוֹנוֹת "Särge" NB 17, 1; בְּכִירוֹת "frühe" Bs 3, 20; בְּרָכוֹת "Segnungen" ZZ 4, 2; גַּנּוֹת "Gärten" V 40; 40; גּוֹרָלוֹת "Lose" ZZ 110; 110; יָפוֹת "schöne" Mu 24, B16. C15. D16; כּוֹסוֹת "Trinkschalen" Cu 3, 3; מֵאוֹת "hundert" Cu 3, 4; 7, 7; 10, 10; 11, 17; 12, 7; מִיתוֹת "Todesarten" ZZ 102, B5; מְזָקוֹת "Wasserzuleitungen" Cu 10, 3; מִזְרָקוֹת "Spendeschalen" Cu 3, 3; מַמְלָפְּפוֹנוֹת "Zuckermelonen" (μηλοπεπων) Bs 3, 2; עֲיָרוֹת "Städte" Bs 3, 9.10.11.26; עוֹלָמוֹת "Welten" ZZ 106, B12; צְבָאוֹת Beiname Gottes Je 173, 1; קְסָאוֹת "Schalen" Cu 3, 4; רְבָבוֹת "Zehntausend" ZZ 107, 8; שְׁלֵמוֹת "ganze" Mu 24, E10.

Partizip: Qal Aktiv: בָּאוֹת (Text בוֹאת) "kommende" Cu 1, 2.
Qal Passiv: אֲסוּרוֹת "verbotene" Bs 3, 9.11.
Hof'al: מֻנָּחוֹת "niedergelegte" NB 15, 1; מֻתָּרוֹת "erlaubte" Bs 3, 27.

Pl.abs.: ת: Nomina und Adjektive: אֲפוֹרַת "Amphoren" Cu 1, 9; מְאַת "hundert" Cu 1, 8.

Pl.cstr.: וֹת: Nomina und Adjektive: אַמּוֹת "Ellen" Cu 1, 2; חַצְרוֹת "Höfe" ZZ 101, 7; יְרִיעוֹת "Vorhänge" ZZ 101, 8; מַחְשְׁבוֹת "Gedanken" Qu 1, C5; מְקוֹמוֹת "Orte" AL 1; KB 1; סְבִיבוֹת "Umgebung" Bs 3, 6; עֶשְׁתוֹת "Barren" Cu 1, 5; 2, 4.

3. Der Dual[3]

Dual m.abs.:	יִם	-ēm	Dual f.abs.:	תִים, תִין	-(a)tēn, -(a)tayim
	יִים	-ayim			
cstr.:	י	-ē	cstr.:	תֵי	-(a)tē

Dual m.abs.: יִים: מֹאזְנַיִים "Waage" EN 2, 4; מֹאזְנַיִים "Waage" NO 102, 7.
Dual m.cstr.: י: שְׁנֵי "zwei" Cu 4, 6.8; 6, 1; ZZ 106, B12; 110.

Dual f.abs.: תִים: שְׁתַּיִם "zwei" Cu 6, 13; 7, 16; Mu 24, B1. C1. D1. E1; 29, 9; Mz 153. 153A; NB 15, 3.
Dual f.abs.: תִין: מָאתַיִן "zweihundert" Cu 4, 10; שְׁתַּיִן "zwei" Cu 9, 2.
Dual f.cstr.: תֵי: שְׁתֵּי "zwei" NB 21, 2.

---

[3] vgl. Segal § 293.

4. ein anderer Plural als im Biblischhebräischen ist belegt
1. BH m.pl.- NH f.pl.: עולמות "Welten" ZZ 106, B12.

2. **im Biblischhebräischen gar nicht belegt** ist תחום "Grenze, Gebiet" mit dem Singular "Gebiet" in Bs 3, 9.10.11.27; Cu 9, 17 ((תח{ו}ם)) und dem Plural תחומי "Grenzen" (Pl.cstr.m.) Bs 3, 13; Mu 30, 16; תחומו "seine Grenzen" Mu 30, 18.

"Gott widersetzt sich den Überheblichen, aber denen, die gering von sich denken, wendet er seine Liebe zu." Jak. 4,6

§ 13 Das Geschlecht

13.1 Die Maskulina

1.1 Maskuline Form in Singular und Plural

בבית הגר{ני הצפו{ל "das nördliche große Wasserreservoir" Cu 7, 4; בבית האשיחין "im Haus der Speicherbecken" Cu 11, 12; הבית הזה "dieses Haus" Je 173, 2; בית המרה הישן "das alte Hochhaus" Cu 2, 3; 11, 16; בתיכן "eure Häuser" ZZ 108, 7; בן "Sohn"[1] ; שלושת בניו "seine drei Söhne" NB 17, 3; ביום הזה "heute" ZZ 102, B10; בימי יצרינו "in den Tagen unserer Feinde" ZZ 101, 7; הכהן הגדל "der Hohepriester" Cu 6, 14; Je 39; הכהן המכובד "der geehrte Priester" Su 101, 2; כוהנים "Priester" NB 35; 36; ZZ 124, 6; הפתח העליון "der obere Eingang" Cu 1, 8; שני {ה}פתחין "die beiden Eingänge" Cu 6, 2; זה קברו של "dies ist das Grab von" CIJ 668, 1; 669; Je 171, 1; הקבר הזה "dieses Grab" CIJ 661, 2; NB 30; NJ 106, 2; קברין "Gräber" Cu 12, 11.

1.2 Maskuline Form im Singular, feminine Form mit maskulinem Geschlecht im Plural

גורל "Los" ZZ 110; שני גורלות "zwei Lose" ZZ 110; במקצע הצפוני "an der nördlichen Ecke" Cu 2, 13; בארבעת מקצועותיה "an seinen vier Ecken" Cu 11, 1; עולם "Ewigkeit" Bs 3, 5.23; CIJ 569, 6; 571, 2; 649; 661, 4; 668, 3; 1186; 1536; HM 2; Mu 30, 25.29; NB 5; 6; SU 102, 5; ZZ 4, 27; 102, C10; שני עולמות "zwei Welten" ZZ 106, B12; זה בית מדרשו שהלרבי "dies ist das Lehrhaus von Rabbi" DA 6; בתו שלרבי "die Tochter von Rabbi" NB 15, 1.4: 21, 1; 25; בנו שלרבי "der Sohn von Rabbi" NB 15, 5; 22, 2; 26; 28; בניו שלרבי "die Söhne von Rabbi" NB 22, 1; אשתו שלרבי "die Frau von Rabbi" NB 24; רבותינו "unsere Lehrer" Bs 3, 26.

1.3 Maskuline Form mit maskulinem Geschlecht im Singular, feminine Form mit femininem Geschlecht im Plural

במקום הזה "an diesem Ort" AL 1; KB 1; המקומות המותרות "die erlaubten Orte" Bs 3, 5.

---

1 --»§ 14.4.

13.2 Die Feminina

2.1 Feminine Form in Singular und Plural
בת "Tochter" CIJ 570; 634, 9; JR 4; JE 114; 120; 134; 146; 204; Mu 29, 18; 30, 26.33; NB 15, 1.3.4.6; 21, 1; 25; ברת "Tochter" CIJ 661, 2; JR 4; שתי בנותיה "ihre beiden Töchter" NB 21, 2.

2.2 Feminine Form im Singular, maskuline Form mit femininem Geschlecht im Plural [2]
תישעים וארבע שנה "vierundneunzig Jahre" NV 1; ähnlich: CIJ 622, 3; 630, 4; 634, 10; NB 15, 4; 26; Mu 24, B16. C14.18. D15.18; 30,27; שנת ארבע "Jahr vier" Mu 30, 8; ähnlich: Mu 24, B1. D1. E1; 29, 9; Mz 153. 153A. 155. 161. 162. 162A. 163. 165. 166. 167. 168. 169. 170. 170A. 171. 172. 172A. 173. 174. 175. 176; V 38, 1; שנים שלמות "ganze Jahre" Mu 24, E9; תשע שנים "neun Jahre" NB 15, 4; שני (Pl.cstr.) "Jahre" Bs 3, 19.21.24; Mu 24, E10.

2.3 Maskuline Form mit femininem Geschlecht im Singular, feminine Form im Plural
ארון "Sarg" NB 22, 1; 23; 24; 25; 26; 28; אלו ארונות הפנימית והחיצונית "dies sind Särge, der Innere und der Äußere" NB 17, 1; עיר "Stadt" Mu 24, B8. C7. E6; העיירות האסורות "die verbotenen Städte" Bs 3, 9.11.26.

2.4 Maskuline Form mit femininem Geschlecht in Singular und Plural
אבן שחורא "ein schwarzer Stein" Cu 10, 9; 12, 2; אבנים "Steine" Mu 30, 15; דרך הגדולה "der große Weg" Bs 3, 18; דרכי תומו "die Wege SEINES Glücks" ZZ 102, C6; כסף ארבע ככר "vier Talente Silber" Cu 1, 14; שבעסרה ככרין "siebzehn Talente" Cu 1, 4; ähnlich: Cu 2, 9; 7, 16.

13.3 Vom Biblischhebräischen abweichende Genera [3]

3.1 Die Maskulina

3.1.1. BH ist kein Genus belegt
ארבעת אלפי{ן} "viertausend" Su 102, 4; בצלין...הנימכרין "verkaufte Zwiebeln" Bs 3, 4; עשרים ושבעה חרובין "siebzehn Harub" ZZ 4, 8; ähnlich: ZZ 4, 12, 21; חמשת כורין "fünf Kor" Mu 44, 3; ähnlich: Mu 24, B17. D16; בשית שבמלה

---
[2] vgl. Segal § 289.
[3] vgl. Albrecht § 83c.-e.h.

§13 Das Geschlecht

מבצפונו "im Hohlraum, der sich im Nordteil der Aufschüttung befindet" Cu 3, 8; בקבר שבמלה ממזרחו "im Grab, das sich im östlichen Teil der Aufschüttung befindet" Cu 3, 11; משמר הרביעי "die vierte Wache" PL 3, 1; ähnlich: PL 3, 2.3.4.5.7.8.9.10.11.13; שני עולמות "zwei Welten" ZZ 106, B12; פול המצרי "die ägyptische Bohne" Bs 3, 2.20; בפרק הזה "bei diesem Fest" ZZ 101, 6.

3.1.2 kein Genus und kein Plural belegt
הפירות הללו אסורין "diese Früchte sind verboten" Bs 3, 1.18.22.

3.1.3 Biblischhebräisch ist das Wort gar nicht belegt
האפונין הגמלונין "die großen Kichererbsen" Bs 3, 4; שני הבינין "die beiden Tamarisken" Cu 4, 6; דקל הטובה "die gute Dattelpalme" V 42; עבט חור הו "es ist ein weißer Korb" Cu 11, 9; קלל בו ספר "ein Krug, in dem sich ein Buch befindet" Cu 6, 4; זה בית מדרשו שהלרבי "dies ist das Lehrhaus von Rabbi" DA 6; השקוף הזה "dieser Türsturz" KB 1; התורמסין הישיבין "die trockene Lupine" Bs 3, 3f.

3.1.4 das Wort ist bisher nicht belegt
האשיח הצפון{ני הגד{ול [4] "das nördliche große Wasserreservoir" Cu 7, 4; הרגם הגדול "der große Stein" Cu 5, 9.

3.1.5 Biblischhebräisch ist das Wort als Maskulinum und Femininum belegt
השער המזרחי "das östliche Tor" Cu 2, 7.

3.2 Die Feminina
3.2.1. Biblischhebräisch ist kein Genus belegt
חנטין יפות ונקיות "vier Statergroßbarren" (στατηρ) Cu 9, 3; בדין אסתרין ארבע "schöner, reiner Weizen" Mu 24, B16. C15. D15; עשתות זהב ששין וחמש "fünfundsechzig Stangen aus Gold" Cu 2, 4; שרא אחת "eine Kiste" Cu 12, 5.

---

[4] Da in der Cu י und ו nicht zu unterscheiden sind, ist auch eine Lesung mit ו, אשוח, denkbar, zumal das Wort moabitisch so belegt ist. Die zugrunde liegende Verbalwurzel ist שוח "sinken". Im Biblischhebräischen kommen als Ableitungen dieser Wurzel mit der Bedeutung "Grube, Zisterne" die beiden Formen mit י und ו nebeneinander vor: שוחה und שיחה. Im Syrischen (ܫܘܚܐ) und im rabbinischen Hebräisch (שיח und שחיתה) finden sich nur noch Formen mit י, nur im Jüdisch-Aramäischen existiert eine Form mit ו: שוחא. Daraus läßt sich schließen, daß die – auch von Milik so gelesene – Form mit י die größere Wahrscheinlichkeit für sich hat, zumal in Sir. 50,3 dieselbe Nominalform ebenfalls mit י belegt ist: אשיח.

13.3 vom Biblischhebräischen abweichende Genera

3.2.2 Biblischhebräisch ist das Wort gar nicht belegt

אחוניות הבכירות "die frühen Pflaumen" Bs 3, 20; אום מבורכה "eine gesegnete Mutter" ZZ 120, 10; בחבלת השנית "auf der zweiten Landparzelle" Cu 9, 4; ארבע מיתות "vier Todesarten" ZZ 102, B5; המינתה הנאגדת "die zusammengebundene Minze" (μινθα) Bs 3, 2; המסמא הגדולא "die große Steinplatte" Cu 11, 6; היא פילי "das ist ein Tor" (πυλη) Bs 3, 6.7.7.8; בשית המזרחית "im östlichen Hohlraum" Cu 4, 11.

3.2.3 das Wort ist bisher nicht belegt

בביבא הגדולא "in der großen Zisterne" Cu 12, 8.

3.2.4. Biblischhebräisch ist das Wort als Maskulinum belegt

סלעים עשרים ושתים "zweiundzwanzig Sela" Mu 30, 21.

3.2.5. Biblischhebräisch ist das Wort als Maskulinum und nur im Singular belegt

אלו ארונות הפנימית והחיצונית "dies sind Särge, der Innere und der Äußere" NB 17, 1.

"Trachtet nach dem, was droben ist, nicht nach dem, was auf Erden ist."

Kol. 3,2

§ 14 Die singulären Nomina

1. אב "Vater"

Sg.abs.: אב "Vater" ZZ 107, 20.
Sg.cstr. mit dem Suffix Sg.3.m.: אביו "sein Vater" CIJ 630, 3.
Sg.cstr. mit dem Suffix Sg.2.m.: אביך "dein Vater" Mu 45, 5.
Pl.abs.: אבות "Väter" ZZ 103, 1.
Pl.cstr. mit dem Suffix Pl.1.c.: {א}בותינו "unsere Väter" ZZ 102, A19.
אבו als Abkürzung für אבותינו "unsere Väter" ZZ 102, B10.14.

2. אח "Bruder"

Sg.cstr.: אחי "Bruder" CIJ 630, 3.
Sg.cstr. mit dem Suffix Sg.1.c.: אחי "mein Bruder" Mu 45, 6.8.
Sg.cstr. mit dem Suffix Sg.3.f.: אחיה "ihr Bruder" NB 13.
Pl.abs.: אחין "Brüder" ZZ 4, 18.
Pl.cstr. mit dem Suffix Pl.2.m.: אחיכן "eure Brüder" Sk 12, 4.

3. אום/אם "Mutter"

Sg.abs.: אם "Mutter" ZZ 107, 20; אום "Mutter" ZZ 120, 10.
Sg.cstr.: אם "Mutter" Je 156.
Sg.cstr. mit dem Suffix Sg.1.c.: אמי "meine Mutter" ZZ 4, 18.
Sg.cstr. mit dem Suffix Pl.1.c.: אמנו "unsere Mutter" Je 201.

4. בן "Sohn"

Sg. cstr.: בן "Sohn" CIJ 569, 2; 621, 2; 622, 1.2; 630, 2; 737; 1170; 1193; Cu 1, 3; JR 4; HV 81, 1; Je 109; 110; 116; 118; 123, 1.2.3.4.6.7.8.9.10.11.12.13.14.17.20.21.25.26; 126; 128; 135; 138; 150; 156; 157; 159; 171, 1; 173, 3; 177; 180; 190; 191; KA 1; KB 1; Me 1; Mu 7; 24, B3.5.6. C3.5.19. D20. E2.4.4; 30, 34.35; 42, 2.3.4.8.9.10.11.13; 43, 1.2.7.8; 44, 1; 46, 1; NB 5; 5; 6; 15, 2; 16, 2; 24; 26; 33; 34; 55; Ne 101; NJ 103; 105; NV 1; V 38, 1.3.3.3.4.4.6.7.8.8.8.8.8.8.8.8.8.8; 40; 40; 40; 40; 40; ZZ 4, 3.4.32; 125, 15.

5. בת "Tochter"

Sg.cstr. mit dem Suffix Sg.3.m.: בנו "sein Sohn" NB 15, 5; 22; 26; 28; Su 101, 6.
Sg.cstr. mit dem Suffix Sg.3.f.: בנה "ihr Sohn" Je 194; 196; ZZ 106, B7.

Pl.abs.: בנים "Söhne" ZZ 103, 1.
Pl.cstr.: בני "Söhne" Bs 3, 4; Je 171, 1.2.3; ZZ 4, 26; 104, 2; 108, 2.
Pl.cstr. mit dem Suffix Sg.3.m.: בניו "seine Söhne" Je 171; NB 17, 3.
Pl.cstr. mit dem Suffix Pl.2.m.: בניכן "eure Söhne" ZZ 108, 7.
Pl.cstr. mit dem Suffix Pl.1.c.: בנינו "unsere Söhne" Sp 1.

5. בת "Tochter"

Sg.cstr.: בת "Tochter" CIJ 570; 634, 9; JR 4; Je 114; 120; 134; 146; 204; Mu 29, 18; 30, 26; NB 15, 3.6.
Sg.cstr. mit dem Suffix Sg.3.m.: בתו "seine Tochter" NB 15, 1.4; 21, 1; 25.
Pl.cstr. mit dem Suffix Sg.3.f.: בנותיה "ihre Töchter" NB 21, 2.

6. בית "Haus"

Sg.abs.: הבית "das Haus" Je 173, 2; Mu 30, 18.27.28; NV 1.
Sg.cstr.: בית "Haus" Bs 3, 1.6.8.15.16; Cu 2, 3; 7, 9; 8, 1; 9, 14; 10, 5.15; 11, 12.16; 12, 6.8; DA 6; Je 221; Mu 30, 14; 42, 1.4.7; PL 3, 2.11; Sk 12, 3; ZZ 102, B5; 105,3.
Pl.cstr. mit dem Suffix Pl.2.m.: {בתי}כן "eure Häuser" ZZ 108,7.

7. יום "Tag"
Sg.abs.: יום "Tag" Mu 24, C6.11. E5.8; 47, 4; ZZ 102, B11.
Sg.cstr.: יום "Tag" ZZ 106, B9; 121, 6.
Pl.cstr.: ימי "Tage" HV 81, 1; ZZ 101, 7.

8. עיר "Stadt"
Sg.m.cstr.: עיר "Stadt" Mu 24, B8. C7. E6.
Pl.f.abs.: עיירות "Städte" Bs 3, 9.10.11.26.

9. טל "Tau"
Pl.cstr.: טללי "Tau" ZZ 102, C15.

10. פי "Mund"
Sg.cstr.: פי "Mund" Cu 7, 14; 8, 8; 9, 14; 12, 6; ZZ 102, B18.
Sg.m.cstr. mit dem Suffix Sg.3.f.: פיה "ihre Öffnung" Cu 12, 11.

§14 Die singulären Nomina

11. פְּרִי "Frucht"
Pl.f.abs.: פֵּירוֹת "Früchte" Bs 3, 1.18.22; V 40; פָּרוֹת "Früchte" V 42.

12. מִים "Wasser"
Pl. abs.m.: מִים "Wasser" Cu 5, 1; 7, 14; 9, 11; 10, 15; ZZ 102, B9; מַיִים "Wasser" ZZ 106, A3.8.
Pl. cstr.m.: מֵי "Wasser" Qu 1, B.

13. שָׁמִים "Himmel"
Pl. abs.m.: שָׁמִים "Himmel" Mu 43, 3.

"In der Welt habt ihr Angst; aber seid getrost, ich habe die Welt überwunden."
Joh. 16,33

§ 15 Die unregelmäßigen Nomina

1. Die Nomina der Wurzeln I', II' und III'

Die Nomina I'

Die von den Wurzeln I' aus gebildeten Nomina sind regelmäßig, wenn das א am Wortanfang steht. Tritt ein Präfix dazu, kann das א entfallen: מאחנים "Waage" BA 102, 7; מאחניים "Waage" EN 2, 4; מחנים "Waage" HM 101, 7; מחניים "Waage" NO 102, 7; מאמרה "sein Befehl" V 38, 8; ממרה "sein Befehl" V 38, 8[1].

Die Nomina II'[2]

Die meisten Nomina dieser Wurzel sind regelmäßig.
Sg.m.abs.: גאון "Erhabenheit" ZZ 102, C3; כאור "Schimpfliches" ZZ 102, B15; שאון "Getöse" ZZ 107, 15.
Sg.m.cstr.: מאום "Fehler" ZZ 104, 3; שאר "Rest" Bs 3, 1.19.21.24.
mit dem Singularsuffix Sg.3.m.: שאתו "sein Untergang" ZZ 102, C9.
Sg.f.cstr.: גאולה "Befreiung" Mu 22, 1; 30, 8; גאלת "Befreiung" Mu 24, B2. D2. El; 22, 1; 29, 9; Mz 161. 162. 163. 165. 172.

Pl.m.abs.: מאתין "zweihundert" Cu 4, 10; סאין ein Getreidemaß Mu 24, B17.
ים: סאים ein Getreidemaß Mu 30, 14; תאנים "Feigen" Mu 30, 18.
Pl.f.abs.: מאות "hundert" Cu 3, 4; 7, 7; 10, 10; 11, 17; 12, 7; NV 1.
ח: מאח "hundert" Cu 1, 8.

Das א kann wegfallen oder mit ע wechseln:[3]
ראש "Kopf" Bs 3, 14; Cu 11, 5; ZZ 108, 3; רוש "Kopf" Cu 5, 1; Je 207; Mu 42, 2; רעשי "mein Kopf" XX 7, 8; ראשי (Pl.cstr.) "Leiter" ZZ 108, 1.

Die Nomina III'

Die meisten Nomina dieser Wurzel sind regelmäßig.
Sg.m.abs.: מקרא "Lesung" ZZ 107, 7.

---

1 --»§ 2, א, 1.1.2
2 vgl. Albrecht § 84d; Segal § 282.
3 --»§ 2, א, 1.1.3; 1.5.2.

§15 Die unregelmäßigen Nomina

Sg.f.abs.: בִּיאָה "Eingang" Cu 5, 13; חטא "Sünde" ZZ 102, A22.23; B1.1.1.2.2.2.3.3.3.4. 4.5; חטאת "Sünde" Qu 1, B.B; ZZ 102, B2; 106, B14.
Sg.f.cstr.: בִּיאָתוֹ "der Eingang zu ihm" Cu 2, 12; 12, 1; בִּיאָתָא "der Eingang zu ihr" Cu 3, 9; בִּיאָתֵךְ "dein Eintritt" Cu 4, 3; 11, 13; טוּמְאָת{ה} "ihre Unreinheit" ZZ 102, B23.

Pl.m.abs.: מְלֵאִין "volle" Cu 4, 8.
Pl.f.abs.: צְבָאוֹת Beiname Gottes Je 173, 1.
Pl.f.cstr.: טוּמְאוֹתֵינוּ "unsere Verunreinigungen" ZZ 102, B9.

Das א kann geschrieben werden oder wegfallen[4]:
Sg.m.cstr.: נְשִׂיא "Fürst" Mu 24, D3. F3; Mz 169. 170. 170A. 172. 172A. 193; V 38, 2.7; 40; 40; נָסִיא "Fürst" Mu 24, B3. C3. D18. E2.7. J3; נְשִׂי "Fürst" HV 81, 1; נְסִי "Fürst" SK 1, 1; Sk 12, 1.

2. Die Nomina Iy

Konsonantisches י kann mit יי geschrieben werden.
Sg.m.abs.: יַיִן "Wein" Bs 3, 5.23; יָם "Wasserbehälter" Cu 10, 8; ZZ 106, B3; יָם "Wasser" ZZ 104, 6; יַמּוֹמִית "kleines Wasserbecken" Cu 11, 13; יוֹם "Tag" Mu 24, C6.11. E5.8; 47, 4; ZZ 102, B11; יִיקְרַת "Würde" ZZ 102, B23; יֶרֶךְ "tiefste Stelle" Cu 1, 13; 9, 8; יֶרֶק "Gemüse" V 40; 42; יֵשׁ "es gibt" Bs 3, 20.24.26; Mu 24, C7; 30,23.
Sg.m.cstr.: יַד "Hand" Mu 24, B2. D2. E2. F2; יַד "Denkmal" Cu 10, 12; יָדְךָ "DEINE Hand" ZZ 102, B15; יָדוֹ "seine Hand" ZZ 102, C9; יָם "Wasserbehälter" Cu 10, 15; יוֹם "Tag" ZZ 106, B9; 121, 6; יוֹפִי "Schönheit" ZZ 102, B23; יֶרֶךְ "tiefste Stelle" Cu 1, 7.
Pl.f.cstr.: יְרִיעוֹת "Vorhang" ZZ 101, 8.

Pl.m.cstr.: יָדֵינוּ "unsere beiden Hände" ZZ 102, B2; יָדַיי "meine beiden Hände" ZZ 120, 8.9; יְדִידַיי "meine Freunde" ZZ 120, 9; יְמֵי "Tage" HV 81, 1; ZZ 101, 7; יִצְרֵינוּ "unsere bösen Triebe" ZZ 102, B12.

3. Die Nomina IIy[5]

Konsonantisches י kann mit יי geschrieben werden.
Sg.m.abs.: אַיִל "Widder" BA 101; אִיָּר der zweite Monat EN 2, 5.

---

[4] --»§ 2, א, 1.1.3
[5] vgl. Albrecht § 84d.

4. Die Nomina der Wurzeln IIw

Konsonantisches ו kann mit וו geschrieben werden.
Sg.m.abs.: רווח "Weite" ZZ 4, 1.

Pl.f.cstr.: עוונותינו "unsere Sünden" ZZ 102, B11.

5. Die Nomina der Wurzeln IIū [6]

Sg.m.abs.: דור "Geschlecht" (Name) Bs 3, 13.26; ZZ 2, 1; חוץ "draußen" Bs 3, 9.22; ZZ 4, 11; טור "Stützmauer" Cu 7, 15; סוף "Ende" Mu 45, 3; פול "Bohne" Bs 3, 2.20; צוק "Schlucht" Cu 9, 14; קול "Stimme" ZZ 107, 1; קוץ "Dorn" PL 3, 4; קים "gültig" Mu 24, C18. E14; קיים "gültig" ZZ 103, 3; שור "Stier" EN 2, 3; HM 101, 2; NO 102, 2.
Sg.m.cstr.: סוד "Geheimnis" ZZ 107, 8; סוף "Ende" Bs 3, 7; Mu 24, B14. C12. E9; V 40; צוק "Schlucht" Cu 8, 8.

Pl.m.abs.: דודין "Töpfe" Cu 4, 8; חיבים "Schuldige" ZZ 102, B2.3.3.4.5; כחין "kleine Töpfe" Cu 12, 2.

Pl.m.cstr.: שולי "Boden" Cu 4, 9; 9, 1.1; שולו "sein Boden" Cu 9, 1.
Pl.f.cstr.: דורותינו "unsere Geschlechter" ZZ 122, 13.

mit m-Präfix
Sg.m.abs.: מקום "Ort" AL 1; Bs 3, 13.26; KB 1; Mu 44, 7; NB 36; מרום "Himmel" ZZ 4, 2; 104, 7.
Sg.m.cstr.: מגורם "ihr (Pl.3.m.) Aufenthaltsort" ZZ 122, 4; מקום "Ort" Mu 44, 5.
Pl.m.abs.: מרומים "Himmel" ZZ 4, 1.
Pl.f.abs.: מקומות "Orte" Bs 3, 5; V 38, 6.
Pl.f.cstr.: מקומות "Orte" AL 1; KB 1.

mit t-Präfix
Sg.f.abs: תרומה "Priesterabgabe" ZZ 2, 5.
Sg.f.cstr.: תקופת "Jahreszeit" BA 102, 13.14.15.16; HM 101, 13.14.15.16; NO 102, 13.15.16; תשורת "Gabe" ZZ 102, B2.

6. Die Nomina IIī

Sg.m.abs.: אין "es gibt nicht" Mu 30, 28; 45, 4; ZZ 101, 4; 102, A18. B6.7; 120, 8;

---
[6] vgl. Segal § 288.

§15 Die unregelmäßigen Nomina

אִישׁ "Mann" ZZ 105, 2.5; גִיל "Freude" ZZ 102, B21; 107,7; דִין "Gericht" ZZ 102, B5; טִיף "Untersatz" Cu 11, 17; יִין "Wein" Bs 3, 5.23; סִיד "Kalk" Su 101, 4; סִיחַ "Beifuß" Cu 11, 4.10; עִיט "Raubvogel" Bs 3, 15; שִׁישׁ "Marmor" ZZ 106, B10; שִׁית "Gewölbe" Cu 3, 8; 4, 9.11; 9, 14; 12, 4.10.

Sg.m.cstr.: אִינִי "ich habe nicht" Mu 46, 2; בִּיב "Kanal" Cu 9, 11; עִיר "Stadt" Mu 24, B8. C7. E6; שִׂיחַ (Text שִׂיא) "Grube" Cu 1, 13; דִינָם "ihr (Pl.3.m.) Gericht".
Sg.f.abs. ה: בִּיאָה "Eingang" Cu 5, 13.
Sg.f.abs. א: בִּיבָא "Kanal" Cu 12, 8; סִירָא "Dornstrauch" Cu 11, 14.
Sg.f.cstr.: מִיתַת "Todesstrafe" ZZ 102, B5.

Pl.m.abs.: זֵיתִים "Oliven" Mu 30, 18; בִּינִין "Tamarisken" Cu 4, 6.
Pl.f.abs.: מִיתוֹת "Todesarten" ZZ 102, B5; עִיָירוֹת "Städte" Bs 3, 9.10.11.26.

mit m-Präfix
Sg.f.abs.: מְדִינָה "Stadt" Bs 3, 4.

7. Die Nomina der Wurzeln IIIw

Pl.f.abs.: קְסָאוֹת "Schalen" Cu 3, 4.[7]

8. Die Nomina der Wurzeln III𝐈[8]

Sg.m.abs.: ה: טָלֶה "Widder" En 2, 3; HM 101, 1; NO 102, 1; ZZ 101, 2; מַחֲנֶה "Lager" Mu 24, E3; מַכֶּה "Schlag" ZZ 120, 12; מַלֶּה "Mauer" Cu 3, 8; סְנֶה "Dornstrauch" Cu 11, 4; עוֹלָה "Brandopfer" ZZ 120, 7.
Sg.m.abs.: א: טְלָא "Widder" BA 102, 1; מִזְקָא "Zuleitung" Cu 2, 9; מַעֲבָא "Erdgießerei" Cu 1, 13; mit dem aramäischen Emphaticus: הַמַּחֲנִיָה "das Lager" Mu 42, 2.
Sg.m.abs.: י: שְׁוִי "gleich, unverzüglich" NB 5, 6.6.
Sg.m.cstr.: ה: מַעֲשֵׂה "Tat" ZZ 120, 8; מִשְׁתֵּה "Gastmahl" Su 101, 4.
Sg.m.cstr.: א: מַשְׂנָא "Abschrift" Cu 12, 11.
Sg.f.abs.: א: מַעְלְהָא "Treppe" Cu 12, 4.
Sg.f.cstr.: ת: מִגְמַת "Furt" Cu 6, 14.

Pl.m.abs.: ים: מַעֲשִׂים "Taten" ZZ 102, B16; פָּנִים "Angesicht" ZZ 102, A1.
Pl.m.abs.: ין: מִנְיָן "Minen" Cu 12, 9.
Pl.m.cstr.: י: מַעֲשֵׂי "Taten" Qu 1, C3; פְּנֵי "Angesicht" CIJ 634, 5; בִּפְנֵי "im Angesicht" Bs 3, 2; פָּנָיו "sein Angesicht" Mu 44, 5; פְּנֵיהֶם "ihr (Pl.3.m.) Angesicht" ZZ 101, 5.

---

[7] mit א-Einschub, --» § 2,א,1.3.
[8] vgl. Albrecht § 84f; Segal § 282; 288.

9. Die Nomina IIIy

Pl.f.abs.: רח: יפות "schöne" Mu 24, B16. C15. D16; מקות "Zuleitungen" Cu 10, 3; מכות "Schläge" ZZ 102, B4; מצוות "Gebote" ZZ 108, 8; מעלות "Treppe" Cu 1, 2; 2, 1.
Pl.f.cstr.: רח: מצוות "Gebote" CIJ 634, 4.

Qal Partizip: Aktiv: mit der Endung ה:
Sg.m.: ה: חולה "krank" ZZ 105, 2; עוסה "tuend" Mu 24, B11.C10.D10; שותה "trinkend" ZZ 106, A5.
Sg.m.: א: צופא "gerichtet nach" Cu 8, 10.12; 9, 4.7; 11, 5.
Sg.f.: צופא "gerichtete nach" Cu 6, 2.8.
Pl.m. abs.: שותין "trinkende" ZZ 104, 6.
Pl.m.cstr.: עולי בבל "Einwanderer aus Babel" Bs 3, 13.
Passiv: Sg.m.: שרוי "getränkt" Cu 10, 3.
Pl.m. abs.: גלוים "bekannte" ZZ 102, B6.6.6.7.

9. Die Nomina IIIy

Konsonantisches י kann mit יי geschrieben werden:
Sg.m.abs.: דלי "Wassermann" BA 102, 11; EN 2, 4; HM 101, 11; חולי "Krankheit" ZZ 120, 12; חצי "Hälfte" Mz 161.
Sg.m.cstr.: חצי "Hälfte" Mz 149. 152. 155. 159; V 38, 8.8.
Sg.f.abs.: חליא "durchlöcherter Stein" Cu 1, 7; עליאה [9] "Obergemach" Cu 10, 1.
Sg.f.cstr.: תליחה "ihr Zweifel" ZZ 106, A1.

Pl.m.abs.: הגיים "die Heiden" Mu 42, 5; הגואין [10] "die Heiden" Sk 5 ; כלין "Gefäße" Cu 2, 6.8; 10, 11; עניאין [10] "Arme" Mu 46, 5.
Pl.m.cstr.: כלי "Gefäße" Cu 1, 9; 3, 2.9; 8, 3; 11, 1.4.10.14; 12, 6; כליה "ihre (Sg.3.f.) Gefäße" Cu 1, 3; 12, 5.
Pl.f.abs.: אחוניות "Pflaumen" Bs 3, 20; נקיות "reine" Mu 24, B17. C15. D16; מנקיאות "Schalen" Cu 3, 3.

Sg.m.abs.: דיי "Mangel" ZZ 4, 2; דמי "Zweifelhaftes" Bs 3, 1.5; דמיי "Zweifelhaftes" Bs 3, 19.22.24.

---

10 mit א-Einschub, --»§ 2,א,1.3.

10. Die vierradikaligen Nomina

Sg.m.abs.: חרדל "Senf" Bs 3, 3; כסליו der neunte Monat EN 2, 6; כסלו V 40; עקרב "Krebs" BA 102, 8; EN 2, 4.

Pl.f.abs.: אפסיות "Spätfrüchte" Bs 3, 5.

"All eure Sorgen werft auf ihn, denn er sorgt für euch."

1. Petr. 5,7

§ 16 Die griechischen und lateinischen Fremdwörter [1]

1. mit der griechischen oder lateinischen Singularendung

1.1 mit der Endung -ος

ספיפוס (ψηφος) "Mosaik" Su 101, 3 (m.), Krauss II, 470a: ספיפס und פשיפס;
קמפון (καμπος) "Sportplatz" Bs 3, 6, Krauss II, 510b.

1.2 mit der Endung -ιον

אכסדרן (ἐξεδριον) "kleine Vorhalle" Cu 11, 3; פרסטלין (περιστυλιον) "kleiner Säulengang" Cu 1, 7.

1.3 mit der Endung -ων

טרכון (τραχων) "Trachonitis" Bs 3, 17, Krauss II, 275a טרכונא.

1.4 mit der Endung -α

אורז (ὀρυζα) "Reis" Bs 3, 3.20.23, Krauss II, 26a; מינחה (μινθα) "Minze" Bs 3, 2, Krauss II, 337a; קירה (κυρα) "Herrin" NB 19; 24 (f.); קירא (κυρα) "Herrin" CIJ 661, 3; NB 20; קסטלה (castella) "Lager" Bs 3, 12, Krauss II, 557a; קסטרה (castra) "Lager" Bs 3, 14, Krauss II, 557a.

1.5 mit der Endung -η

א{לאה} (ἀλοη) "Aloe" Cu 11, 14; פילי (πυλη) "Tor" Bs 3, 6.7.7.8.8.8.

2. wortanlautendes στ- wird mit א-prosteticum aufgelöst [2]

אסטאן (στοα) "Säulenhalle" Cu 11, 2; אסטפליני (σταφυλινοι) "Möhren" Bs 3, 2, Krauss II, 82a; אסתרין (στατηρ) "Statere" Cu 9, 3, Krauss II, 98a: אסתיר II.

---

[1] soweit bei Krauss belegt, ist darauf verwiesen; vgl. Albrecht § 82; 83 f-g.i-k: zum Geschlecht von Fremdwörtern; 84k: zur Pluralbildung von Fremdwörtern; Segal § 219: nur ein Verweis auf Albrecht; 286; Kutscher § 237: zu griechischen Fremdwörtern; 238: zu lateinischen Fremdwörtern; 239: zu im Alltag verwendeten griechischen und lateinischen Fremdwörtern.

[2] --»§ 2, א, 1.2.

3. mit der hebräischen Pluralform

3.1 die maskuline Pluralform

בולבסין (βολβος) "Zwiebeln" Bs 3, 4.24, Krauss II, 139; דינרין (δηναριον) "Dinar" V 38, 8.8, Krauss II, 207f; כאלין (χηλοι) "Kisten" Cu 5, 6; פרנם (griech.???) "Verwalter" V 38, 6; פרנסין "Verwalter" Mu 42, 1; תורמסין (θερμος) "Lupine" Bs 3, 3, mit Verdunkelung der ersten Silbe durch ר[3], Krauss II, 585a.

3.2 die feminine Pluralform

אפורת (ἀμφορα) "Amphoren" Cu 1, 9, mit Assimilation des m[4]; ממלפפונות (μηλοπεπων) "Zuckermelonen" Bs 3, 2, mit Doppelschreibung des מ[5], Krauss II, 336b ;מילפפון; קפלוטות (κεφαλωτον) "Lauch" Bs 3, 3, Krauss II, 560b.

---

3 --»§ 2, ר.
4 --»§ 2, מ.
5 --»§ 2, מ.

"Reich beschenkst Du jeden, der Dir, Herr, die Treue hält; schützend umgibt ihn deine Liebe." Ps. 5,13

§ 17 Die Zahlen

1. Die Kardinalzahlen[1]

Die Zahl "eins" ist ein Adjektiv, die übrigen Zahlen sind Substantive.
Die maskulinen Zahlen "drei" bis "zehn" haben die Femininendung, die femininen Zahlen sind endungslos. Ab "elf" entsprechen die Endungen dem Genus. Die Zehner ab "zwanzig" werden durch die Plurale der Einer gebildet. Die Zahl "zweihundert" ist der Dual der Zahl "Hundert", die weiteren Hunderter werden mit dem femininen Plural der Zahl "hundert" gebildet.

Im folgenden sind zuerst alle belegten Zahlen in einer Tabelle aufgeführt, danach sind ihre Belegstellen zitiert.

	Maskulin		Feminin	
	abs.	cstr.	abs.	cstr.
1	אחד		אחת	
2	שנים	שני	שתים	שתי
			שתין	
3		שלושת	שלוש	
4	ארבעה	ארבעת	ארבע	ארבע
5		חמשת	חמש	
6	ששה	ששת	שש	
7	שבעה		שבע	
8			שמנה	
			שמונא	
9			תשע	
10			עשר	
11			אחת עסרה	
12			שתים עסרה	
			שתין עסרה	

---

[1] vgl. Albrecht § 88a.b.

§17 Die Zahlen

	Maskulin		Feminin	
	abs.	cstr.	abs.	cstr.
13	שלושה עשר		שלוש {עס}רה	
14	ארבעה עשר			
16	ששה עשר		שש עשרה	
			שש עסרה	
17			שבע עשרה	
			שבע{ע}סרה	
			שבע עסרא	
18	שמנה עשר			
19			תשע{ע}סרא	
20	עשרין			
	עסרין			
21	עשרים ואחד			
22			עשרים ושתים	
24			עסרין וארבע	
27	עשרין ושבעה			
28	עשרים ושמנה			
40	ארבעים		ארבעים	
	ארבעין		ארבעין	
42			ארבעים ושתים	
60	ששין		ששין	
62	ששין ושנין			
65			ששין וחמש	
70	שבעין		שבעין	
88	שמונים ושמנה			
90	תישעים		תישעים	
160			מאה וששין	
200			מאתין	
300			שלוש מאות	
400			ארבע מאות	
494			ארבע מאות ותישעים וארבע	
600			שש מאות	
609	שש מאות ותשעה			
900			תשע מאות	

1. Die Kardinalzahlen

Maskulin		Feminin	
abs.	cstr.	abs.	cstr.
900		תשע מאת	

1000	אלף		
4000	ארבעת אלפי{ן}		

Belegstellen:

אחד	"eins" (m.abs.) Cu 6, 5; 12, 13.13; ZZ 104, 6.6.
אחת	"eins" (f.abs.) Cu 12, 5; Mu 46, 6; Mz 165. 166. 167. 168. 169. 170. 170A. 171. 172. 172A. 173. 174. 175. 176. 177.
שנים	"zwei" V 40.
שני	"zwei" (m.cstr.) Cu 4, 6.8; 6, 1; ZZ 106, B12; 110.
שניהם	"sie beide" (m.cstr. mit dem Pluralsuffix Pl.3.m.) V 38, 4.5.8.
שתים	"zwei" (f.abs.) Cu 7, 16; Mu 24, B1. C1. D1. J1; 29, 9; Mz 153. 153A.
שתין	"zwei" (f.abs.) Cu 10, 9.
שתי	"zwei" (f.cstr.) NB 21, 2.
שלושת	"drei" (m.cstr.) NB 22, 1.
שלוש	"drei" (f.abs.) Cu 1, 14; 3, 13; 4, 7; 5, 11; 6, 4; 7, 15; 8, 9; Mz 156; V 38, 1; 40.
ארבעה	"vier" (m.abs.) Mu 22, 13.
ארבעת	"vier" (m.cstr.) Cu 10, 17; Mu 24, B17.
ארבע	"vier" (f.abs.) Cu 9, 3; Mu 30, 8; Mz 161. 162. 162A. 163. 163A; V 38, 8.8.
ארבע	"vier" (f.cstr.) Cu 7, 5; ZZ 102, B5.
חמשת	"fünf" (m.cstr.) Mu 44, 2.
חמש	"fünf" (f.abs.) Mu 24, B10. E10; 30,14.
ששה	"sechs" (m.abs.) NB 15, 8.
ששת	"sechs" (m.cstr.) Mu 24, D16.
שש	"sechs" (f.abs.) Cu 1, 12; 2, 11; 7, 9.10.
שבעה	"sieben" (m.abs.) ZZ 107, 13.
שבע	"sieben" (f.abs.) Cu 5, 14; 7, 12; 9, 2.13.
שמנה	"acht" (f.abs.) Mu 24, B17.
שמונא	"acht" Cu 9, 5.
תשע	"neun" (f.abs.) Cu 3, 2; 6, 10; NB 15, 6.
עסר	"zehn" (f.abs.) Cu 2, 9; 10, 6.
אחת עסרה	"elf" (f.abs.) Cu 8, 15.
שתים עסרה	"zwölf" (f.abs.) Cu 6, 13.
שתין עסרה	"zwölf" (f.abs.) Cu 10, 13.
שלוש{עס}רא	"dreizehn" (f.abs.) Cu 9, 2.
שלשה עשר	"dreizehn" (m.abs.) Pl 3, 11f.

§17 Die Zahlen

שלושה עשר	"dreizehn" (m.abs.) ZZ 4, 12.
ארבעה עשר	"vierzehn" (m.abs.) Mu 29, 9.
ששה עשר	"sechzehn" (m.abs.) V 38, 8.8.
שש עשרה	"sechzehn" (f.abs.) CIJ 622, 2f.
שש עסרה	"sechzehn" (f.abs.) Cu 3, 6; 9, 8.
עבע עשרה	"siebzehn" (f.abs.) NB 26.
שבע{ע}שרה	"siebzehn" (f.abs.) Cu 1, 4.
שבע עסרא	"siebzehn" (f.abs.) Cu 8, 5f.
שמנה עשר	"achtzehn" (m.abs.) ZZ 4, 22.
תשע{ע}סרא	"neunzehn" (f.abs.) Cu 2, 8.
עשרין	"zwanzig" Mu 24, B1. D1. F1.
עסרין	"zwanzig" Cu 10, 11; 12, 9.
עשרים ואחד	"einundzwanzig" (m.abs.) Mu 30, 8.
עשרים ושתים	"zweiundzwanzig" (f.abs.) Mu 30, 21.
עשרין ושתים	"zweiundzwanzig" (f.abs.) NB 15, 3.
עשרין וארבע	"vierundzwanzig" (f.abs.) Cu 8, 13.
עשרין ושבעה	"siebenundzwanzig" (m.abs.) ZZ 4, 8.
עשרים ושמנה	"achtundzwanzig" (m.abs.) V 38, 1.
ארבעים	"vierzig" ZZ 102, B4.
ארבעין	"vierzig" Cu 1, 3.14; V 42.
ארבעים ושתים	"zweiundvierzig" (f.abs.) CIJ 630, 4.
ששין	"sechzig" Cu 5, 10; 12, 1; ZZ 104, 6.
ששין ושנין	"zweiundsechzig" (m.abs.) Cu 10, 7.
ששין וחמש	"fünfundsechzig" (f.abs.) Cu 2, 4.
שבעין	"siebzig" Cu 2, 6; 4, 12.
שמונים ושמונה	"achtundachtzig" (m.abs.) Mu 30, 21.
תישעים	"neunzig" NV 1.
מאה וששין	"einhundertsechzig" V 42.
מאתין	"zweihundert" Cu 4, 10.
שלוש מאות	"dreihundert" Cu 10, 10.
ארבע מאות	"vierhundert" Cu 7, 7.
ארבע מאות ותישעים וארבע	(f.abs.) "vierhundertvierundneunzig" NV 1.
שש מאות	"sechshundert" Cu 12, 7.
שש מאות ותשעה	"sechshundertundneun" (m.abs.) Cu 3, 4.
{ת}שע מאות	"neunhundert" Cu 11, 17.
תשע מאת	"neunhundert" Cu 1, 8.
אלף	"tausend" ZZ 106, B9.
ארבעת אלפי{ן}	"viertausend" Su 102, 4.

2. Die Ordinalzahlen [2]

Die Ordinalzahlen "zwei" bis "zehn" werden durch die Nominalform qatīl mit dem Zugehörigkeitsaffix gebildet. Ab "elf" dienen die Kardinalzahlen als Ordinalzahlen[3].

Maskulin

שלישי	"dritter"	Cu 2, 4
רביעי	"vierter"	PL 3, 1
חמישי	"fünfter"	PL 3, 2
ששי	"sechster"	PL 3, 3
שבעי	"siebter"	Cu 1, 10
שביעי	"siebter"	PL 3, 4
שמיני	"achter"	PL 3, 6
תשיעי	"neunter"	PL 3, 7

Feminin

שנית	"zweite"	Cu 9, 4; 10, 11
שביעית	"siebte"	Bs 3, 1.5. 19.21. 23

אחד ע{שר}	"elfter"	PL 3, 9
שנים {עשר}	"zwölfter"	PL 3, 10
שלשה {עשר}	"dreizehnter"	PL 3, 11f
ארבעה עשר	"vierzehnter"	PL 3, 13

חמש ע{שרה}	"fünfzehnte"	PL 1, 1
שש עש{רה}	"sechzehnte"	PL 1, 2

3. Die Bruchzahlen [4]

"Hälfte"   חצי:
     חצי השקל "ein halber Schekel" Mz 149. 152. 155. 159.
     חצי "halb" Mz 161.
     חצי הכסף "die Hälfte des Silbers" V 38, 8. 8.
     חצי הכסף הלז "die Hälfte jenes Silbers" V 38. 8.

מחצא: אמות שמונא ומחצא "acht Ellen und eine halbe" Cu 9, 5f.

---

2 Gesenius-Kautzsch § 134.4; Albrecht § 89; Segal § 398.
3 vgl. Albrecht § 89b; Segal § 399 geht davon aus, daß das Nomen bei diesen Ordinalzahlen immer vor der Zahl steht, um sie von den Kardinalzahlen zu unterscheiden; bei den von mir behandelten Texten läßt sich das nicht verifizieren.
4 vgl. Albrecht § 92; Segal § 402.

§17 Die Zahlen

"ein viertel" רבע: רבע השקל "ein Viertel-Schekel" Mz 150.160.
         רביע: חמשה חרובין ורביע "fünf Harubin und ein Viertel" ZZ 4, 21.

4. Die Multiplikativzahlen [5]

Als Multiplikativzahl dient das Femininum der Kardinalzahlen. Es steht seinem Beziehungswort nach.
שחין "zweimal" Cu 9, 1f.

5. Die Syntax der Zahlen [6]

5.1 Die Kardinalzahlen

Die Zahl "eins" wird als Adjektiv nachgestellt.
ספר אחד "ein Buch" Cu 6, 5; שרא אחת "eine Kiste" Cu 12, 5.
Daneben kann sie als eine Art unbestimmter Artikel verwendet werden:
כל אחד ואחד "jedes einzelne" Cu 12, 12f; {אין} צריך לו אחת "er braucht nichts" Mu 46, 6; ימלוך אחד לאחד "einer wird über den anderen herrschen" ZZ 104, 6.

Die Zahlen "zwei" bis "zehn" haben den Plural des Beziehungswortes bei sich. [7]

Das Zahlwort steht entweder im Status absolutus oder im Status constructus voran
שני דודין "zwei Krüge" Cu 4, 8; ähnlich: Cu 4, 6; שני פתחין "zwei Eingänge" Cu 6, 1f; ähnlich; NB 21, 2; ZZ 106, B12; 110; שלושת בניו "seine drei Söhne" NB 22, 1;

---

5 Gesenius-Kautzsch § 134.6 ; Albrecht § 91.
6 vgl. Segal § 394; D. Talshir, A reinvestigation of the linguistic relationship between chronicles and Ezra-Nehemiah, VT 38 (1988), 165-193; bes. 181, 8. und Anm. 44: nach Talshirs Ansicht ist die klassische Reihenfolge Zahl-Maßeinheit-Material in der Cu und den übrigen Dokumenten aus der Zeit des Bar Kochba durch die reichsaramäisch beeinflußte Konstruktion Material-Maßeinheit-Zahl ersetzt worden. Nach meinen Feststellungen ist es so, daß zwar das Material an erster Stelle steht, die Reihenfolge von Zahl-Maßeinheit aber beliebig ist: כסף שמונים ושמונה זוז סלעים עשרים ושתים "Silber, achtundachtzig Zuz, das sind zweiundzwanzig Sel'a" Mu 30, 20f; חטים חמש סאים "Weizen, fünf Sel'a" Mu 30, 14; כסף ארבעים ככר "Silber, vierzig Talente" Cu 1, 14f.
7 vgl. Albrecht § 88c; Segal § 395.

5. Die Syntax der Zahlen

בָּאַרְבַּעַת מִקְצוֹעוֹתֶיהָ "in ihren vier Ecken" Cu 10, 17f; אַרְבַּע מִיתוֹת "vier Todesarten" ZZ 102, B5; חָמֵשׁ סְאִים "fünf Se'a" Mu 30, 14; ähnlich: Mu 24, B10; 44, 2f; שֵׁשׁ כּוֹרִין "sechs Kor" Mu 24, D16; שְׁמֹנֶה סְאִין "acht Se'a" Mu 24, B17 (zwischen den Zeilen); תְּשַׁע שָׁנִים "neun Jahre" NB 15, 6f.

oder folgt als Apposition nach

כִּכָּרִין שְׁתַּיִם "zwei Talente" Cu 7, 16; 10, 9; אַמּוֹת שָׁלוֹשׁ "drei Ellen" Cu 1, 14; 3, 13; 4, 7; 5, 10f; 6, 4; 7, 15; 8, 9; ähnlich: Cu 1, 12; 3, 2; 5, 14; 6, 10; 7, 9.12; 9, 2.5.12f; 10, 6; בְּדִין אִסְתְּרִין אַרְבַּע "vier Statergroßbarren" Cu 9, 3; ähnlich: Cu 2, 11; 7, 10; סְלָעִים אַרְבַּע "vier Sel'a" V 38, 8.8; שְׁנֵי מִכְסָה חָמֵשׁ "fünf Steuerjahre" Mu 24, E10.

Eine Ausnahme dazu bildet die Jahreszahlangabe beim Datum.

Dabei steht שְׁנַת "Jahr" im Status constructus und der Genitiv der Kardinalzahl anstelle der Ordinalzahl[8].

שְׁנַת אַחַת "Jahr eins" Mz 165. 166. 167. 168. 169. 170. 170A. 171. 172. 172A. 173. 174. 175. 176. 177; שְׁנַת שְׁתַּיִם "Jahr zwei" Mu 24, B1. C1. D1. E1; 29, 9; Mz 153. 153A; שְׁנַת שָׁלוֹשׁ "Jahr drei" Mz 156; V 38, 1; שְׁנַת אַרְבַּע "Jahr vier" Mu 30, 8; Mz 161. 162. 162A. 163. 163A.

Die Zahlen "elf" bis "neunzehn" haben ihr Beziehungswort im Plural bei sich.[9]

Die Zahl steht entweder voran

שְׁלוֹשָׁה עָשָׂר חָרוּבִין "dreizehn Harubin" ZZ 4, 12.

oder folgt als Apposition nach

אַמּוֹת אַחַת עֶשְׂרֵה "elf Ellen" Cu 8, 15; ähnlich; Cu 2, 8; 3, 6; 6, 12f; 8, 5f; 9, 2.8; 10, 13; כִּכָּרִין שִׁבְעָה{ע}שְׂרֵה "siebzehn Talente" Cu 1, 4; דִּינָרִין שִׁשָּׁה עָשָׂר "sechzehn Dinar" V 38, 8.8.

Eine Ausnahme dazu bildet die Altersangabe[10]

Dabei steht שָׁנָה "Jahr" im Status absolutus Singular nach der Zahl: שֵׁשׁ עֶשְׂרֵה שָׁנָה "sechzehn Jahre" CIJ 622, 2f; שֶׁבַע עֶשְׂרֵה שָׁנָה "siebzehn Jahre" NB 26; עֶשְׂרִין וּשְׁתַּיִם שָׁנָה "zweiundzwanzig Jahre" NB 15, 3f; אַרְבָּעִים וּשְׁתַּיִם שָׁנָה "zweiundvierzig Jahre" CIJ 630, 4.

---

8 Gesenius-Kautzsch, Hebräische Grammatik, § 134p.
9 Gesenius-Kautzsch § 134.2; Albrecht § 88d; Segal § 396.
10 --»§ 17.7.

§17 Die Zahlen

Die Zehner haben, wenn sie nach dem Gezählten stehen, den Plural des Beziehungswortes bei sich[11]

כלין כופרין עסרין "zwanzig verpichte Gefäße" Cu 10, 11; מנין עסרין "zwanzig Minen" Cu 12, 9; אמות אריח ארבעין "vierzig Ziegelsteinellen" Cu 1, 2f; ähnlich: V 42; אמות ששין "sechzig Ellen" Cu 5, 10; ככרין ששין "sechzig Talente" Cu 12, 1; ähnlich: 2, 6; 4, 12; מכות ארבעים "vierzig Schläge" ZZ 102, B4.

Steht der Zehner vor dem Gezählten, wird das Beziehungswort in den Singular gesetzt

כסף ארבעין ככר "Silber, vierzig Talente" Cu 1, 14.

Die zusammengesetzten Zahlen werden der Größe nach geordnet; nur der Einer, der die Hunderter zählt, steht voran.
Die einzelnen Zahlen werden mit ו "und" verbunden, kongruieren untereinander, der letzte Einer kongruiert mit dem Gezählten.

ארבע מאות ותישעים וארבע שנה "vierhundertvierundneunzig Jahre" NV 1.

Steht eine zusammengesetzte Zahl, die größer als "zwanzig" ist, nach dem Gezählten, wird das Beziehungswort in den Plural gesetzt[12]

אמות עסרין וארבע "vierundzwanzig Ellen" Cu 7, 6; 8, 12f; סלעים עשרים ושתים "zweiundzwanzig Sel'a" Mu 30, 21; עשתות זהב ששין וחמש "fünfundsechzig Goldbarren" Cu 2, 4; כסף זוזין מאה וששין "einhundertsechzig Silberzuz" V 42; ככרין תשע מאת "neunhundert Talente" Cu 1, 8.

Steht eine so zusammengesetzte Zahl vor dem Gezählten, so steht das Beziehungswort im Singular[13]

שמונים ושמונה זוז "achtundachtzig Zuz" Mu 30, 21.

Eine Ausnahme dazu bilden

עשרין ושבעה חרובין "siebenundzwanzig Harubin" ZZ 4, 8 (der Plural des Gezählten steht nach) und כל שש מאות ותשעה "alles zusammen sind es sechshundertundneun" Cu 3,4 (ohne Angabe des Gezählten).

---

11 Gesenius-Kautzsch § 134.2; nach Albrecht § 88e und Segal § 397 haben sie den Singular bei sich.
12 Gesenius-Kautzsch § 134.3; Albrecht § 88e; Segal § 397.
13 Gesenius-Kautzsch § 134.3.

5.2 Die Ordinalzahlen[14]

Die Ordinalzahlen werden wie Adjektive konstruiert. Sie folgen ihrem Beziehungswort und kongruieren im Genus mit ihm.

בחבלת השנית "in der zweiten Landparzelle" Cu 9, 4; בעליאה השנית "im zweiten Stock" Cu 10, 1; ברובד השלישי "auf dem dritten Treppenabsatz" Cu 2, 3f.

משמר הרביעי "die vierte Wache" PL 3, 1; משמר החמישי "die fünfte Wache" PL 3, 2; משמר הששי "die sechste Wache" PL 3, 3; משמר השביעי "die siebte Wache" PL 3, 4; משמר השמיני "die achte Wache" PL 3, 6; משמר התשיעי "die neunte Wache" PL 3, 7; משמר הע{שירי} "die zehnte Wache" PL 3, 8; משמר אחד ע{שר} "die elfte Wache" PL 3, 9; משמר שנים {עשר} "die zwölfte Wache" PL 3, 10; משמר שלשה {עש}ר "die dreizehnte Wache" PL 3, 11f; משמר ארבעה עשר "die vierzehnte Wache" PL 3, 13.

6. Das Datum[15]

Der Tag wird durch die Präposition ב mit folgender Kardinalzahl angegeben. Danach folgt der durch ל eingeleitete Monatsname. Asyndetisch schließt sich שנה mit der Jahreszahl an. Zum Schluß folgt mit ל die Angabe der Aera.

בעשרים ואחד לתשרי שנת ארבע לגאולת ישראל "am einundzwanzigsten des siebten Monats im Jahr vier der Befreiung Israels" Mu 30, 8; בעשרים לשבט שנת שתים לגאולת ישראל "am zwanzigsten des elften Monats im Jahr zwei der Befreiung Israels" Mu 24, B1. C1. D1. E1; ähnlich: Mu 29, 9; בעשרים ושמנה למרחשון שנת שלוש לשמעון בן כוסבא "am achtundzwanzigsten des achten Monats im Jahr drei unter der Herrschaft des Simeon, Sohn des Kosiba" V 38, 1; ähnlich: V 40.

Auf den Münzen findet sich nur die Angabe der Jahreszahl und der Aera:
שנת אחת לגאולת ישראל "Jahr eins der Befreiung Israels" Mz 165. 166. 167. 168. 169. 170. 170A. 172. 172A. 173. 174. 175. 176. 177.
שנת שתים חרת ציון "Jahr zwei der Befreiung Zions" Mz 153. 153A.
שנת שלוש חרות ציון "Jahr drei der Befreiung Zions" Mz 156.
שנת ארבע לגאלת ציון "Jahr vier der Befreiung Zions" Mz 161. 162. 162A. 163. 163A.
Der Kürze halber kann die Jahreszahl auf den Münzen durch einen Buchstaben ersetzt sein: ב "Jahr zwei" Mz 176. 177. 178; ג "Jahr drei" Mz 154. 155; ד "Jahr vier" Mz 158. 159. 160.

---

14 vgl. Albrecht § 89.
15 vgl. Segal § 400.

§17 Die Zahlen

Eine Jahreszahl, datiert "seit der Erschaffung der Welt" ist in Horbat Susiya belegt: בארבעת אלפי{ן} מ{שנברה העול}{ם} "im Jahr Viertausend seit Erschaffung der Welt" Su 102, 4.

Vor die Jahreszahl in Nevoraya ist ein למספר "entsprechend der Zahl" gesetzt: למספר ארבע מאות ותישעים וארבע שנה "im Jahre vierhundertvierundneunzig" NV 1.

6.1 die Monatsnamen

ניסן	"Nisan"	(März/April)	BA 102, 13; EN 2, 5; HM 101, 13; NO 102, 13.
אייר	"Ayyar"	(April/Mai)	EN 2, 5.
סיון	"Siwan"	(Mai/Juni)	EN 2, 5.
תמח	"Tamuz"	(Juni/Juli)	BA 102, 14; EN 2, 5; HM 101, 14.
אילול	"Elul"	(August/September)	EN 2, 5; Mu 29, 9 (אלול).
תישרי	"Tischri"	(September/Oktober)	BA 102, 15; EN 2, 6 (תשרי); HM 101, 15; Mu 30, 8; NO 102, 15.
מרחשון	"Marcheschwan"	(Oktober/November)	EN 2, 6; V 38, 1.
כסליו	"Kislew"	(November/Dezember)	EN 2, 6; V 40 (כסלו).
טבת	"Tebet"	(Dezember/Januar)	BA 102, 16; EN 2, 6 (טבית); NO 102, 16 (טיבית).
שבט	"Schebet"	(Januar/Februar)	EN 2, 6; Mu 24, B1. C1. D1. E1.
אדר	"Adar"	(Februar/März)	EN 2, 7.

7. Die Altersangabe

Die Altersangabe wird durch בן "Sohn" oder בת "Tochter" mit folgender Zahl der Jahre ausgedrückt:
בת עשרין ושתים שנה "eine zweiundzwanzigjährige Frau" NB 15, 3f; בת תשע שנים וששה חורשים "ein Mädchen im Alter von neun Jahren und sechs Monaten" NB 15, 6ff; בן שבע עשרה שנה "ein siebzehnjähriger Junge" NB 26, 2f.

Die Angabe kann mit מן erweitert sein:
מבן שש עשרה שנה "ein Junge im Alter von sechzehn Jahren" CIJ 622, 2f.

oder durch חיה "er lebte" ausgedrückt sein:
חיה ארבעים ושתים שנה "er lebte zweiundvierzig Jahre" CIJ 630, 3f.

"Achtet auf das, was ich euch sage! Nach dem Maß eures Zuhörens wird Gott euch Verständnis geben." Mk 4,24

§ 18 כל

1. Die verschiedenen Schreibungen

1.1 כל AL 1; Bs 3, 12; CIJ 634, 3; Cu 1, 10; 3, 4; 9, 16; 12, 5.7.9.12; GR 1, 1; KB 1; Mu 22, 2; 30, 19.23.23; 42, 7; 43, 5; 46, 7.8; Qu 1, C4; V 40; ZZ 4, 5.6.26; 10, 4; 102, A17; 120, 11.
1.2 כול Mu 24, B13. C18. D12.18; Qu 1, B; Sk 12, 4; ZZ 4, 18; 120, 8.

2. Die Bedeutung

2.1 "alle" und Plural

בכל מקומות עמו ישראל "an allen Orten seines Volkes Israel" AL 1; ähnlich: KB 1; בכל מצוות אמנה "entsprechend aller Gebote des Glaubens" CIJ 634, 3f; שרא אחת וכל כליה "eine Kiste mit all ihren Geräten" Cu 12, 5; לכול אלה "für all diese gilt" Qu 1, B; הבין בכל אלה "sei klug in all diesen Dingen" Qu 1, C4; כל מהפירות "alles von den Früchten" V 40; כול]ם "sie alle" ZZ 4, 18; כל חדרי "all meine Zimmer" ZZ 102, A17; כי כולם מעשי ידיי "denn sie alle sind das Werk meiner Hände" ZZ 120, 8.

2.2 "ganz" und determinierter Singular

הכל שלהדרמע "die gesamte Priesterabgabe" Cu 1, 10; שלום על כל ישראל "Friede über ganz Israel" GR 1, 1f; את הכול "das Ganze" Mu 24, B12f. D12; כל בית ישראל "ganz Israel" Mu 42, 7; קודם הכל "zuvor" ZZ 4, 5; כל העם "alles Volk" ZZ 101, 4.

2.3 "jeder" und indeterminierter Singular

כל אחד ואחד "jedes einzelne" Cu 12, 12f; כול שנה ושנה "Jahr für Jahr" Mu 24, B16. C18. D18f; לכל דבר "jede Sache" Mu 46, 7.8; כל חולי ומכה "jegliche Krankheit und Wunde" ZZ 120, 11f.

2.4 "jemand"[1]

מן הגללאים שאצלכם (שהצלכם) (Text) כל אדם "jemand von den Galiläern, die bei euch sind" Mu 43, 4f.

---

[1] vgl. Segal § 435.

2.5 "summa"

כל שש מאות ותשעה "alles zusammen sind (es) sechshundertundneun" Cu 3, 4; כסף הכל "alles Silber" Cu 12, 7.

3. Die Konstruktion von כל (מה) ש "alles, was"

3.1 mit dem Singular konstruiert

כל מה שקנו ישראל נאסר "alles, was Israel erwarb, ist verboten" Bs 3, 12; כל שבה "alles, was sich dort befindet" Cu 9, 16; כל שבו "alles, was sich dort befindet" Mu 30, 19; כל שתחפץ "alles, was du willst" Mu 30, 23; כל שלך "alles, was dir gehört" ZZ 4, 6.

3.2 mit dem Plural konstruiert

כל שיש לי ושאקנה אחראים "alles, was ich besitze und was ich noch erwerben werde, bürgt" Mu 30, 23f.

"Darin ist erschienen die Liebe Gottes unter uns, daß Gott seinen eingebornen Sohn gesandt hat in die Welt, damit wir durch ihn leben sollen."   1. Joh. 4,9

§ 19 יש "es gibt" und אין "es gibt nicht"

1. יש

יש "Vorhandensein" umschreibt die Wendung "es gibt, es existiert"

יש אומרין "es gibt welche, die sagen" Bs 3, 20; יש אוסרין "es gibt, welche, die verbieten" Bs 3, 24; אם יש מקום "wenn es einen Ort gibt" Bs 3, 26; כל שיש לי "alles, was ich habe" Mu 30, 23.

2. אין

אין "Nichtexistenz" umschreibt die Wendung "es gibt nicht"

{דברי}ם אין לי להמכר הזה "ich habe keine Rechte an diesem Verkaufsobjekt" Mu 30, 27f; {בת}חומה{}אין לחם "es gibt kein Brot in ihrem Gebiet" Mu 45, 4; איני צריך "ich brauche nicht" Mu 46, 2; כי אתה אים ואין זולתך "denn DU bist Gott und es gibt nichts außer DIR" ZZ 101, 3f; {א}ין ניסתר "nichts ist verborgen" ZZ 102, A18; על שאין גלוים לנו "bezüglich dessen, was uns unbekannt ist" ZZ 102, B7.

"Aber ohne Glauben ist's unmöglich, Gott zu gefallen."

Hebr. 11,6

§ 20 Die Verbalstämme

20.1 Der Grundstamm[1]

1.1 Das Imperfekt
Weil der Perfektvokal nicht geschrieben ist, kann das Ablautverhältnis zwischen Perfekt und Imperfekt nicht festgestellt werden. Im folgenden sind die Imperfektformen zusammengestellt, bei denen der Vokal bezeichnet ist (immer ו für o).

Sg.3.m.: ימלוך "er herrscht" ZZ 104, 6; יקצור "er erntet" ZZ 102, C10 .
Sg.3.f.: תאחוז "sie ergreift" ZZ 102, B15.
Sg.2.m.: תימחול "DU vergibst" ZZ 102, A20 .
Sg.1.c.: אנצור "ich bewahre" ZZ 120, 7.

1.2 Das Partizip aktiv
Im folgenden führe ich alle Formen alphabetisch nach ihren Wurzeln geordnet auf. Sind von einer Wurzel mehrere Formen vorhanden, so werden die Belegstellen in alphabetischer Reihenfolge zitiert.

Nominalform qātil, ohne Vokalbuchstaben geschrieben:
אכלין "essende" Sk 12, 3; דאגין "denkende an" Sk 12, 4; נתן "gebend" Mu 43, 5; ערבים "haftende" Mu 30, 24; כנס "sammelnd" V 40.

Nominalform qātil, mit Vokalbuchstaben geschrieben:
אוהב "liebend" ZZ 2, 2; אומר[2] "sagend" Mu 42, 6; באין "kommende" Bs 3, 24; באות[3] "kommende" Cu 1, 2 (Pl.f.abs.); {ה}באי "kommende" Cu 4, 3 (f.abs.). הולכת "gehende" Bs 3, 18 (f.abs.); זוכר "denkend an" ZZ 102, C10; זורע "säend" V 40; ח}ופס{ "suchend" ZZ 102, A17; חוששין "nachdenkende" Bs 3, 26; טובח "tötend" ZZ 102, C8; יושב "wohnhaft" Mu 24, B4. C4. D4. E3; 42, 4; יושבים "wohnhafte" V 38, 5; יושבין "sitzende" Sk 12, 3; כותב "schreibend" ZZ 4, 4; מודד "messend" Mu 24, A16. E11; נותן "gebend" ZZ 4, 20; סובב "umgebend" ZZ 123, 2; קובר "begrabend" Mu 46, 5; שואל "fragend" ZZ 4, 5; שוכבת "ruhende" CIJ 634, 1 (f.abs.); שוכן

---
[1] Die Formen der Verben III'ī sind hier nicht berücksichtigt; vgl. Segal § 111-114; Albrecht § 97; Kutscher § 211.
[2] Text אמור.
[3] Text באות.

20.1 Der Grundstamm

"sich niederlassend" ZZ 102, A15; שׁוֹמרת "bewahrende" ZZ 120, 11 (f.abs.); שׁוקל "wiegend" Mu 24, B15. C13. D15.17. F14; שׁוקלים "zahlende" V 38, 8.8.

Verbaladjektive

טהר "rein" Qu 1, B; ישׁינים "schlafende" ZZ 120, 13; מיתין "Tote" Mu 46, 5; מיתים "Tote" ZZ 102, C15; קרבים "sich nähernde" Mu 42, 5; שׂמח "sich freuend" CIJ 656.

1.3 Das Partizip passiv, Nominalform qatūl, immer mit Vokalbuchstaben geschrieben:

אסורין "verbotene" Bs 3, 1.19; אסור "verboten" Bs 3, 9; אסורות "verbotene" Bs 3, 9.11 (Pl.f.abs.); ברוך "gesegnet" CIJ 1186; זכור "eingedenk" Jm 1, 2; Su 101, 1; ZZ 102, C6; זכורין "eingedenk" Su 102, 1; זרוע "gesät" ZZ 102, C9; חצובים "gespalten" ZZ 107, 14; חרותים "eingegraben" ZZ 107, 14; כתוב "geschrieben" ZZ 101, 8; נקוב "durchbohrt" ZZ 2, 5; סתום "verschlossen" Cu 1, 7; עמוק Bedeutung unklar Mu 24, F11; פרוט "aufgezählt" Cu 12, 12; פתוח "offen" Hv 81, 9.

1.4 Das Partizip zum Qal-Passiv:

Dieses Partizip hat die Form qutal und ist als einzige Form eines ehemals vollständig vorhandenen inneren Passivs zum Grundstamm belegt: כלין כופרין "verpichte Gefäße" Cu 10, 11[4].

1.5 Der Infinitiv

Vom Grundstamm ist nur der Infinitiv constructus belegt. Er steht meist nach einer Präposition.

ohne Präposition:
דלף "tropfen" ZZ 102, B22.

nach ב: (--»§ 26.5.2; 23.4)
בדעת "mit Wissen" Mu 44, 4 (ידע).

nach ב und mit dem Suffix Sg.2.m.:
בשׁורך "wenn DU hinsiehst" ZZ 102, B17 (שׁור).

nach ל: (--»§ 26.5.1; 23.12)
לבו "kommen" (בוא) Mu 44, 6; לחתום "versiegeln" ZZ 102, B16; ליראה "fürchten" (ירא) Z 102, B12.

---

4 vgl. Bauer-Leander, S. 315 p.

nach מִן: (--» § 23.14)
מִשְׁמֹר "vom Bewahren" DN 101.

nach מִן und ל:
מִלְבוֹא "vom Hineingehen" Qu 1,A.

20.2 Der Faktitivstamm [5]

2.1 Das Pi"el

Das Pi"el wird wie im Biblischhebräischen gebildet, dabei kann die erste Silbe des Perfekt mit einem י für i versehen werden.

Folgende Formen sind belegt:
Perfekt:
Sg.3.m.: קִיבַּר (qibbár) "er begrub" ZZ 106, A2; קִדֵּשׁ (qiddḗš) "er heiligte" ZZ 101, 2.3.
Sg.2.m.: טִיכְסַתָּה "DU richtetest ein" ZZ 106, B4.
Pl.1.c.: נִיאַצְנוּ "wir verwarfen" ZZ 102, A11.

Imperfekt:
Sg.2.m.: תְּבָרֵךְ "DU segnest" ZZ 120, 13; תְּטַהֵר "DU machst rein" ZZ 102, B23; תְּחַקֵּן "du verzehntest" Mu 44, 4 (תקן).
Sg.1.c.: אֲדַיֵּיר "ich lasse wohnen" ZZ 104, 7 (דור).

Imperativ:
Sg.m.: בַּקֵּשׁ (baqqḗš) "suche" Qu 1, C4; חַזֵּק "stärke" Mu 44, 7; טַהֲרֵינוּ "mach uns rein" ZZ 102, B9; קַדֵּשׁ "heilige" ZZ 101, 6.
Pl.f.: עֲטַרְנָה "umkränzt" ZZ 120, 12.

Partizip: Sg.m.: מִתַּחֵם (mətaḥḥḗm) "angrenzend" Bs 3, 17.
Pl.m.: מְחַקְּנִין "verzehntende" Bs 3, 24.

Infinitiv:
mit ל: לְהַלֵּךְ "kommen" ZZ 4, 17; לִמְרֹק "einen Vertrag einhalten" Mu 30, 24.

---

5 vgl. Segal § 122; Albrecht § 99a; Kutscher § 211.

2.2 Das Puʿʿal[6]

Vom Puʿʿal ist nur das Partizip belegt, das mit einer Ausnahme immer mit ו für u geschrieben wird.

Folgende Formen sind belegt:
Partizip:
Sg.m.: מכובד "geehrt" Su 101, 2; מפוגל *(məp̄uggā́l)* "verdorben" Cu 1, 11 .
Sg .f.: מעשרת *(məʿussēreṯ)* "verzehntete" Mu 24, B17.18; מעסרת "verzehntete" Mu 24, C16.

2.3 Das Polel[7]

Nur von den Verben II u.ī kann der Faktitivstamm neben der starken Bildung auch durch die Verdoppelung des letzten Wurzelkonsonanten gebildet werden (--»§ 22.7).

Folgende Formen sind belegt:
Perfekt:
Sg.3.m.: שובב "er war abtrünnig" ZZ 102, C2.
Pl.3.f.: כוננו "sie richteten auf" ZZ 120, 9.

Die Bedeutung des Piʿʿel und Puʿʿal[8]

Da nicht von allen Verben die übliche Zitierform Pf.sg.3.m. im Piʿʿel belegt ist, zitiere ich immer die Wurzel im Qal und nenne dazu die Bedeutung des Faktitivstammes.

1. Faktitiv/kausativ zum Grundstamm

דור "wohnen lassen" ZZ 104, 7; חזק "stärken" Mu 44, 7; טהר "reinigen" ZZ 102, B9.23; כבר "ehren" Su 101, 2; כון "aufrichten" ZZ 120, 9; נאץ "verwerfen" ZZ 102, A11; קדש "heiligen" ZZ 101, 2.3.6; קום "aufrichten" ZZ 106, B10; שוב "abtrünnig sein" ZZ 102, C2 .

2. Denominal

טכס (ταξις) "einrichten" ZZ 106, B4 ; עשר, עסר "verzehnten" Mu 24, B 17.18. C16 .

---

6 vgl. Segal § 126-130.131: zum Fehlen finiter Verbformen beim Puʿʿal; Albrecht § 99 d-f; Kutscher § 211: auch zum Verschwinden finiter Formen.
7 vgl. Segal § 141; Albrecht § 99c .
8 vgl. Segal § 123-125; Albrecht § 99b.

3. lexikaler D-Stamm
בקש "suchen" Qu 1, C4; ברך "segnen" ZZ 120, 13; פגל "verderben" Cu 1, 11; תקן "verzehnten" Mu 44, 4.

4. eigene Bedeutung
מרק "einen Vertrag einhalten" Mu 30, 24.

20.3 Das Nif'al [9]
Das Nif'al wird wie im Biblischhebräischen gebildet, dabei kann die erste Silbe mit einem י für i versehen werden.

Folgende Formen sind belegt:
Perfekt:
Sg.3.m.: נברה "er wurde geschaffen" Su 102, 5 (ברא).
Sg.3.f.: נפטרה "sie verschied" CIJ 634, 8.
Pl.1.c.: נמאסנו "wir waren verachtet" ZZ 122, 11.

Imperfekt:
Sg.3.f.: תישכח "sie wird vergessen" ZZ 102, B18.

Partizip:
Sg.m.: נאגד "zusammengebunden" Bs 3, 2.2; נאסר "verboten" Bs 3,13; מכר "Andenken" CIJ 629, 2; ניסתר "verborgen" ZZ 102, A18; נשרף "verbrannt" Pl 3, 6.
Sg.f.: נבונה "klug" CIJ 634, 2.
Pl.m.: נימכרין (nimkarīn) "verkaufte" Bs 3, 4.4.

Infinitiv:
abs.: נסלוח "vergeben" Qu 1, C2.
cstr.: הכסה "Absturz" Cu 11, 5.

Die Bedeutung des Nif'al[10]

1. Passiv zum Grundstamm
אגד "zusammengebunden werden" Bs 3, 2.2; אסר "verboten sein" Bs 3, 13; זכר "gedacht werden" CIJ 629, 2; מאס "verachtet sein" ZZ 122, 11; מכר "verkauft

---
9 vgl. Segal § 115-118; Albrecht § 98 a-b; Kutscher § 211.
10 vgl. Segal § 119-121; Albrecht § 98 c-e; Kutscher § 211.

werden" Bs 3, 4.4; סלח "vergeben werden" Qu 1, C2; שרף "verbrannt sein" Pl 3, 6; שכח "vergessen werden" ZZ 102, B18 .

2. Reflexiv zum Grundstamm
פטר "sich verabschieden" CIJ 634, 8 .

3. Passiv zum Hif'il
סתר "verborgen sein" ZZ 102, A18 .

20.4 Das Hitpa"el/ Nitpa"el[11]

Dieses Reflexiv zum Faktitivstamm wird wie im Biblischhebräischen gebildet.
Das Nitpa"el ist eine Verschmelzung von Hitpa"el und Nif'al mit dem Präformativ
-נת ($ni\underline{t}$-).
Grundsätzlich kann es, wie im Althebräischen, auch zum Qal und Hif'il einen t-Stamm gegeben haben. Aber die übliche bedeutungsmäßige Zuordnung zum Pi"el (vgl. unten) und die Sekunda (Brønno, 107f) legen es nahe, daß es schon im Neuhebräischen wie in der masoretischen Punktation nur noch einen t-Stamm zum Pi"el gegeben hat, der zugleich der t-Stamm zu den vierkonsonantigen Wurzeln ist.

Folgende Formen sind belegt:
Perfekt:
Sg.3.m.: נתנדב "es wurde gestiftet" Su 101, 4.

Imperativ:
Sg.m.: (Text התחזק) התחזק "stärke dich" Mu 44, 7 .

Partizip: Pl.m.: מתעסרין "verzehntete" Bs 3, 1[12].19.21.22.

Infinitiv:
nach מן: מהתערב "von der Vermischung" Qu 1, A .

---

11 vgl. Segal § 132-135; Albrecht § 100a.f-e; Kutscher § 211; Epstein, 1255.
12 Text מראסרין.

Die Bedeutung des Hitpa"el /Nitpa"el [13]

1. Passiv zum Pi"el
עשׂר "verzehntet werden" Bs 3, 1.19.21.22; נדב "gestiftet werden" Su 101, 4.

2. Reflexiv zum Pi"el
חזק "sich stärken" Mu 44, 7.

3. nur im Hitpa"el belegt
ערב "sich vermischen" Qu 1, A.

20.5 Der Kausativstamm

5.1 Das Hif'il [14]

Das Hif'il wird wie im Biblischhebräischen gebildet, dabei kann das i der ersten Silbe mit י geschrieben werden.

Folgende Formen sind belegt:
Perfekt:
Sg.3.m.: היתיר "er erlaubte" Bs 3, 10 (נתר); הסר "er hielt fern" ZZ 120, 11 (סור).
Sg.2.m.: היבדלתה "du sondertest ab" ZZ 106, B5.
Sg.1.c.: החכרתי "ich verpachtete" V 40.
Pl.3.m.: החזיקו "sie stärkten" Su 102, 2; החרימו "sie vernichteten" ZZ 101, 7.
Pl.1.c.: הירשענו "wir handelten gottlos" ZZ 102, A14.

Imperfekt:
Sg.2.m.: תבי "du bringst" Mu 44, 2(בוא); תזריח "DU läßt aufgehen" ZZ 102, B2; תופיע "DU läßt erscheinen" ZZ 102, B22 (יפע); תגיש "DU bringst herbei" ZZ 102, B21 (נגש).

Imperativ:
Sg.m.: הבדל "sondere ab" ZZ 106, B11; הבין "sei klug" Qu 1, C4; ZZ 102, C8; העבר "vergib" ZZ 102, B12; הרחיק "halte fern" Qu 1, C5.

Partizip:
Sg.m.: מביא "bringend" ZZ 4,28; מעיד "bezeugend" Mu 42, 13; 43, 3.

---

13 vgl. Segal § 136-140: dieser Stamm hat vier Bedeutungen: 1. reflexiv 2. reziprok 3. zur Bezeichnung des Eintrittes in einen anderen Zustand 4. Passiv anstelle der finiten Pu"alformen; so auch Albrecht § 100b und Kutscher § 211; Zum Šaf'el vgl. Segal § 149f; Albrecht § 101e.
14 vgl. Segal § 142-145; Albrecht § 101a-b.

20.5 Der Kausativstamm

Infinitiv:
mit ל: להאיר "erleuchten" ZZ 106, B5; להבדיל "absondern" ZZ 106, A2. B8; להנחיל "zum Erben einsetzen" ZZ 107, 2 (נחל); להנסיג "erreichen" ZZ 106, B6 (נסג).

Die Bedeutung des Hif'il[15]

1. Kausativ zum Grundstamm

בוא "kommen lassen, bringen" Mu 44, 2; ZZ 4, 28; בדל "absondern" ZZ 106, A2.B5. 8.11; זרח "aufgehen lassen" ZZ 102, B21; חזק "stärken" Su 102, 2; חכר "verpachten" V 40; נגש "herbeibringen" ZZ 102, B21; נחל "als Erben einsetzen" ZZ 107, 2; סור "fernhalten" ZZ 120, 11; עבר "vergeben" ZZ 102, B12; רחק "fernhalten" Qu 1, C5; רשע "sich schuldig erklären" ZZ 102, A14.

2. Denominal

אור "erleuchten" ZZ 106, B5; עוד "bezeugen" Mu 42, 13; 43, 3; ערב "untergehen" Qu 1, B.

3. lexikalischer H-Stamm

חרם "vernichten" ZZ 101, 7; יפע "erscheinen lassen" ZZ 102, B22; נסג "erreichen" ZZ 106, B6; נתר "erlauben" Bs 3, 10.

5.2 Das Hof'al[16]

Das Hof'al wird wie im Biblischhebräischen gebildet, dabei kann das o der ersten Silbe mit ו geschrieben werden.
Im Gegensatz zum Pu''al sind außer dem Partizip das Perfekt und das Imperfekt belegt.

Folgende Formen sind belegt:
Perfekt:
Sg.3.m.: הושלם "er lebte in Frieden" ZZ 102, C8.

Imperfekt:
Sg.2.m.: תוערץ "DU wirst als furchtbar gepriesen" ZZ 120, 14; תוקדש "DU wirst als heilig behandelt" ZZ 120, 14.

Partizip:
Sg.m.: מותר *(muttár)* "erlaubt" Bs 3, 9 (נתר).

---

15 vgl. *Segal § 146; Albrecht § 101c.*
16 *Segal § 147f; Albrecht § 101d.*

Pl.m.: מותרין *(muttarīn)* "erlaubte" Bs 3, 6.23.
Sg.f.: מוכנת "bereitete" CIJ 634, 3 (כון).
Pl.f.: מנחות "bestattete" NB 15, 1; מו{ת}רות "erlaubte" Bs 3, 6.9.23.27.

Die Bedeutung des Hof'al

1. Passiv zum Hif'il
כון "bereitet werden" CIJ 634, 3; נוח "bestattet sein" NB 15, 1; נתר "erlaubt werden" Bs 3, 6.9.23.27; ערץ "als furchtbar gepriesen werden" ZZ 120, 14; קדש "als heilig behandelt werden" ZZ 120, 14.

2. Dieselbe Bedeutung wie das Hif'il
שלם "mit jemandem in Frieden leben" ZZ 102, C8.

"Denn Gott ist's, der in euch wirkt beides, das Wollen und das Vollbringen nach seinem Wohlgefallen." Phil. 2,13

§ 21 Die Flexion des regelmäßigen Verbs

1. Das Perfekt[1]

Im folgenden sind zuerst die regelmäßigen Verbformen aufgeführt, danach die unregelmäßigen mit der Angabe ihrer Verbklasse. Die Verben IIIĭ sind hierbei nicht berücksichtigt. Am Ende stehen die jeweiligen Formen der abgeleiteten Stämme.

Sg. 3. m.		-	Pl. 3. m.	ו	-ú̄	
f.	ה	-ā́	f.	ו	-ú̄	
2. m.	ת, תה	-tā	2. m.			
2. f.			2. f.			
1. c.	ת, תי	-tī́	1. c.	נו	-nū̄	

Qal:

Sg.3.m.: כתב *(katáb)* "er schrieb" Mu 24, D20; V 38, 8.8.8; מכר "er kaufte" Mu 29, 10; 30, 10; אמר "er sagte" Mu 24, B5. C5. D5.E4; V 40; ZZ 102, B8 (I'); חטא "er sündigte" CIJ 668, 3 (I Gut.; III'); חשק "er hing an" ZZ 104, 5 (I Gut.); טח "er strich" Su 101, 3 (IIū; III Gut.); יצר "er schuf" ZZ 104, 1 (Iy); לקח "er erhielt" Mu 42, 3 (III Gut.); נתן "er gab" ZZ 105, 3 (In; IIIn); פץ "er zerstreute" ZZ 107, 11 (IIū).

Pi"el:

Sg.3.m.: קיבר *(qibbár)* "er begrub" ZZ 106, A2; קדש "er heiligte" ZZ 101, 2.3.

Polel:

Sg.3.m.: שובב "er war abtrünnig" ZZ 102, C2 (IIū).

Nif'al:

Sg.3.m.: נאלם "er war stumm" ZZ 102, C8 (I').

Nitpa"el:

Sg.3.m.: נתנדב "er spendete" Su 101, 4 (In).

---

1 vgl. *Segal* § 151f; *Albrecht* § 108; *Kutscher* § 207.

§21 Die Flexion des regelmäßigen Verbs

Hif'il:
Sg.3.m.: החכרתי "ich verpachtete" V 40 (I Gut.); היתיר "er erlaubte" Bs 3, 10 (In); הסר "er hielt fern" ZZ 120, 11 (IIū).

Qal:
Sg.3.f.: מתה "sie starb" NB 15, 2.6 (IIū).

Nif'al:
Sg.3.f.: נפטרה (niptará) "sie verschied" CIJ 634, 8.

Qal:
Sg.2.m.: באת :ת "du kamst" ZZ 4, 7 (IIū; III').

Pi''el:
Sg.2.m.: מרקח :ת "du hieltest ein" ZZ 4, 11.

Qal:
Sg.2.m.: באתה :תה "du kamst" ZZ 4, 10 (IIū; III'); הלכתה (halákta) "du gingst" ZZ 4, 14; נרבת{ה} "du verspracht" ZZ 4, 16 (In); נתתה "du gabst" ZZ 4, 19 (In; III n); צחתה "du schriest vor Freude" ZZ 106, A3 (IIū; III Gut.).[2]

Pi''el:
Sg.2.m.: טיכסתה "DU richtetest ein" ZZ 106, B4.

Polel:
Sg.2.m.: קוממתה "DU richtetest auf" ZZ 106, B10 (IIū).

Hif'il:
Sg.2.m.: היברלתה "du sondertest ab" ZZ 106, B5.

Qal:
Sg.1.c.: חכרת :ת "ich pachtete" Mu 24, C6.8.11. E5.7 (I Gut.).

Sg.1.c.: כתבתי :תי (katábti) "ich schrieb" ZZ 105, 4; מכרתי "ich kaufte" Mu 30, 20; באתי "ich kam" ZZ 4, 9.13 (IIū; III'); חכרתי "ich pachtete" Mu 24, B13. E6[3].8. F10 (I Gut.); מצאתי{י} "ich fand" ZZ 4, 13 (III'); נתתי "ich gab" ZZ 4, 7 (In; IIn); פקדתי "ich befahl" Mu 44, 8.

---

2 nach Epstein, 1247, kann Sg.2.m. im Auslaut mit א statt ה geschrieben werden. Nach Segal § 151f wird Sg.2.m. manchmal mit ה geschrieben, besonders in palästinischen Texten, die Pl.2.m. laute oft תן statt תם, so auch Albrecht § 108 und Kutscher § 207.

3 Text חכ{כ}רתי.

21.1 Das Perfekt

Qal:
Pl.3.m.: רגזו "sie zürnten" ZZ 107, 6; אבדו (*'abadū*) "sie kamen um" Mu 45, 7 (I'); אמרו "sie sagten" ZZ 101, 5 (I'); חזקו "sie waren stark" Je 174, 2 (I Gut.); חכרו "sie pachteten" V 38, 6 (I Gut.); חלקו "sie teilten" V 38, 2 (I Gut.); ששו "sie freuten sich" ZZ 107, 3 (IIū).

Hif'il:
Pl.3.m.: החזיקו "sie stärkten" Su 102, 2 (I Gut.); החרימו "sie zerstörten" ZZ 101, 7 (I Gut.).

Polel:
Pl.3.f.: כוננו "sie richteten auf" ZZ 120, 9 (IIū).

Pl.1.c.: כתבנו (*katábnū*) "wir schrieben" Qu 1, C2; פרשנו "wir trennten uns" Qu 1, A; אמרנו "wir sagten" ZZ 102, B6 (I'); אשמנו "wir luden Schuld auf uns" ZZ 102, A9 (I'); {חט{א}נו} "wir sündigten" ZZ 102, A21 (III'; I Gut.); חכרנו "wir pachteten" V 40; חמסנו{ו} "wir verletzten" ZZ 102, A10 (I Gut.); חשבנו "wir rechneten an" Qu 1, C3 (I Gut.); סרנו "wir wichen ab" ZZ 122, 10 (IIū).

Pi''el:
Pl.1.c.: ניאצנו "wir verwarfen" ZZ 102, A11 (II'; In).

Nif'al:
Pl.1.c.: נמאסנו "wir sind verachtet" ZZ 122, 11 (II').

Hif'il:
Pl.1.c.: הירשענו "wir handelten gottlos" ZZ 102, A14 (III Gut.).

1.1 Das Perfekt mit Suffixen

Die Suffixe am Verbum werden bei mir fast immer durch die Akkusativpartikel את mit Singularsuffix ersetzt.[4]

---

[4] vgl. Segal § 214-216; Albrecht § 123; Bauer-Leander § 48 d'-x'; --»§ 29, את, der Akkusativ beim Verbum.

2. Das Imperfekt [5]

Sg.	3. m.	--י	y--	Pl.	3. m.	י--ו	y--ū̃
	f.	ת --	t--				
	2. m.	ת --	t--				
	1. c.	א --	'--		1. c.	נ--	n--

Qal:
Sg.3.m.: {י}מלוך" "er herrscht" ZZ 104, 6; יפטר "er läßt frei" Mu 46, 9: יקצור "er erntet" ZZ 102, C10; יבוא "er kommt" CIJ 626, 3 (IIū; III'); יבו "er kommt" Mu 46, 7 (IIū; III'); ינוח "er ruht" CIJ 622, 1; 624, 1; 630, 1 (IIu; In; III Gut.); יתן "er gibt" Mu 44, 9 (In; IIIn).

Pi‴el:
Sg.3.m.: ישלם "er vollendet" V 40; 42.

Qal:
Sg.3.f.: תאחח "sie ergreift" ZZ 102, B15 (I'; II Gut.); תבא "sie kommt" KB 1 (IIū; III'); תבוא "sie kommt" ZZ 102, B11 (IIū; III'); תנוח (Text ינוח) "sie ruht" CIJ 621, 1 (In).

Nif'al:
Sg.3.f.: תישכח "sie wird vergessen" ZZ 102, B18 (III Gut.).

Qal:
Sg.2.m.: תבח "du verachtest" ZZ 107, 16 (IIū); תימחול "DU verzeihst" ZZ 102, A20 (II Gut.); תחפץ "dir gefällt" Mu 30, 23 (I Gut.); תמוש "du weichst" DN 101 (IIū); תתן "du gibst" Mu 46, 3 (In; IIIn); תשמח "du freust dich" Qu 1, C6 (III Gut.); תשוב "DU kehrst zurück" ZZ 102, B22 (IIū); תשלח "du schickst" Mu 44, 2 (III Gut.).

Pi‴el:
Sg.2.m.: תברך "DU segnest" ZZ 120, 13; תטהר "DU reinigst" ZZ 102, B23; תתקן "du verzehntest" Mu 44, 4 (IIIn).

Hif'il:
Sg.2.m.: תבי "du bringst" Mu 44, 2 (IIū; III'); תוריח "DU läßt aufgehen" ZZ 102, B22 (III Gut.); תופיע "DU läßt erscheinen" ZZ 102, B22 (Iy; III Gut.); תגיש "DU bringst herbei" ZZ 102, B21 (In).

---

[5] vgl. Segal § 153f; Albrecht § 108; Kutscher § 208.

21.3 Der Imperativ

Hof'al:
Sg.2.m.: תוקדש "DU wirst als heilig behandelt" ZZ 120, 14; תוערץ "DU wirst als furchtbar gepriesen" ZZ 120, 14 (III Gut.).

Qal:
Sg.1.c.: אבוש "ich schäme mich" ZZ 122, 14 (IIū); אנצור "ich bewahre" ZZ 120, 7 (In)[6].

Pi"el:
Sg.1.c.: אדייר "ich lasse wohnen" ZZ 104, 7 (IIū).

Qal:
Pl.3.m.: יקדמו "sie gehen voran" ZZ 102, B16; יבאו "sie kommen" ZZ 104, 4 (IIū;III'); יחפצו "sie mögen" Mu 44, 6 (I Gut.).[7]

Qal:
Pl.1.c.: ניסבל "wir tragen" ZZ 102, C2; נקום "wir stehen auf" ZZ 124, 5 (IIū); mit Kohortativ: נחשבה (naḥšəbā) "wir wollen anrechnen" Qu 1, C7 (I Gut.).[8]

2.1 Das Imperfekt mit Suffix
Pl.3.m.: mit dem Suffix Pl.3.f.: יטלון "sie laden ihn (den Weizen) auf" Mu 44, 10 (נטל).

3. Der Imperativ
Qal
Sg.m.: o-Imperfekt, ohne ו für o geschrieben :
חפר (ḥp̄or) "grab" Cu 3, 6; 6, 9.12; 7, 9 (I Gut.); משח[9] "miß" Cu 7, 6; 9, 1 (III Gut.); עמד "widersteh" Mu 46, 9 (I Gut.).

---

6 nach Epstein, 1255, kann Sg.1.c. statt mit dem Präformativ א mit נ gebildet werden wie Pl.1.c.

7 nach Epstein, 1255, kann Pl.3.m. in Analogie zum Aramäischen mit dem Präformativ נ statt י gebildet werden.

8 Nach Segal § 153f sind die Formen תקטלנה Pl.3./2.f. verschwunden, Pl.3./2. lauten für m. und f. gleich: יקטלו und תקטלו, so auch Albrecht § 108 und Kutscher § 208.

9 Das auffällige an der Form ist, daß anstelle des im rabbinischen Hebräisch von dieser Wurzel üblichen IV. Stamm der Grundstamm gesetzt wird. Biblischhebräisch gibt es zwei Wurzeln משח I "salben" und II "messen". Letztere läßt sich nur indirekt durch die beiden Nomina משחה "der den Priestern zufallende Teil des Opfers" und משחה "der den Priestern zufallende Teil der Abgaben" erschließen. Das rabbinische Hebräisch hat diese beiden Wurzeln dadurch differenziert, daß es משח I "salben" in allen Stämmen, משח II "messen" nur im IV. Stamm benutzt. Da das Aramäische dagegen beide Wurzeln im Grundstamm verwendet, dürfte es sich hier um eine Übernahme der aramäischen Form handeln.

§21 Die Flexion des regelmäßigen Verbs

o-Imperfekt, mit ו für o geschrieben:

זרוק "spreng" ZZ 102, B9; חפוץ "laß DIR gefallen" ZZ 102, C14 (I Gut.); חפור "grab" Cu 4, 7.13; 5, 3.10.14; 6, 3; 7, 1.12.15; 8, 5.9.12.14; 9, 2.5.8.12; 10, 13 (Text חפורר) (I Gut.); כוף "unterdrück" ZZ 102, B12 (IIū); מול "beschneide" ZZ 102, B12 (IIū).

a-Imperfekt:
סלח "vergib" ZZ 102, B11 (III Gut.).

Pi‛‛el:
Sg.m.: בקש "such" Qu 1, C4; קדש "heilige" ZZ 101, 6; חזק "stärke" Mu 44, 7 (I Gut.).

Hitpa‛‛el:
Sg.m.: התחזק (Text התחזק) "stärke dich" Mu 44, 7 (I Gut.).

Hif‛il:
Sg.m.: הבדל "sondere ab" ZZ 106, B11; הבין "sei klug" Qu 1, C4; ZZ 102, C8 (IIī); העבר "vergib" ZZ 102, B12 (I Gut.); הרחיק "entferne" Qu 1, C5 (II Gut.).

3.2 Der Imperativ mit Suffix
Pi‛‛el Sg.m.: mit dem Suffix Pl.1.c.:
טהרינו "reinige uns " ZZ 102, B9; נקינו "mach uns rein" ZZ 102, B8.

4. Der Jussiv
Der Jussiv kommt nur mit אל zusammen als verneinter Imperativ vor.
אל תימח "tilge nicht" ZZ 102, B16 (IIīi); אל תעש "tu nicht" ZZ 102, B15 (IIīi).

5. Der Kohortativ
Vom Kohortativ ist nur diese Form belegt: נחשבה "wir wollen anrechnen" Qu 1, C7 (I Gut.).

"Sorgt euch um nichts, sondern in allen Dingen laßt eure Bitten in Gebet und Flehen mit Danksagung vor Gott kund werden." Phil. 4,6

§ 22 Die unregelmäßigen Verben

Obwohl bei meinem Material viele interessante Verbformen nicht belegt sind, habe ich davon abgesehen, die fehlenden Formen aus der Mischna zu ergänzen, weil das den Rahmen dieser Abhandlung sprengen und ein verfälschtes Bild geben würde.

1. Die Verben I'[1]

Qal Perfekt:
Sg.3.m.: אמר "er sagte" Mu 24, B5. C5. D5. E4; V 40; ZZ 102, B8.
Pl. 3.m.: אבדו "sie kamen um" Mu 45, 7; אמרו "sie sagten" ZZ 101, 5.
Pl.1.c.: אמרנו "wir sagten" ZZ 102, B6; אשמנו "wir luden Schuld auf uns" ZZ 102, A9.

Qal Partizip: Aktiv:
Sg.m.: אוהב "liebend" ZZ 2, 2; אוסף "sammelnd" Qu 1, B.
Pl.m.: אכלין "essende" Sk 12, 3; אומרין "sagende" Bs 3, 20; אוסרין "verbietende" Bs 3, 24.

Passiv:
Sg.m.: אסור "verboten" Bs 3, 9.
Pl.m.: אסורין "verbotene" Bs 3, 1.19.
Pl.f.: אסורות "verbotene" Bs 3, 9.11.

Nif'al Perfekt:
Sg.3.m.: נאלם "er wurde stumm" ZZ 102, C8.

Partizip:
Sg.m.: נאגר "zusammengebunden" Bs 3, 2; נאסר "verboten" Bs 3, 13.
Sg.f.: נאגרת "zusammengebundene" Bs 3, 2.

---

1 vgl. Segal § 163; Albrecht § 110; Bauer-Leander § 53; Epstein, 1249f.

2. Die Verben III'[2]

Qal Perfekt:
Sg.3.m.: חטא "er sündigte" CIJ 668, 3.
Sg.1.c.: מצאתי "ich fand" ZZ 4, 13.
Pl.1.c.: {חט}אנו "wir sündigten" ZZ 102, A21.

Qal Imperfekt:
Sg.3.m.: יצא "er geht hinaus" ZZ 102, B15.
Sg.3.f.: תמצא "sie findet" CIJ 634, 5.

Qal Partizip: Aktiv:
Sg.m.: הטמה "der Unreine" Qu 1,B.
Pl.m.: מלאין "volle" Cu 4, 8.

Qal Infinitiv: cstr.:
mit dem Suffix Sg.2.m. und ב: במצאך "wenn du findest" Qu 1, C6.
mit ל: ליראה "fürchten" ZZ 102, B12.

Nif'al Perfekt:
נברה (nibrā́) "er wurde geschaffen" SU 102, 5.

3. Die Verben Iy [3]

Qal Perfekt:
Sg.3.m.: יצר "er schuf" ZZ 104, 1.

Qal Imperfekt:
Sg.3.m.: יצא "er geht hinaus" ZZ 102, B15.
Sg.2.m. mit dem Suffix Sg.3.f.: תיסרה "DU richtest sie her" ZZ 102, B23.

Qal Partizip: Aktiv:
Sg.m.: ידע "wissend" Mu 42, 2; יושב "sich befindend" Mu 24, B4. C4. D4. E3; 42, 4.
Pl.m.: יודעים "wissende" ZZ 102, B 1.1; יושבים "wohnende" V 38, 5.
mit dem Suffix Sg.3.m.: ירשו "seine Erben" Mu 30, 22.

Verbaladjektiv:
Pl.m.: ישינים "schlafende" ZZ 120, 13.

2 vgl. Segal § 198-203; Kutscher § 212; Albrecht § 119; Bauer-Leander § 54.
3 vgl. Segal § 165-168; Albrecht § 111; Bauer-Leander § 55.

Qal Infinitiv: cstr.:
mit בְּ: בְּדַעַת "absichtlich" Mu 44, 4.
mit לְ: לִירְאָה "fürchten" ZZ 102, B12.

Hif'il Perfekt:
Sg.3.m.: הוֹשִׁיעָה (unsichere Lesung) Su 104, 2.

Imperfekt:
Sg.2.m.: תּוֹפִיעַ "DU läßt erscheinen" ZZ 102, B22.

4. Die Verben I n [4]

Qal Perfekt:
Sg.3.m.: נָתַן "er gab" ZZ 105, 3.
Sg.2.m.: נָתַתָּה "du gabst" ZZ 4, 16; {נרבתה} "du versprachst" ZZ 4, 19.
Sg.1.c.: נָתַתִּי "ich gab" ZZ 4, 7.

Qal Imperfekt:
Sg.3.m.: יִתֵּן *(yittén)* "er gibt" Mu 44, 9.
Sg.2.m.: תִּתֵּן "du gibst" Mu 46, 3.
Sg.1.c.: אֶנְצוֹר "ich bewahre" ZZ 120, 7.
Pl.3.m. mit dem Suffix Pl.3.f.: יִטְלוּן "sie laden ihn (den Weizen) auf" Mu 44, 10.

Qal Imperativ:
Sg.m.: תֵּן "gib" ZZ 4, 29.

Qal Partizip:
Aktiv: Sg.m.: נֹתֵן "gebend" Mu 43, 5; נוֹתֵן "gebend" ZZ 4, 20.

Nitpa''el Perfekt:
Sg.3.m.: נִתְנַדֵּב "er spendete" Su 101, 4.

Hif'il Perfekt:
Sg.3.m.: הִיתִּיר "er erlaubte" Bs 3, 10.

Hif'il Imperfekt:
Sg.2.m.: תַּגִּישׁ "DU bringst herbei" ZZ 102, B21.

---

[4] vgl. *Segal § 169-173; zu* נצר *§ 170; Kutscher § 211.212; Albrecht § 112; Bauer–Leander § 52.*

§22 Die unregelmäßigen Verben

Hif'il Infinitiv:
cstr. mit ל: להנחיל "jemanden zum Erben einsetzen" ZZ 107, 2; להנסיג "erreichen" ZZ 106, B6.

Hof'al Partizip:
Sg.m.: מותר "erlaubt" Bs 3, 9.
Pl.m.: מותרין "erlaubte" Bs 3, 6.23.
Pl.f.: מו{ת}רות "erlaubte" Bs 3, 27.

5. Die Verben IIIn

Qal Perfekt:
Sg. 2.m.: נתתה "du gabst" ZZ 4, 19.
Sg.1.c.: נתתי "ich gab" ZZ 4, 7.

Qal Imperfekt:
Sg.2.m.: תתן "du gibst" Mu 46, 3.

Qal Partizip:
Aktiv: Sg.m.: נתן "gebend" Mu 43, 5; נותן "gebend" ZZ 4, 20.

Qal Imperativ:
Sg.m.: תן "gib" ZZ 4, 29.

Pi''el Imperfekt:
Sg.2.m.: תתקן "du verzehntest" Mu 44, 4.

Polel Perfekt:
Pl.3.f.: כוננו "sie richteten auf" ZZ 120, 9.

6. Die Verben II=III [5]

Qal Partizip:
Aktiv: Sg.m.: מודד "messend" Mu 24, A16. E11; סובב "umgebend" ZZ 123, 2.
Pl. m.: חושׁשׁין (ḥōšešín) "nachdenkende" Bs 3, 26.

---

[5] vgl. Segal § 188-197; Qimron 315.1; Albrecht § 116; Bauer-Leander § 58.

7. Die Verben IIā.ū.ī [6]

Qal Perfekt:
Sg.3.m.: טח "er strich" Su 101, 3; פץ "er breitete sich aus" ZZ 107, 11.
Sg.3.f. : מתה "sie starb" NB 15, 2.6.
Sg.2.m. : צחחה "du schriest" ZZ 106, A3.
Pl.3.m. : ששו "sie freuten sich" ZZ 107, 3.
Pl.1.c. : סרנו "wir wichen ab" ZZ 122, 10.

1. Qal Imperfekt IIū:
Sg.3.m. : ינוח (yanū́ḥ) "er ruht" CIJ 622, 1; 624, 1; 630, 1.
Sg.3.f. : תנוח [7] "sie ruht" CIJ 621, 1.
Sg.2.m. : תבוז "du verachtest" ZZ 107, 16; תמוש "du weichst" DN 101; תשוב "DU kehrst zurück" ZZ 102, B22.

2. Qal Imperfekt IIā:
Sg.1.c. : אבוש "ich schäme mich" ZZ 122, 14.

Verbaladjektiv: Aktiv:
Pl.m. : המיתין (ham-mē̱tī́n) "die Toten" Mu 46, 5; ZZ 102, C15.

Qal Infinitiv:
cstr. mit ב und dem Suffix Sg.2.m.: בשורך "wenn DU hinsiehst" ZZ 102, B17.

Pi‟el Imperfekt:
Sg.1.c.: אדייר "ich lasse wohnen" ZZ 104, 7.

Polel Perfekt:
Sg.3.m.: שובב "er war abtrünnig" ZZ 102, C2.
Sg.2.m. : קוממתה "DU richtetest auf" ZZ 106, B10.
Pl.3.f. : כוננו "sie richteten her" ZZ 120, 9.

Nif‛al Partizip:
Sg.f.: נבונה "kluge" CIJ 634, 2.

Hif‛il Perfekt:
Sg.3.m.: הסר "er wich ab" ZZ 120, 11.

Hif‛il Partizip:
Sg.m.: מעיד "bezeugend" Mu 42, 13; 43, 3.

---

6 vgl. Segal § 175-186; Kutscher § 212; Albrecht § 113-116; Bauer-Leander § 56.
7 Text ינוח

Hif'il Imperativ:
Sg.m.: הבין "sei klug" Qu 1, C4; ZZ 102, C8.

Hif'il Infinitiv:
cstr. mit ל: להאיר "erleuchten" ZZ 106, B5.

Hof'al Partizip:
Sg.f.: מוכנת "bereitete" CIJ 634, 3.
Pl. f.: מנחות "gelegte" NB 15, 1.

8. Die Verben III$\bar{\imath}$ [8]

Das wurzelauslautende -ī fällt vor vokalisch anlautenden Endungen aus. Die im folgenden aufgeführten Afformative schließen das wurzelhafte -ī ein.

Perfekt

Sg. 3. m.	ה	-ā		Pl. 3. m.f.	ו		-ū
3. f.	תה, ת	-āt̠, -at̠ā					
2. m.	ית	-īt̠ā		2. m.	יתן, יתם		-īt̠em, -īt̠en
1. c.	תי,ית	-ít̠í		1. c.	נו		-ínū

Qal Perfekt:
Sg.3.m.: חיה "er lebte" CIJ 630, 3; מנה "er zählte" CIJ 634, 8; עשה "er tat" KB 1; ME 1; NB 28; Su 101, 2.
Sg.1.c.: עלתי "ich stieg hinauf" Mu 42, 5.7; {י}עסתה "ich tat" Mu 43, 6; עשית "ich tat" ZZ 4, 21.

Pl.3.m. : חיו "sie lebten" Mu 30, 19; עשו "sie taten" NE 101; Su 102, 2; קנו "sie kauften" Bs 3, 12.26; ראו "sie sahen" ZZ 101, 4; רצו "sie wollten" V 38, 2; ZZ 104, 7; שעו "sie blickten sich um" ZZ 107, 6.
Pl.1.c.: חיינו "wir lebten" ZZ 102, C 15.

---

[8] vgl. Beyer, Althebräische Grammatik, S.63f; Segal § 204-211; Kutscher § 212; --»§ 22.2 Die Verben III'; Albrecht § 121f; Bauer-Leander § 57.

8. Die Verben III¯ī

Qal Imperfekt:

Sg.3. m.:	י---ה	y---		Pl. 3. m.:	י---ו	y---ū
3. f.:	ת---ה	t---ē̦				
2. m.:	ת---ה	t---ē̦		2. m.:	ת---ו	t---ū
1. c.:	א---ה	ʾ---ē̦		1. c.:	נ---ה	n---ē̦

Sg.3.m.: יפרה "er ist fruchtbar" ZZ 4, 26.
Sg.2.m.: תבנה "du baust" Je 173, 2.
Sg.1.c.: אקנה "ich kaufe" Mu 30, 23.

Qal Jussiv: (verneinter Imperativ)
Sg.m.: אל תימח (*timaḥ*) "tilge nicht" ZZ 102, B16; אל תעש "tu nicht" ZZ 102, B15.

Qal Partizip: Aktiv: mit der Endung ה:
Sg.m.: חולה "krank" ZZ 105, 2; עוסה "tuend" Mu 24, B11. C10. D10; שרתה "trinkend" ZZ 106, A5.

mit der Endung א:
Sg.m.: צופא "gerichtet nach" Cu 8, 10.12; 9, 4.7; 11, 5.
Sg.f.: צופא "gerichtete nach" Cu 6, 2.8
Pl.m. abs.: שרתין "trinkende" ZZ 104, 6.
Pl.m.cstr.: עולי בבל "Einwanderer aus Babel" Bs 3, 13.

Passiv:
Sg.m.: שרוי "getränkt" Cu 10, 3.
Pl.m. abs.: גלוים "bekannte" ZZ 102, B6.6.6.7.

Qal Imperativ
Sg.m.: מחה "wisch weg" ZZ 102, B11; ראה "sieh" ZZ 122, 11.

Qal Infinitiv:
cstr. mit ל: לעשות "tun" Mu 30, 23.
mit ב und dem Suffix Sg.2.m.: בעשותך "indem du tust" Qu 1, C7.

Piʿʿel Imperfekt:
Sg.2.m.: תחיה "DU erweckst zum Leben" ZZ 120, 13.

Nifʿal Perfekt:
Sg.3.m.: ניבנה (*nibnā́*) "er wurde gebaut" NV 1.

Nifʿal Imperfekt:
Sg.2.m.: תיגלה "DU offenbahrst dich" ZZ 106, B13.

§22 Die unregelmäßigen Verben

Hif'il Perfekt:
Sg.3.m.: העלה "er ließ aufsteigen" ZZ 120, 11.
Sg.1.c. mit dem Suffix Sg. 2.m.: הפצתיך *(hipṣiṭik)* "ich informierte dich" Mu 42, 6.

Hif'il Imperfekt:
Sg.3.m.: ירבה "er mehrt" ZZ 4, 26.

Hif'il Infinitiv:
abs.: הרבה "viel" ZZ 4, 25.

9. Das Verb היי "sein"[9]

Das Partizip Qal ist nicht belegt.

Perfekt
Pl.3.m.: היו "sie waren" Sk 5.

Imperfekt
Sg.3.m.: יהיה "er ist" Qu 1, B; V 40; יהי "er ist" AL 1; CIJ 622, 4; 630, 4; KB 1; Mu 42, 3; Su 102, 6; ZZ 122, 4.
Sg.2.m.: תהיה "du bist" V 40; תהי "du seist" Mu 42, 6; א{תה} "du bist" Mu 24, A16.
Sg.1.c.: אהא "ich bin" Mu 24, B15. C13; אהי "ich bin" Mu 45, 6.
Pl. 3.m.: יהו "sie sind" Mu 44, 5.

Am häufigsten sind die Kurzformen des Imperfekts, die Langformen sind selten und, wenn sie belegt sind, meistens von der Wurzel הוה aus gebildet.

Qal Imperativ:
Sg.m. הוא *(hwē)* "sei" Mu 44, 8; הוי "sei" Mu 46, 12; הוה "sei" Mu 48, 6; mit א-Prostheticum: אהוה *('ehwē)* "sei" Mu 42,7.

Qal Infinitiv:
cstr. mit ל: להיות "sein" Qu 1, B.

---

[9] Segal § 212; Albrecht § 122; Bauer-Leander § 57 f″-i″.

10. Das Verb הלך "gehen" [10]

Qal Perfekt: Sg.2.m.: הלכתה "du gingst" ZZ 4, 14 .

Qal Partizip: Aktiv:
Sg.f.: הולכת "gehende" Bs 3, 18.

Qal Infinitiv:
cstr. mit ב und dem Suffix Sg.3.m.: בלכתו "indem er kommt" ZZ 102, C2 .
mit ל: להלך "gehen" ZZ 4, 17 .

11. Das Verb בוא "kommen" [11]

Qal Perfekt
Sg.2.m. באת "du kamst" ZZ 4, 7; באתה "du kamst" ZZ 4, 10.16.
Sg.1.c. באתי "ich kam" ZZ 4, 9.13.

Qal Imperfekt
Sg.3.m. יבוא "er kommt" CIJ 626, 3; יבו "er kommt" Mu 46, 7.
Sg.3.f. תבא "sie kommt" KB 1; תבוא "sie kommt" ZZ 102, B11.
Pl.3.m. יבאו "sie kommen" ZZ 104, 4.

Qal Partizip aktiv
Sg.f.   בא{ה} "kommende" Cu 4, 3.
Pl.m.   באין (bā'īn) "kommende" Bs 3, 24.
Pl.f.   באות (Text בואת) "kommende" Cu 1, 2.

Qal Infinitiv
cstr. mit ל: לבו (labṓ) "kommen" Mu 44, 6.
mit מן und ל: מלבוא "vom Kommen" Qu 1, A.
mit ב und dem Suffix Sg.2.m.: בבואך "wenn du kommst" Cu 10, 5.

Hifʿil
Imperfekt
Sg.2.m.: תבי (tabī́) "du bringst" Mu 44, 2.

Partizip
Sg.m.: מביא (mēbī́) "bringend" ZZ 4, 28.

---

[10] vgl. Segal § 168; Albrecht § 111g; Bauer-Leander § 55 d'-g' .
[11] Segal § 176; Albrecht § 113; Bauer-Leander § 56 .

12. Die Verben mit Guttural
12.1 mit Guttural an erster Stelle [12]

Qal Perfekt:
Sg.3.m.: חטא "er sündigte" CIJ 668, 3; חשק "er hing an" ZZ 104, 5.
Sg.1.c.: חכרתי "ich pachtete" Mu 24, B13. E8. F10; חכרת "ich pachtete" Mu 24, C6.8.11. E5.7.
Pl.3.m. : חזקו "sie waren stark" Je 174, 2; חיו "sie lebten Mu 30, 19; חכרו "sie pachteten" V 38, 6; חלקו "sie teilten" V 38, 2; עשו "sie taten" Ne 101; Su 102, 2.
Pl.1.c.: חט{א}נו "wir sündigten" ZZ 102, A21; חיינו "wir lebten" ZZ 102, C 15; חכרנו "wir pachteten" V 40; חמסנ{ו} "wir taten Unrecht" ZZ 102, A 10; חשבנו "wir rechneten an" Qu 1, C3.

Qal Imperfekt:
Sg.2.m.: תחפץ "dir gefällt" Mu 30, 23.
Pl.3.m. : יחפצו "ihnen gefällt" Mu 44, 6.

Qal Partizip: Aktiv:
Pl.m. mit der Endung ים: חותמים "unterzeichnende" Mu 29, 9; 30, 9; ערבים "haftende" Mu 30, 24.
Pl.m. mit der Endung ין: חוששין "nachdenkende" Bs 3, 26.

Passiv:
Sg.m.: עמוק (Bedeutung unklar) Mu 24, F11.
Pl.m.: חצובים "ausgemeißelte" ZZ 107, 14; חרותים "eingegrabene" ZZ 107, 14.

Qal Imperativ:
Sg.m.: חפוץ "laß dir gefallen" ZZ 102, C14; חפור "grab" Cu 4, 7.13; 5, 3.10.14; 6, 3; 7, 1.12.15; 8, 5.9.12.14; 9, 2.5.8.12; 10, 13 (Text חפור[ר]); חפר "grab" Cu 3, 6; 6, 9.12; 7, 9; עמד "widersteh" Mu 46, 9.

Qal Infinitiv:
cstr. mit ל: לחתום "versiegeln" ZZ 102, B16.

Pi"el Imperativ:
Sg.m.: חזק "stärke" Mu 44, 7.
Pl.f.: עטרנה "umkränzt" ZZ 120, 12.

Pu"al Partizip:
Sg.f.: מעש{ר}ת "verzehntete" Mu 24, B17.18; מעסרת "verzehntete" Mu 24, C16.

---

12 vgl. Segal § 159; Albrecht § 109; Bauer-Leander § 49.

12.1 Die Verben mit Guttural

Hitpa‟el Partizip:
Pl.m.: מתעסרין "verzehntete" Bs 3, 1 (Text מתאסרין).19.21.22.

Hitpa‟el Infinitiv:
cstr. mit מן: מהתערב "von der Vermischung" Qu 1, A.

Hif'il Perfekt:
Sg.1.c.: החכרתי "ich verpachtete" V 40.
Pl.3.m.: החזיקו "sie stärkten" Su 102, 2; החרימו "sie vernichteten" ZZ 101, 7.

Hif'il Partizip:
Sg.m.: מעיד "bezeugend" Mu 42, 13; 43, 3.

Hif'il Imperativ:
Sg.m.: העבר "vergib" ZZ 102, B12.

12.2 mit Guttural an zweiter Stelle[13]

Qal Perfekt:
Sg.2.m.: צחחה "du schriest vor Freude" (צחח) ZZ 106, A3.
Pl.3.m.: שעו "sie blickten sich um" ZZ 107, 6.

Qal Imperfekt:
Sg.2.m.: תימחול "DU verzeihst" ZZ 102, A20.

Qal Partizip: Aktiv:
Sg.m.: שוחט "schlachtend" Qu 1, B.

Pi‟el Partizip:
Sg.m.: מחחם "grenzend an" Bs 3, 17.

Hif'il Imperativ:
Sg.m.: הרחיק "halte fern" Qu 1, C5.

Hif'il Infinitiv:
cstr. mit ל: להנחיל "zum Erben einsetzen" ZZ 107, 2.

---

[13] vgl. Segal § 160; Albrecht § 109; Bauer-Leander § 50.

12.3 mit Guttural an dritter Stelle[14]

Qal Perfekt:
Sg.3.m. : טח "er strich" Su 101, 3; לקח "er kaufte" Mu 42, 3 .

Qal Imperfekt:
Sg.3.m.: ינוח "er ruht" CIJ 622, 1; 624, 1; 630, 1 .
Sg.3.f.: תנוח (Text ינוח) "sie ruht" CIJ 621, 1.
Sg.2.m.: תשמח "du freust dich" Qu 1, C6 .

Qal Partizip: Aktiv:
Sg.m.: זורע "säend" V 40; טובח "tötend" ZZ 102, C8; ידע "wissend" Mu 42, 2; לוקח "Käufer" Mu 30, 15.22.
Pl.m.: יודעים "wissende" ZZ 102, B1.1 .
Passiv: Sg.m.: זרוע "gesät" ZZ 102, C9; פתוח "geöffnet" HV 81, 9 .

Verbaladjektiv: שמח "sich freuend" CIJ 656 .

Qal Imperativ:
Sg.m.: משח "miß" CU 7, 6; 9, 1; סלח "vergib" ZZ 102, B10 .

Qal Infinitiv:
cstr. mit ב: ברעת "absichtlich" (ידע) Mu 44, 4 .

Nif'al Imperfekt:
Sg.3.f. : תישכ{ח} "sie wird vergessen" ZZ 102, B18 .

Nif'al Infinitiv:
abs.: נסלוח "vergeben werden" Qu 1, C2 .
cstr. הכסח "ausgehauen" Cu 11, 5 .

Hif'il Perfekt:
Sg. : הושיעה (unsichere Lesung) Su 104, 2 .
Pl.1.c.: הירשענו "wir erklärten uns schuldig" ZZ 102, A14 .

Hif'il Imperfekt:
Sg.2.m.: תזריח "DU läßt aufgehen" ZZ 102, B22; תופיע "DU läßt erscheinen" ZZ 102, B22 .

Hof'al Partizip:
Pl.f. : מנחות "sie sind gelegt" NB 15, 1 .

14 vgl. Segal § 161; Albrecht § 109; Bauer-Leander § 51.

"Laß dich nicht vom Bösen überwinden, sondern überwinde das Böse mit Gutem."
Röm. 12,21

§ 23 Die Präpositionen[1]

1. אחר zeitlich "nach"
אחר השבת יטולון "nach dem Sabbat sollen sie ihn (den Weizen) aufladen" Mu 44, 9f.

2. אל
1. örtlich "in Richtung auf, nach, zu"
אל סמאל "nach links" Cu 1, 13; הגיים קרבים אלנו "die Römer nähern sich uns" Mu 42, 5; אף אנחנו כתבנו אליך "auch wir haben dir geschrieben" Qu 1, C2; תשוב אליו "DU kehrst zurück zu ihm" ZZ 102, B22.

2. "bei"
קרב צדק מאליך "bei DIR ist Gerechtigkeit nahe" ZZ 102, B17.

אל mit Suffix
Sg.2.m.: אלך "zu dir" Mu 30, 19; אליך "zu dir" Qu 1, C2; ZZ 102, B17.
Sg.3.m.: אליו "zu ihm" ZZ 102, B22.

Pl.1.c.: אלנו "zu uns" Mu 42, 5.

3. אצל[2]
1. örtlich "nach, zu"
עד שאני באתי לדרום אצלך "ich stieg nicht hinauf zu dir" Mu 42, 7; לא עלתי אצלך "bis ich zu dir in den Süden käme" ZZ 4, 9; ähnlich: ZZ 4, 13; הלכתה אצל כלבא ארמיה "du gingst zu dem aramäischen Hund" ZZ 4, 14f.

2. "bei"
בתכן אצלם "mit Inhaltsverzeichnis" Cu 5, 7; 11, 1.4; בתכן אצלך "mit Inhaltsverzeichnis" Cu 11, 11.15; (Text שהצלכם) הגללאים שאצלכם "die Galiläer, die bei euch sind" Mu 43, 4; יהו בו אצלך תשבת חזו "bei dir bekannt" Mu 44, 3f; הוא כן (Text חזו) "sie sollen an diesem Sabbat dort bei dir bleiben" Mu 44, 5f; אצלי "er ist hier bei mir" Mu 46, 4; ähnlich: ZZ 4, 19.

---
1 vgl. Albrecht § 12; Segal § 300f.
2 vgl. Segal §359: אצל übernimmt die Funktion von אל.

§23 Die Präpositionen

3. "neben"
במערא שאצל המקרחל "in der Höhle, die sich neben dem Rundbau befindet" Cu 7, 8.

אצל mit Suffix
Sg.1.c.: אצלי "bei mir" Mu 46, 4.
Sg.2.m.: אצלך "zu dir" Mu 42, 7; 44, 4.5; ZZ 4, 9.13.
Pl.2.m.: אצלכם (Text הצלכם) "bei euch" Mu 43, 4.
Pl.3.m.: אצלם "bei ihnen" Cu 5, 7; 11, 1.4; אצלן "bei ihnen" Cu 11, 11.15.

4. ב [3]
1. Schreibung
1.1 ב wird immer mit dem folgenden Wort zusammengeschrieben. Der Artikel wird dabei assimiliert: בבור הגדול "in der großen Zisterne" Cu 1, 6; 4, 1; ברובד השלישי "auf dem dritten Treppenabsatz" Cu 2, 3f; באמא הבא{ה} "im nach ( ) hinführenden Kanal" Cu 4, 3; ähnlich: Cu 4, 9.11; 8, 4.11f; 9, 4.7; 10, 1; 12, 8; KB 1; Qu 1, A; ZZ 101, 6; 102, B11.
1.2 spiriertes ב kann mit וב oder ו geschrieben werden [4].
1.3 das (späte) i kann bezeichnet sein: ביתחום "im Gebiet" Bs 3, 9.19.24; ZZ 122, 4.
1.4 Doppelkonsonanz im Anlaut kann mit א aufgelöst werden: אבית משכו "in Bet Maseku" Mu 42, 4 [5].
1.5 ב kann sich mit מן verbinden, um genauer den Ausgangspunkt zu bezeichnen: [6] בשית שבמלה מבצפונו "im Hohlraum, der sich im Norden der Mauer befindet" Cu 3, 8.

2. Bedeutungen
2.1 in den allermeisten fällen dient ב zur Ortsangabe auf die Frage wo? [7]
Bs 3, 1.9.10.11.19.22.23.27; CIJ 661, 5; 1534; Cu 1, 1.1.5.6.6.7.9.11.13.13; 2, 1.3.3.5.5. 5.7.8.9.10.10f.13.13.13; 3, 8.8.8.11.11.12; 4, 1.1.1.2.3.6. 7.9.9.11.11.13; 5, 1.5.5.12.12.13; 6, 5.7.9.11.11.14.14; 7, 3.5.8.11; 8, 1.4.4.8.10.11.11.14.14; 9, 1.1.4.4.7.7.8.10.10.11.14.14.15.16. 17.17; 10, 1.3.4.5.5.7.8.8.15.17; 11, 3.5.8.9.10.12.12.15; 12, 4.6.8.10.10.10; KB 1; 1; 1; Mu 24, B4.19. C4.7. E3.3.6.11; 30, 18.19.23.27; 42, 4; 43, 5f; 44, 5; 45, 6; 46, 4; Sk 12, 4; V 40; 40; 42; ZZ 2, 1; 101, 2.3.7.8; 102, B13; 104, 7.7.7; 105, 3; 106, B1.7.13; 108, 2; 122, 4.15.

---

[3] vgl. Y. Thorion, Die Syntax der Präposition ב, RdQ 12 (1985), 17-63.
[4] --»§ 2, ב.
[5] --»§ 2, א, 1.2.
[6] vgl. Brockelmann, Syntax, §119: "Zur genaueren Bestimmung einer Bewegung nach ihrem Anfang oder Endpunkt werden nicht selten zwei Präpositionen miteinander verbunden."
[7] vgl. Thorion, a.a.O., 24ff, 2.1; Segal § 360.

2.2 "mit, durch", zur Angabe des Mittels und der Ursache [8]

בשיפה "mit Bast" Bs 3, 3; בחליא "mit einem durchlöcherten Stein" Cu 1, 7; ברעת "absichtlich" Mu 44, 4; בחרב "durchs Schwert" Mu 45, 7; ähnlich: Mu 46, 9; Sk 12, 2; Su 101, 3; ZZ 2, 6; 4, 17; 102, B1.1.1. C10; 107, 7; 120, 12.

2.3 zur Angabe des Preises

מכרתי לך בכסף "ich habe dir um die Summe Silbers verkauft" Mu 30, 20.

2.4 wann? [9]

בשביעית ובשאר שבוע "im siebten Jahr (sind sie Siebentjahresfrüchte) und im restlichen Teil des Zyklus" Bs 3, 1; ähnlich: 3, 5.19.23.23f; בחיים "zu Lebzeiten" Je 174, 2; ähnlich: Je 173, 3; Mu 47, 4; NV 1; Su 101, 4; ZZ 4, 16; 101, 7; 102, B11. C9; V 40.

2.5 essentiae [10]

בתל של כחלת כלי דמע בלגין ואפורת "im Ruinenhügel mit K. befinden sich Gefäße in Form von Halbliterflaschen und Amphoren mit Priesterabgabe" Cu 1, 9.

2.6 wie?, zur Angabe eines begleitenden Umstandes [11]

בפני עצמה "für sich allein" Bs 3, 2; בזכרון טוב "in gutem Angedenken" CIJ 630, 1; בשלום "in Frieden" CIJ 499; 632, 1; NB 5; 5; 16, 3.

2.7 entsprechend [12]

בצלין בני מדינה הנימכרין במידה "Stadtzwiebeln, die nach Größe verkauft werden" Bs 3, 4.4; שוכבת פה אשה נבונה מוכנת בכל מצוות אמו{נה} "hier ruht eine kluge Frau, bestattet entsprechend allen Geboten des Glaubens" CIJ 634, 1-4.

2.8 bezüglich [13]

בבור שתחת החומא מן המזרח בשן הסלע "in der Zisterne, die sich unterhalb der Stadtmauer befindet, im Osten der Felsspitze" Cu 2, 10f; פרשנו...מהתערב ברברים האלה "wir haben uns getrennt... wegen der Vermischung bezüglich dieser Dinge" Qu 1, A; הבין בכל אלה "sei klug in Bezug auf all diese Dinge" Qu 1, C4.

---

8 vgl. Thorion, a.a.O., 28, 2.4; Segal § 360.
9 vgl. Thorion, a.a.O., 27, 2.2.
10 vgl. Segal § 360.
11 vgl. Thorion, a.a.O., 27, 2.3.
12 vgl. Thorion, a.a.O., 30, 2.10.
13 vgl. Thorion, a.a.O., 30, 2.10.

§23 Die Präpositionen

2.9 בְּ kann wie אֵת bestimmte Verben regieren [14]

קוֹבֵר בְּמִיחִין "er läßt die Toten begraben" Mu 46, 5; שׁוֹאֵל אֲנִי בִּשְׁלוֹמָךְ "ich erkundige mich nach deinem Wohlergehen" ZZ 4, 5f; כּוֹף אֶת יִצְרֵינוּ לְהִשְׁתַּעֲבֵּד בָּךְ "unterdrück unsere bösen Triebe, damit sie DIR unterworfen sind" ZZ 102, B12; תֹּאחַז יָדְךָ בְּמִשְׁפָּט "wenn DU Gericht hältst" ZZ 102, B15; חָשַׁק בְּיַעֲקֹב "er hing an Jakob" ZZ 104, 5.

2.10 zusammen mit dem Infinitiv constructus oder einem gleichbedeutenden Nomen drückt בְּ einen temporalen Nebensatz aus [15]

בְּבִיאָתָךְ "wenn du eintrittst" Cu 4, 3; 11, 13; בְּבוֹאָךְ "wenn du hereinkommst" Cu 10, 5; בְּמָצְאָךְ "wenn du findest" Qu 1, C6; בְּשׁוּרָךְ "wenn DU betrachtest" ZZ 102, B17.

2.11 bei der Angabe des Datums bezeichnet בְּ den Tag [16]

בְּעֶשְׂרִין לִשְׁבָט שְׁנַת שְׁתַּיִם "am 20. des elften Monats im Jahr zwei" Mu 24, D1. F1; ähnlich: Mu 29, 9; 30, 8; V 38, 1.

בְּ mit Suffix

Sg.2.m.: בָּךְ "bei dir" ZZ 102, B12.
Sg.3.m.: בּוֹ "in ihm" Cu 2, 8.9; 11, 10; Mu 30, 19.23; 44, 5; 46, 9.
Sg.3.f.: בָּא "in ihr" Cu 8, 14.

5. בֵּין örtlich "zwischen"

בֵּין שְׁנֵי הַבִּינִין "zwischen den beiden Tamarisken" Cu 4, 6.

6. בְּלִי "ohne"

בְּרָכוֹת עַד בְּלִי דַּי "Segnungen, bis zum Mangel an Platz" ZZ 4, 2; בְּלִי יֵצֵא כָּאוֹר "ohne daß Schimpfliches für uns herauskomme" ZZ 102, B15; רָגְזוּ בְּלִי שְׁעוֹת בָּךְ "sie sind in Unruhe geraten, ohne sich nach DIR umzusehen" ZZ 107, 6.

7. בִּלְעַד "ohne, außer"

כִּי אֵין בִּלְעַ{ד}יִי "denn außer mir gibt es nichts" ZZ 120, 8.

---

14 vgl. Segal § 360; Thorion, a.a.O., 32–58, 3.: welche Verben בְּ regiert.
15 vgl. Thorion, a.a.O., 61, 5; --»§ 26.5.
16 --»§ 17.6.

בלעדי mit Suffix
Sg.1.c.: בלעדיי "ohne mich" ZZ 120, 8.

8. בעד "für, in betreff"
בלי יצא כאור בעדינו "ohne daß Schlimpfliches für uns herauskomme" ZZ 102, B15.

בעד mit Suffix
Pl.1.c.: בעדינו "durch uns" ZZ 102, B15.

9. חוץ "außerhalb", nur mit ל oder מן
לחוץ "darüber hinaus" Bs 3, 9.22; חוץ מן "außer" ZZ 4, 12.

10. זולה "außer"
כי אתה אים ואין זולתך "denn DU bist Gott und es gibt nichts außer DIR" ZZ 101, 3f.

11. כ "wie, etwa, ungefähr"
כפר קרנוס כבית שאן "Kafar Qarnos entspricht Bet Schean" Bs 3, 7f; ככובים "wie Dornen" ZZ 104, 5; כהר כוננו ידיי "wie einen Berg haben meine Hände aufgerichtet" ZZ 120, 9.

כ kann mit anderen Präpositionen zusammenstehen
כלבית הכרם "ungefähr in Richtung Bet ha-Karem" Cu 12, 8.

12. ל
1. Schreibung
1.1 ל wird immer mit dem folgenden Wort zusammengeschrieben, der Artikel bleibt bestehen: להמכר הזה "diesem Verkaufsobjekt gegenüber" Mu 30, 22.28.
1.2 ל kann sich mit anderen Präpositionen verbinden, um genauer den Ausgangspunkt zu bezeichnen[17] : בביבא הגדולא שלהכרך כלבית הכרם "im großen Kanal von ha-Karach, ungefähr in Richtung von Beth ha-Karem" Cu 12, 8.
1.3 das i kann bezeichnet sein: ליצרק "Gerechtigkeit" ZZ 102, C7.

---

[17] vgl. Brockelmann, Syntax, § 119: "Zur genaueren Bestimmung einer Bewegung nach ihrem Anfang oder Endpunkt werden nicht selten zwei Präpositionen miteinander verbunden."

§23 Die Präpositionen

2. Bedeutung

2.1 bei der Angabe des Datums bezeichnet ל den Monat und die Ära, nach der die Jahre gezählt werden

בעשרים ואחד לחשרי שנת ארבע לגאולת ישראל "am einundzwanzigsten Tischri des Jahres vier der Befreiung Israels" Mu 30, 8; ähnlich: HV 81, 1; Mu 24, B1. C1. D1. E1; 29, 9; Mz 161. 162. 162A. 163. 163A. 165. 166. 167. 168. 169. 170. 170A. 171. 172. 172A. 173. 174. 175. 176. 177. 194. 199. 199A. 200. 201. 202. 203. 204. 205. 206. 207. 207A. 208. 209. 209A. 209C. 210. 211. 211A. 211B. 211C. 212. 213. 214. 215; in einer Abkürzung: Mz 176. 177. 178. 179. 180. 181. 184A. 185. 186. 188. 190. 190A. 191. 192. 196. 197. 198; ähnlich: Mz 183. 184. 187. 189. 193. 194. 195; NV 1; V 38, 1; 40.

2.2 "gehören"

כל שיש לי "alles, was ich besitze" Mu 30, 23; ähnlich: CIJ 661, 3; Je 171, 1; Mu 24, E6; 30, 15.28; 42, 4; 45, 8; נשמתו לחיי עולם "seine Seele möge ewiges Leben finden" CIJ 569, 5f; 571, 2; 661, 4; 1536.

2.3 ל bezeichnet den Adressaten eines Briefes [18]

מן הפרנסין שלבית משכו מן ישוע ומן אלעזר לישוע בן גלגולא "die Verwalter von Bet Maseku, Jesus und Eleazar, an Jesus, den Sohn des Galgula" Mu 42, 1f; ähnlich: Mu 43, 1f; 44, 1; 46, 1; Sk 12, 1f; ZZ 4, 3; 108, 4.

2.4 wie lange? [19]

לעולם "für immer" Bs 3, 5.23; CIJ 649; 1186; HH 2; Mu 30, 25.29; NB 5; 6; ZZ 4, 27.

2.5 wohin? [20]

דרך הגדולה ההולכת למידבר "der große Weg, der in die Wüste führt" Bs 3, 18; ähnlich: Bs 3, 9.9.22; Cu 1, 2; 5, 13; 6, 9; 10, 2.6; 11, 13; Mu 45, 6; 47, 6; ZZ 4, 7.9.10; כלבית הכרם "ungefähr in Richtung Bet ha-Kerem" Cu 12, 8; ähnlich: XX 7, 8; לבית התקיעה "zum Haus des Hornblasens" Je 221.

2.6 wozu?

זכר צדיקים לברכה "das Gedächtnis des Frommen bleibt gesegnet" CIJ 625; ähnlich: CIJ 629, 2; 635; 661, 4; NB 25; 26; NJ 1.

2.7 wann?

ליקיצה "am Ende" CIJ 634, 7; ähnlich: ZZ 106, B9.

---

18 vgl. JBL 97 (1978), 332f.
19 vgl. Segal § 361.
20 vgl. Segal § 361.

2.8 "dienen zu, werden zu"

תפלתינו "das Gute vor IHM wird zum Guten für dich" Qu 1, C7; הטוב לפנו לטוב לך
לחייכן ולשלום "unser Gebet dient eurem Leben und dem Frieden" ZZ 108, 6;
ähnlich: ZZ 120, 7.9.10.

2.9 "bezüglich" [21]

הלוקח וירשו להמכר הזה לעשות בו כל שתחפץ "der Käufer und seine Erben besitzen in Bezug auf dieses Verkaufsobjekt das Recht, damit zu tun, was dir gefällt" Mu 30, 22f; דברים אין לי להמכר הזה "ich habe keinerlei Rechte an diesem Verkaufsobjekt" Mu 30, 27f.

2.10 zur Bezeichnung des Dativs

קרוב ל "einer Sache nahe sein" Cu 9, 11; שקל ל "jemandem etwas entrichten" Mu 24, B15. D15. F14; אמר ל "etwas zu jemandem sagen" Mu 24, C5. E4; V 40; מרד ל "jemandem etwas bezahlen" Mu 24, E11; ידע יהי ל "jemandem etwas kundtun" Mu 42, 2f; נתן ל "jemandem etwas geben" Mu 44, 9; 46, 3; ZZ 4, 7f.19f.20. 29f; שלום ליודן "Frieden für Juda" NB 46; לכול אלה "für all diese gilt" Qu 1, B; החכרתי לך "ich verpachte dir" V 40; כנס לנפשך "du erntest für dich selbst" V 40; מביא לך "er bringt dir" ZZ 4, 28; גלורים לנו "was uns bekannt ist" ZZ 102, B6.6.6.7; זכור לעם "es wird an das Volk gedacht" ZZ 102, C6; הושלם לטובח "er lebte in Frieden mit demjenigen, der tötet" ZZ 102, C8; לבנים "für die Söhne" ZZ 103, 1; ähnlich: ZZ 106, A7. B2; שעו לך "sie haben nach DIR geblickt" ZZ 107, 6; אוי לי "weh mir!" ZZ 121, 3; לאפדנו "für seinen Palast" ZZ 122, 6.

2.11 ל kann wie את und ב bestimmte Verben regieren [22]

חשש ל "nachdenken über" Bs 3, 26; זכור ל "es sei gedacht zu" DL 1, 8.1¹; JM 1, 2; Su 101, 1; 102, 1; עשה ל "etwas mit jemandem machen" Mu 43, 6f; תקן ל "etwas verzehnten" Mu 44, 4; חשב ל...ל "jemandem etwas anrechnen" Qu 1, C3.7; סלח ל...ל "jemandem etwas vergeben" Qu 1, C2; ZZ 102, B11; ראג ל "sich um jemanden kümmern" Sk 12, 4; ידה ל "jemanden bekennen" ZZ 101, 1.7; 110; חפץ ל "Gefallen an etwas haben" ZZ 102, C14; מלך ל "über jemanden herrschen" ZZ 104, 6; קום ל "etwas aufrichten" ZZ 106, B10; נצר ל "etwas bewahren" ZZ 120, 7.

2.12 zur Bezeichnung des Genitivs [23]

סביב לקיסרין "die Umgebung von Caesarea" Bs 3, 25; אחין לי "Brüder von mir" ZZ 4, 18; חתום ליצדק "Siegel der Gerechtigkeit" ZZ 102, C7.

---

[21] vgl. Segal § 361.
[22] vgl. Segal § 361; --»§ 29.
[23] vgl. Segal § 361.

§23 Die Präpositionen

ל mit Suffix

Sg.1.c.: לי "für mich" Mu 30, 23.28; ZZ 4, 18.20.23; 121, 3.
Sg.2.m.: לך "für dich" Mu 24, B15. C13. D15. E11. F14; 30, 20; 42, 3; 44, 9; Qu 1, C3.7.7; V 40; ZZ 4, 8.20.28; 101, 1.7; 107, 6.
Sg.3.m.: לו "für ihn" Bs 3, 26; Mu 46, 3.7; Qu 1, C2; ZZ 4, 30; 110.
Sg.3.f.: לה "für sie" ZZ 120, 11.
Pl.1.c.: לנו "für uns" ZZ 4, 17; 102, B6.7; 120, 10.
Pl.3.m.: להן "für sie" Mu 45, 8.
Pl.3.f.: להן "ihn" Mu 44, 4.

13. לפני (la+ panē "Gesicht")
1. örtlich "vor"
לפנהם חפור "davor grab" Cu 9, 12.

2. "gegenüber"
למרק לפנך את המכר הזה "dir gegenüber diesen Verkauf einzuhalten" Mu 30, 24.

3. "vor" Gott
לפניך "das Gute vor IHM wird zum Guten für dich" Qu 1, C7; הטוב לפנו לטוב לך
{חטא}נו "wir haben vor DIR gesündigt" ZZ 102, A21; כבר אמרנו לפניך "wir haben es längst vor DIR bekannt" ZZ 102, B6; כבר לפניך גלוים "vor DIR ist es längst offenbar" ZZ 102, B7; תבוא לפניך תפילתינו "unser Gebet möge vor DICH kommen" ZZ 102, B11; לפני יי "vor Gott" ZZ 110.

לפני kann sich mit מן verbinden und damit seine Bedeutung verstärken[24]: בקש את עצתך מלפנו "suche vor IHM Rat für dich" Qu 1, C4f.

לפני mit Suffix
Sg.2.m.: לפנך "dir gegenüber" Mu 30, 24; לפניך "dir gegenüber" ZZ 102, A21. B6.7.11.
Sg.3.m.: לפנו "vor IHM" Qu 1, C4.7.

14. מן
1. Schreibung
1.1 In den meisten Fällen wird מן mit dem folgenden indeterminierten Wort unter Assimilation des n zusammengeschrieben[25]:
רוב שלום ממרומים "viel Frieden von den Himmeln" ZZ 4, 1; Bs 3, 25; CIJ 622, 2;

---

24 vgl. Brockelmann, Syntax, § 119: "Zur genaueren Bestimmung einer Bewegung nach ihrem Anfang oder Endpunkt werden nicht selten zwei Präpositionen miteinander verbunden."

25 wie im BH, vgl. Bauer-Leander § 81 q'-u'.

668, 3; Cu 3, 11; 5, 8.13; 9, 1; DN 101; Je 171, 3; Mu 24, B6. E5; 30, 25; 42, 4; 45, 7; Qu 1, A.A.A; V 38,8; 40; ZZ 4, 1.2.32; 36, 32; 102, B9. 12. 16. 17. 18; 103, 9; 106, B6; 107, 1.5.11.

In weitaus weniger Fällen kann es selbständig vor einem indeterminierten Wort stehen: מן קצת עפר "ein Stück Feld" Mu 24, B7; 42, 6; Sk 12, 3; V 38, 2; ZZ 4, 12; 108, 1.

Daneben steht מן vor einem durch den Artikel determinierten Wort meistens selbständig[26]: מן העצרת "von Pfingsten" Bs 3, 3.6.6.7.8.9; Cu 1, 11.14; 2, 10; 5, 2; 10, 12; Mu 24, B13. E8; 42, 1; 43, 4; V 40.

Unter Assimilation des n und Beibehaltung des Artikels kann מן mit dem folgenden Wort zusammengeschrieben werden[27]: מהנחל "vom Wadi" Cu 10, 3; 12, 1; Mu 30, 15; מהפירות "von den Früchten" V 40.

Vor einem Namen steht מן meistens selbständig[28]: מן תרנוגלה "von Tarnugla" Bs 3, 22; HV 81, 8; Je 174, 1; Mu 42, 1.1.3; V 38, 4.5.6; 40; es kann aber auch unter Assimilation des n mit dem Namen zusammengeschrieben sein: משמעון "von Simeon" Mu 24, C8. E7; 43, 1; 44, 1; 46, 1; Sk 12, 1.

1.2 מן kann sich unter Assimilation des n mit anderen Präpositionen verbinden, um genauer den Ausgangspunkt zu bezeichnen[29]:
מעל "oberhalb" Cu 5, 8; ZZ 103, 9; XX 7, 8; מבצפונו "nördlich davon" Cu 3, 8; מלמעלא "von oben" Cu 10, 2; מתחת "unterhalb" Cu 11, 2; מינ{ג}ד עיניך "vor DEINEN Augen" ZZ 102, B12.

2. Bedeutung
2.1 "von weg"
2.1.1 örtlich [30]
לפנים מן השער "außerhalb des Tores" Bs 3, 9; מהר המלך "vom Berg des Königs" Bs 3, 25; מן הקרקע "vom Fußboden" Cu 1, 14; ähnlich: Cu 5, 8.13; 9, 1; 10, 2.3; DN 101; Je 171, 3; 174, 1; HV 81, 8; Mu 24, B7. C7; 30, 25; Qu 1, A.A.A. C5; Sk 12, 3; V 38, 4.5.6; ZZ 4, 1.2; 36, 32; 102, B9.12.16.17.18; משם "von dort" V 40.

2.1.1.2 auf eine Person bezogen
המך "von dir" Mu 24, B7.13. C6.11. E5.8; ; מאלו "von denen" Mu 45, 7; מימך "von dir" ZZ 121, 17; 122, 10; ממך "von dir" Qu 1, C5; מינו "von ihm" ZZ 120, 7; 121, 2.

2.1.2 zeitlich [31]
מן העצרת עד החנוכה "von Pfingsten bis Hanukka" Bs 3, 3; מן היום "von heute an" Mu 24, B13. E8.

---

[26] wie im BH, Bauer-Leander § 81 p′ 1.
[27] Bauer-Leander § 81 p′ 1.
[28] Bauer-Leander § 81 p′ 2.
[29] vgl. Brockelmann, Syntax, § 119: "Zur genaueren Bestimmung einer Bewegung nach ihrem Anfang oder Endpunkt werden nicht selten zwei Präpositionen miteinander verbunden."
[30] vgl. Segal § 362.
[31] vgl. Segal § 362.

§23 Die Präpositionen

2.1.3. von jemandem / etwas [32]

חכרנו אני ואתה מן יהונתן "wir, du und ich, pachteten es von Jonatan" V 40; מהפירות "von den Früchten" V 40.

2.2 als Urheber beim Passiv [33]

שרוי מהנחל הגדול "gespeist vom großen Wadi" Cu 10, 3.

2.3 als Absender eines Briefes [34]

מן הפרנסין "von den Verwaltern" Mu 42, 1; ähnlich: Mu 43, 1; 44, 1; 46, 1; Sk 12, 1; ZZ 108, 1.

2.4 wo?

מן הדרום "im Süden" Bs 3, 6; ähnlich: Bs 3, 6.7.8.22; CIJ 621, 3; Cu 1, 11; 2, 10; 3, 8.11; 5, 2; 10, 12; 11, 2; 12, 1; Mu 30, 15; XX 7, 8.

2.5 "durch, aus, auf Grund von"

מרצוני "aus meinem Willen heraus" Mu 24, B6. E5; ähnlich: V 38, 2.8; מזבנות "durch Kauf" Mu 42, 4; מן בשרון "aus Verachtung" Mu 42, 6; מן החכור "durch Pacht" V 40; מרעת "aus Freundschaft" ZZ 4, 32; מזלות "aus Gemeinheit" ZZ 106, B6.

2.6 "im Alter von"

מבן שש עשרה שנה "im Alter von sechzehn Jahren" CIJ 622, 2f.

2.7 "außer"

חוץ מן "außer" ZZ 4, 11f.

2.8 Komparativ

שוקלים חצי הכסף הלו יותר הימנו "sie zahlen die Hälfte des Silbers darüber hinaus (mehr als das)" V 38, 8; מתוק מלשרנו "süßer als seine Sprache" ZZ 122, 3.

מן mit Suffix

Sg.2.m.: המך "von dir" Mu 24, B7.13. C6.11. E5.8; ממך "von dir" Qu 1, C5; מימך "von dir" ZZ 121, 17; 122, 10.
Sg.3.m.: מינו "von ihm" ZZ 120, 7; 121, 2; הימנו "von ihm" V 38, 8.

---

32 vgl. Segal § 362.
33 vgl. Segal § 362.
34 vgl. JBL 97 (1978), 332f.

15. מען "um willen, wegen"

מען gibt es nur in der Verbindung mit ל
{ } הושלם לטובח למען "er lebte in Frieden mit demjenigen, der tötet, wegen ( )"
ZZ 102, C8; כי למען עברייּ אנצור לחסרייּ "denn wegen meiner Knechte habe ich meine Gnadenerweise bewahrt" ZZ 120, 7.

16. נגד örtlich "gegenüber"

נגד השער העליון "gegenüber dem oberen Tor" Cu 1, 8; בבור שנגד השער "in der Zisterne, die sich gegenüber dem Tor befindet" Cu 2, 7; נגד גנת צדוק "gegenüber Zadoqs Garten" Cu 11, 6.

נגד kann sich mit anderen Präpositionen verbinden:
מינ{ג}ד עיניך "vor DEINEN Augen" ZZ 102, B12.

17. נכח "gegenüber"

זרוע צדקן נוכח זוכר עלם "gesät ist SEINE Gerechtigkeit gegenüber demjenigen, der an die Ewigkeit denkt" ZZ 102, C9f.

18. עד
1. örtlich "bis"

עד סוף הרצפה "bis zum weißen Feld" Bs 3, 6; עד חקלה חיורתה "bis zum Ende des Pflasters" Bs 3, 7; עד כפר קרנוס "bis zum Dorf von Q." Bs 3, 7; עד נפשה "bis zum Grabmal des Erwürgten" Bs 3, 8; עד איכן סביב לקיסרין דפניקטייה "bis wo reicht die Umgebung von Caesarea maritima?" Bs 3, 25; עד ניקרת הטבילה "bis zum ausgehauenen Bad" Cu 1, 12; עד הרגם הגדול "bis zum großen Stein" Cu 5, 9; עד הטור "bis zur Stützmauer" Cu 7, 15; ברכות עד בלי דיי "Segnungen bis zum Mangel an Platz" ZZ 4, 2.

2. zeitlich "bis"

עד סוף ערב השמטה "bis zum Ende des Erlaßjahres" Mu 24, B14. C11f. E9; עד זמן שישלם זמן הגנות "bis zu dem Zeitpunkt, da die Erntezeit für Gärten ist" V 40; עד סוף הזמן הלז "bis zum Ende jener Zeit" V 40.

Zusammen mit ש wird עד zur Konjunktion:

עד שישלם זמן הפרות של עין גדי "bis die Erntezeit in Engedi gekommen ist" V 42; עד שאני באתי לדרום אצלך "bis ich zu dir in den Süden käme" ZZ 4, 9.

19. על [35]

1. örtlich "auf, über"
טיף על { } "eine Steinplatte auf" Cu 11, 17; על גג אוצרו "auf das Dach seines Speichers" Mu 24, C17; שחיו עליו "das sich darauf befindet" Mu 30, 15.19; על הטמה "auf den Reinen" Qu 1, B.

2. "über" (eine Sache)
הפצתיך על ככה "ich informierte dich darüber" Mu 42, 6; על טהרת פרת החטאת "bezüglich der Reinheit der Sündopferkuh" Qu 1, B.

3. "über"
שלום על "Frieden über" AL 1; CIJ 293; 397; 558; 584; 593; 595, 1; 599; 609; 613; 622, 4; 630, 5; 650; 661, 1; 670, 9; 887; 1536; EN 2, 8; GR 1, 1; HH 2; IF 101; Je 169; JR 101; NB 14; Sp1, 1f; Su 101, 6; ZZ 125, 16; הנסי על ישראל "der Fürst über Israel" SK 1, 1.

4. "gegen"
מעיד אני עלי תשמים "ich nehme den Himmel als Zeugen gegen mich" Mu 43, 3; עמד עליו "widersteh ihm" Mu 46, 9.

5. "zu Händen von" (bei Verträgen zur Bezeichnung des ausführenden Beauftragten)
על יד "zu Händen von" Mu 24, B2. C2. D2. E2.

6. örtlich "unmittelbar vor"
על פי "unmittelbar am Ausgang" Cu 7, 14; ähnlich: Cu 12, 11; על האבן "unmittelbar vor dem Stein" Cu 8, 5.

7. "wegen, aufgrund von"
על חטא "wegen einer Sünde" ZZ 102, B1.1.1.2.2.3.3.3.4.4.5.6.6.

8. "zu Lasten von, zur Einhaltung des Vertrages verpflichtet"
על נפשה "zur Einhaltung des Vertrages verpflichtet" (aram. Suffix Sg.3.m.) Mu 24, C19; 29, 18; 42, 10; V 40; על נפשר "zur Einhaltung des Vertrages verpflichtet" V 38, 8.8.8.8.

9. "wann?"
על ימי שמעון בן כוסבה "in den Tagen Simeons, Sohn des Kosiba" HV 81, 1.

על גב 19.1
על גב אלה "wegen dieser Dinge" Qu 1, A.

---

35 vgl. Segal § 363.

על mit Suffix
Sg.1.c.: עלי "gegen mich" Mu 24, C18; 43, 3.
Sg.3.m.: עליו "gegen ihn" Mu 30, 15; 46, 9; ZZ 102, B2.2.2.2.2; 105, 3; 110.

Pl.1.c.: עלינו "über uns" Sp 1, 2; "gegen uns" ZZ 102, B9.

20. עם
1. "mit"
עמך (Text שותפתי) שותפותי "meine Verbindung mit dir" V 40; עכשו באחה { } עם לכאן "jetzt kamst du hierher mit ( )" ZZ 4, 10; על תעש עימנו כלה "mach uns nicht den Garaus" ZZ 102, B15.

2. "bei"
עמך ערמה ומדע תורה "bei dir ist Klugheit und Kenntnis der Tora" Qu 1, C4.

עם mit Suffix
Sg.2.m.: עמך "mit dir" V 40.

21. קודם "vor"
קודם הכל שואל אני בשלומך "zuvor (am Anfang eines Briefes) erkundige ich mich nach deinem Wohlergehen" ZZ 4, 5f.

22. תחת örtlich "unter, unterhalb"
תחת המעלות "unter der Treppe" Cu 1, 1f; ähnlich: Cu 2, 1; תחת החומא "unterhalb der Mauer" Cu 2, 10; תחת הסף הגדול "unter der großen Schwelle" Cu 2, 12; תחת הפנא הדרומית "unterhalb der östlichen Zinne" Cu 3, 1f; ähnlich: Cu 3, 5.10; תחת המרף "unter der Plattform" Cu 3, 12f; תחתו "darunter" Cu 6, 5; תחת פנת המשטח "unterhalb der Ecke des Trockenplatzes" Cu 7, 11; תחתיה "darunter" Cu 8, 6; תחת יד אבשלום "unterhalb des Absalomdenkmals" Cu 10, 12; תחת השקות "unter der Tränkrinne" Cu 10, 15f; תחת עמור האכסדרן "unter der Säule der kleinen Vorhalle" Cu 11, 3; תחת המסמא הגדולא "unter der großen Steinplatte" Cu 11, 6f; תחת הסכין "unter den Dornen" Cu 11, 8; תחת האבן "unter dem Stein" Cu 12, 2; תחת סף הבור "unter der Schwelle der Zisterne" Cu 12, 2f; תחת המעלהא "unter der Treppe" Cu 12, 4.

תחת kann sich mit מן verbinden, um genauer den Ausgangspunkt zu bezeichnen[36]: מתחת פנת האסטאן הדרומית "unterhalb der östlichen Ecke der Säulenhalle" Cu 11, 2.

---

[36] vgl. Brockelmann, Syntax, § 119: "Zur genaueren Bestimmung einer Bewegung nach ihrem Anfang oder Endpunkt werden nicht selten zwei Präpositionen miteinander verbunden."

תחת **mit Suffix**
Sg.3.m.: תחתו "darunter" Cu 6, 5.
Sg.3.f.: תחתיה "darunter" Cu 8, 6.

"Denn die Torheit Gottes ist weiser als Menschen sind und die Schwachheit Gottes ist stärker, als die Menschen sind." 1. Kor. 1,25

§ 24 Die Konjunktionen

1. אללי "wenn nicht"[1]

אללי leitet zusammen mit שֶׁ den Vordersatz eines irrealen Bedingungssatzes ein.
אללי שהגיים קרבים אלנו "wenn die Römer sich uns nicht näherten" Mu 42, 5.

2. כי "denn" (begründend)[2]

כי אתה אים ואין זולתך "denn DU bist Gott und es gibt nichts außer DIR" ZZ 101, 3f; כי החרימו "denn sie haben der Vernichtung geweiht" ZZ 101, 7; כי אחה אלהנו "denn DU bist unser Gott und verläßlich" ZZ 103, 2f; כי למען עבדיי ... וקיים "denn um meiner Knechte willen bewahre ich meine Gnadenerweise" אנצור לחסדיי ZZ 120, 7; כי כולם מעשה ידיי "denn sie alle sind das Werk meiner Hände" ZZ 120, 8; כי הם זרע {עמי} דודיי "denn sie sind der Same meines Volkes, meine Freunde" ZZ 120, 8f.

"daß"

ראה כי נמאסנו "sieh, daß wir verachtet sind" ZZ 122, 11.

3. שֶׁ [3]

שֶׁ dient nicht nur als Relativpronomen, sondern wird auch als Konjunktion verwendet.

3.1. "daß"

ידע יהי לך שהפרה שהי שלו "hiermit sei dir kundgetan, daß die Kuh" Mu 42, 2f; מעיד אני עלי תשמים ...שאני מזבנות "daß sie ihm durch Kauf gehört" Mu 42, 4; נתן תכבלים ברגלכם "ich nehme den Himmel als Zeugen gegen mich..., daß ich eure Füße in Fesseln legen lassen werde" Mu 43, 3.5f; שאין לחם {בת}חומה{ן} "daß es in ihrem Gebiet kein Brot gibt" Mu 45, 4.

---

1 vgl. Albrecht § 19c; Segal § 302; --»§ 36.1.3
2 vgl. Segal § 302: seiner Ansicht nach gehört כי zu den verlorengegangenen Konjunktionen, die nur unter biblischem Einfluß, z.B. in der Liturgie, auftauchen.
3 vgl. Albrecht § 16; Segal § 303.

§24 Die Konjunktionen

3.2. "weil" [4]

לא מצאתי אותך שהלכתה אצל כלבא ארמייא "ich fand dich nicht, weil du zu diesem aramäischen Hund gegangen warst" ZZ 4, 13ff; תן אותן לו שאני צריך אותן "gib sie ihm, weil ich sie brauche" ZZ 4, 24f; {א}תן כאן שהאיש חולה הוא" "ihr seid hier, weil der Mann krank ist" ZZ 105, 2.

3.3. "damit"

שלא תהי אומר (אמור Text) מן בשרון לא עלתי אצלך "damit du nicht sagst, ich sei aus Geringschätzung nicht zu dir gekommen" Mu 42, 6f; עמד עליו שיפטר בו "geh gegen ihn vor, damit er dadurch befreit wird" Mu 46, 9.

3.4. ש zur Kennzeichnung des Briefhauptteiles [5]

שלום שתשלח תבי לך שלום שידע יהי "Heil! Hiermit sei dir kundgetan" Mu 42, 2f; שלום שתשלח תבי לך "Heil! Du sollst veranlassen und bringen lassen" Mu 44, 2.

3.5 ש kann sich mit anderen Konjunktionen und Präpositionen verbinden:

1. **אלולי ש** "wenn es nicht so wäre, daß" als Einleitung eines irrealen Bedingungssatzes [6]
2. **בשלא** "damit nicht"
   בשלא עושה ?? Mu 24, B11.
3. **כמה ש** "wie" [7]
   כמה שעסת{י} לבן עפלול "genauso, wie ich mit dem Sohn des 'Aphlul verfahren bin" Mu 43, 6f.
4. **מש** "seit" [8]
   משנברה העולם "seit die Welt erschaffen wurde" Su 102, 5.
5. **מפני ש** "weil" [9]
   מפני שבאת לכאן "weil du hierher kamst" ZZ 4, 4f.7.
6. **עד ש** "bis" [10]
   עד שישלם זמן הפרות "bis zur Erntezeit" V 42; עד שאני באתי לדרום "bis ich zu dir in den Süden käme" ZZ 4, 9.

---

4 vgl. Segal § 482.
5 vgl. dazu Pardee, Handbook, 149f: ש wird dort als Verwandter des aramäischen די in den aramäischen Bar-Kochbabriefen aufgefasst. Nach Pardees Ansicht steht in vorchristlichen Belegen anstelle des ש ein העד. Ich möchte dazu noch darauf hinweisen, daß dieses ש als Briefeinleitung auch fehlen kann: שלום מעיד אני עלי השמים "Heil! Ich nehme den Himmel als Zeugen gegen mich" Mu 43, 3; ähnlich auch der Beginn von Mu 46, 2 und ZZ 4, 7.
6 --»§ 26.1.4; 36.1.3.
7 vgl. Albrecht § 17f.
8 vgl. Albrecht § 27a; Segal § 513.
9 vgl. Albrecht § 24c.
10 vgl. Albrecht § 27h.i; Segal § 513.

4. של

Zusammen mit der Präposition ב und der Konjunktion ש dient של als Konjunktion in der Bedeutung

1. "damit"

בשל שיבו "damit er hineinkommt" Mu 46, 7; בשל שתשמח באחרית העת "damit du dich in Zukunft freuen kannst" Qu 1, C6.

2. "damit nicht"

בשל שלא יהיה הטהר מזה על הטמה "damit der Reine nicht den Unreinen besprengt" Qu 1, B.

"Wer aber sein Wort hält, in dem ist wahrlich die Liebe Gottes vollkommen."
1. Joh. 2,5

§ 25 Die Partikel[1]

1. אוף, אף[2]
1.1 "ferner"
als Einleitung oder Fortsetzung eines Briefteiles
ואף אללי שהגיים קרבים אלנו "und ferner: wenn sich die Römer uns nicht näherten" Mu 42, 5; ואף על טהרת פרת החטאת "und ferner: was die Reinheit der Sündopferkuh anlangt" Qu 1, B; ואף אנחנו כתבנו אליך "und ferner haben wir dir geschrieben" Qu 1, C2.

1.2 "auch"
in einer Aufzählung
אוף אחוניות הבכירות "auch die Frühpflaumen" Bs 3, 20.

2. או "oder"
אם יתיר או חסר "mehr oder weniger" Mu 22, 10f; 30, 14.
Durch אם...אם oder או...אם werden Alternativen ausgedrückt:
אם במעלה ואם במטה אם יתיר או חסר "mehr oder weniger" Mu 22, 10f; 30, 14; "ob oben oder unten" ZZ 104, 7.

3. אלה "außer" (statt Bibliischhebräischem כי אם)
{אין} צריך לו אחת אלה שלו "außer meinem Bruder" Mu 45, 8; אלה אחי "er braucht nichts außer seinem Eigentum" Mu 46, 5f.

4. אפלו "sogar"
אפילו מן תרנוגלה עלייה "sogar in Obertarnugla" Bs 3, 21f.

---

1 vgl. Albrecht § 11; Segal § 294-299; Epstein, 1210-1220, dabei können kurze Wörter mit dem folgenden zusammengeschrieben werden.
2 mit Abdunklung des Vokals --»§ 2, פ.

5. לבד "allein"

שניהם שוקלים תחצי הכסף...לבד "die beiden zahlen die Hälfte des Silbers allein" V 38, 8.

6. גם "auch"

אבות וגם לבנים "Väter und Söhne" ZZ 103, 1; זקינים וגם נערים "Alte und Junge" ZZ 103, 1.

7. הרי "siehe"

הרי אלו בשביעית שביעית "siehe, diese Früchte sind im siebten Jahr Siebentjahresfrüchte" Bs 3, 21; הרי אלו מותרין בשביעית בקסרין "siehe, diese Früchte sind im siebten Jahr in Caesarea erlaubt" Bs 3, 23.

8. ודיי "gewiß, sicher"

הן מחעסרין ודיי "sie müssen gewiß verzehntet werden" Bs 3, 21.

9. חסר "weniger"

{המכסה} הלו חסר דינרין ששה עשר "jener Betrag weniger sechzehn Dinar" V 38, 8.

10. יותר "mehr" (mit מן zusammen als Komparativ)

שוקלים תחצי הכסף הלו יותר הימנו עוד דינרין ששה עשר "sie zahlen die Hälfte jenes Silbers (mehr als das) dazu, noch sechzehn weitere Dinar" V 38, 8.

11.1 כאן "hier"

כול[ו]ם כאן "sie sind alle hier" ZZ 4, 18; {א}תן כאן שהאיש חולה הוא "ihr seid hier, weil der Mann krank ist" ZZ 105, 2.

11.2 כן, לכאן "hier, hierher"

עכשו באחה לכאן "weil du hierher kamst" ZZ 4, 7; מפני שבאת לכאן: "jetzt kamst du hierher" ZZ 4, 10.
כן הן מנחות "hier sind sie bestattet" NB 15, 1; הוא כן אצלי :כן "er ist hier bei mir" Mu 46, 1.

§25 Die Partikel

12. כבר "bereits"

"את שגלוים לנו כבר אמרנו לפניך "das, was uns bekannt ist, haben wir bereits vor DIR bekannt" ZZ 102, B6; את שאין גלוים לנו כבר לפניך גלוים" "das, was uns unbekannt ist, ist vor DIR längst offenbar" ZZ 102, B7.

13. כן "so"

כן קדש את שמך "so heiligte er DEINEN Namen" ZZ 101, 6.

14. עוד "noch"

עוד דינרין ששה עשר "weitere sechzehn Dinar" V 38, 8.

15. עכשו "jetzt"

עכשו באתה לכאן "jetzt kamst du hierher" ZZ 4, 10.

16. פה "hier"

פה ינוח אשת לאון "hier ruht Leons Frau" CIJ 621, 1f; פה ינוח שבתיי "hier ruht Sabatay" CIJ 622, 1; פה ינוח בזיכרון טוב שמואל "hier ruht Samuel seligen Angedenkens" CIJ 630, 1f; שוכבת פה אשה נבונה "hier ruht eine kluge Frau" CIJ 634, 1f.

17. שם "dort"

שם שני דודין מלאין כסף "dort sind zwei Krüge voller Silber" Cu 4, 8; שם קלל בו ספר אחד "dort befindet sich ein Krug mit einer Buchrolle" Cu 6, 4f; משם "von dort" V 40.

"Unser Glaube ist der Sieg, der die Welt überwunden hat."

1.Joh. 5,4

§ 26 Die Bedeutung der Tempora[1]

1. Das Perfekt [2]

1.1 zur Darstellung von abgeschlossenen Handlungen in der Vergangenheit
1.1.1 Perfekt

כל מה שקנו רבי היתיר כפר צמח "Rabbi hat das Dorf SMH verboten" Bs 3, 10; ישראל "alles, was Israel erwarb" Bs 3, 12; חיה ארבעים ושתים שנה "er lebte zweiundvierzig Jahre" CIJ 630, 3f; ähnlich: CIJ 634, 8; Je 174, 2; NB 15, 2.6; יהודה הנער ... שלא חטא מעולם "Juda, der Knabe, der niemals sündigte" CIJ 668, 1.3; כמה שעסת{י} לבן עפלול "so, wie ich mit Ben ʿAphlul verfahren bin" Mu 43, 6f; ähnlich: Mu 44, 8; 45, 7; פרשנו מרוב העם "wir haben uns vom übrigen Volk getrennt" Qu 1, A; עשה הפסיפוס הזה וטח את כותליו "er ließ dieses Mosaik verlegen und ihre Wände anstreichen" Su 101, 2f; ähnlich: GR 1, 3; KB 1; NB 28; NV 1; Su 102, 2; 103; מה שנתנרב במשחה "das, was er anläßlich des Festmahls spendete" Su 101, 4; מפני שבאת לכאן נברה העולם "seit die Welt erschaffen wurde" Su 102, 5; ונתתי לך עשרין ושבעה חרובין "weil du hierher kamst und ich dir siebenundzwanzig Harubin gab" ZZ 4, 7f; ähnlich: ZZ 4, 10.11.13.16; שמואל קדש את שמך "Samuel heiligte DEINEN Namen" ZZ 101, 2; כל העם ראו את קדרושתך ונפלו על פניהם "alles Volk sah DEINE Heiligkeit und fiel auf sein Angesicht" ZZ 101, 4; חמסנ{ו} "wir handelten gewalttätig" ZZ 102, A10; את שגלוים לנו כבר אמרנו "das, was uns bekannt war, haben wir längst bekannt" ZZ 102, B6; ד{ויד} עבדך אמר "David, DEIN Knecht, sagte" ZZ 102, B8; טיכסחה גן עידן "DU hast den Garten Eden geschaffen" ZZ 106, B4; ähnlich: ZZ 120, 9; מימך לא סרנו "von DIR sind wir nicht abgewichen" ZZ 122, 10.

1.1.2 Epistolary Perfect[3]

מקצת מעשי אף אנחנו כתבנו אליך "auch wir haben dir geschrieben" Qu 1, C2; התורה שחשבנו לטוב לך "einen Teil, der Thoraauslegung, den wir als gut für dich erachten" Qu 1, C3.

---

1 vgl. Segal § 306-347; Albrecht § 104-107; Kutscher § 218.
2 vgl. Segal § 307-313; Albrecht § 104.
3 "...used by the writer of a letter... for statements regarding the situation of the writer when writing: "The writer of a letter... may put himself in the position of the reader... who views the action as past..."," Pardee, BN 22(1983), 34, Anm.7.

§26 Die Bedeutung der Tempora

1.2 Präsens

1.2.1 als Stativ (bei fientischen Verben)

{א}נחנו אשמנו "wir luden Schuld auf uns" ZZ 102, A9; ראה כי נמאסנו "sieh, daß wir verachtet sind" ZZ 122, 11.

1.3 Koinzidenz (bei Verträgen)[4]

als Einleitung: {אלעז}ר בן השלני אמר להלל "Eliezer, der Sohn des ..., sagte zu Hillel" Mu 24, B5f; ähnlich: Mu 24, C4f . E4; V 38, 2; 40; מכר קלבוס "Kolbos hat gekauft" Mu 29, 10; 30, 10.

als Vertragsinhalt: חכרתי המך מן היום עד סוף ערב השמטה "ich pachtete von dir von heute an bis zum Ende des Siebentjahreszyklus" Mu 24, B13f; ähnlich: Mu 24, C6.8.11f. E5f.7.8f. F8.10; V 38, 6; מכרתי לך בכסף "ich kaufte von dir für die Summe von" Mu 30, 20; הפרה שלקח יהוסף בן ארצטון "die Kuh, die Josef, der Sohn des Ariston, gekauft hat" Mu 42, 3.

als Abschluß mit Unterschrift: כתבה "verantwortlich für vorangehendes Schreiben" Mu 42, 8.9; ähnlich: Mu 24, D20[5]; כתב משבלה בן שמעון "Masbala, Sohn des Simeon, verantwortlich für vorangehendes Schreiben" V 38, 8; ähnlich: V 38, 8.8.

1.4 im realen Bedingungssatz

אם נתתה לי ...חמשה חרובין ורבי ע עשית אותן שלך "wenn du mir fünf Harubin gibst, berechne ich als die deinigen (mit Zahlenangabe)" ZZ 4, 19.21f.

1.5 im Irrealis der Vergangenheit

אללי שהגיים קרבים אלנו אזי עלתי והפצתיך על ככה "wenn die Römer sich uns nicht näherten, dann wäre ich zu dir gekommen und hätte dich darüber informiert" Mu 42, 5f.

1.6 in indirekter Rede in der Vergangenheit

שלא תהי אומר (אמור Text) מן בשרון לא עלתי אצלך "damit du nicht sagst, aus Verachtung sei ich nicht zu dir gekommen" Mu 42, 6f.

---

4 Nach Brockelmann, Syntax §41.d drückt Koinzidenz "den Zusammenfall zwischen Aussage und Vollzug der Handlung aus", nach Gesenius-Kautzsch §106 m.a auch "zum Ausdruck zukünftiger Handlungen bei vertragsmäßigen oder sonstigen ausdrücklichen Versicherungen".

5 Nach Pardee, Handbook, 125, wird die Formel כתבה in Mu 42, 8.9 und 46, 11 gebraucht. Auffällig daran sei, daß es sich im ersten Fall um zwei Absender handele, der Brief aber trotzdem in der Sg.1.c. abgefaßt ist. Seiner Meinung nach könne כתבה somit entweder den Schreiber selbst oder denjenigen bezeichnen, der den Brief diktiert hat. Da jedoch die Unterschriften meistens anders und ungelenker aussehen als der eigentliche Corpus des Briefes, scheint erstere Annahme die größere Wahrscheinlichkeit für sich zu haben. Davon ausgehend wird man כתבה sinngemäß mit "verantwortlich für vorangehendes Schreiben" übersetzen müssen.

2. Das Imperfekt[6]
2.1 als Futur

כל שיש לי ושאקנה "alles, was ich habe und was ich noch erwerben werde" Mu 30, 23; (Text חזו) מקום פניו יהו בו אצלך תשבת חזו "das Vorhutlager, in dem sie bei dir diesen Sabbat verbringen werden" Mu 44, 5f; ähnlich: Mu 44, 9; כל מהפירות והביאה שיהיה במקום (במוקם Text) עד זמן שישלם זמן הגנות "alles von den Früchten und dem Ertrag, den es dort bis zum Zeitpunkt der Ernte geben wird" V 40; 40; עד שישלם זמן הפרות של עין גדי "bis die Zeit der Ernte in Engedi sein wird" V 42; תשוב אליו ותופיע זוהר זבולך "DU wirst zu ihm zurückkehren und den Glanz Deiner Wohnung aufgehen lassen" ZZ 102, B22; ähnlich: ZZ 102, B21.22.22f .23: 106, B13; זרעו יקצור חסד "sein Nachkomme wird Güte ernten" ZZ 102, C10; ימלוך אחד לאחד "einer wird über den anderen herrschen" ZZ 104, 6.

2.2 als Gegenwart

פה ינוח "hier ruht" CIJ 621, 1; 622, 1; 624, 1; 630, 1; אלהי צבאות תבנה הבית הזה "Gott Zebaoth, DU läßt dieses Haus bauen" Je 173, 1f; אהי בדרום} "ich bin im Süden" Mu 45, 6; נודה לך בחצרות קדשך "wir preisen DICH in den Höfen Deiner Heiligkeit" ZZ 101, 7f; ähnlich: ZZ 120, 14; כי למען עבדיי אנצור לחסדיי "denn um meiner Knechte willen bewahre ich meine Gnadenerweise" ZZ 120, 7.

2.3 als Jussiv

יהי שלום על מנוחתו "es herrsche Frieden über seiner Ruhestätte" CIJ 622, 4f; ähnlich: CIJ 630, 4f; NB 5; יהי שלום במקום הזה "es herrsche Frieden an diesem Ort" KB 1; ähnlich: AL 1; Su 102, 6; ZZ 120, 13; תבא ברכה במע{ש}יו "es komme Segen über sein Werk" KB 1; שתשלח תבי חמשת כורין ח{נטי}ן "(Briefanfang) du sollst Befehl geben und fünf Kor Weizen bringen lassen" Mu 44, 2[7]; פרה וירבה "es sei fruchtbar und mehre sich" ZZ 4, 26; תבוא תפילתינו לפניך "unser Gebet möge vor DICH kommen" ZZ 102, B11; ähnlich: ZZ 102, B18; בימגורם יהי וגמולים "an ihrem Aufenthaltsort mögen auch Taten sein" ZZ 122, 4.

2.4 das Imperfekt im realen Bedingungssatz[8]
mit Konjunktion: אם יחפצו לבו "wenn sie hineinkommen möchten" Mu 44, 6.

2.5 mit Kohortativ

נחשבה לך לצדקה בעשותך הישר "wir wollen es dir als Gerechtigkeit erachten, wenn du das Rechte tust" Qu 1, C7.

---

6 vgl. Segal § 314-321; Albrecht § 105-106a-c.
7 vgl. JBL 97(1978), 338.
8 --»§ 36.1.2

§26 Die Bedeutung der Tempora

2.6 das Imperfekt steht nach den folgenden Konjunktionen:

1. בלי "ohne daß": בלי יצא כאור בעדינו "ohne daß Schimpfliches für uns dabei herauskomme" ZZ 102, B15.

2. בשל ש "damit": בשל שיבו לו "damit er zu ihm kommt" Mu 46, 7: בשל שתשמח באחרית העת "damit du dich in Zukunft freuen kannst" Qu 1, C6.

3 בשל שלא "damit nicht": בשל שלא יהיה הטהר מזה על הטמה "damit der Reine nicht den Unreinen besprengt" Qu 1, B.

2.7 das Imperfekt von היה zusammen mit dem Partizip Qal[9]

Aktiv: חכו{ר} שאהא שוקל לך "die Pacht, die ich dir zahlen werde" Mu 24, B15. C13; תהא מורד "du wirst liefern" Mu 24, A16. E11 F15; שלא תהי אומר (Text אמור) "damit du nicht sagst" Mu 42, 6; תהיה זורע וכנס לנפשך "du wirst für dich selbst säen und ernten" V 40.

Passiv: ידע יהי לך "hiermit sei dir kundgetan" Mu 42, 2f[10].

3. Der Imperativ

Der Imperativ dient zum Ausdruck

1. eines Befehls

חפר "grab" Cu 3, 6; 6, 9.12; 7, 9; ähnlich: Cu 4, 7.13; 5, 3.10.14; 6, 3; 7, 1.12.15; 8, 5.9.12.14; 9, 2.5.8.12; 10, 13; משח "miß" Cu 7, 6; 9, 1.

2. eines Rates oder einer Empfehlung

והתחזק (Text התחזק) וחזק תמקום "und stärke dich selbst und ermutige das Lager" Mu 44, 7; עמד עליו "widersteh ihm" Mu 46, 9; הבין בכל אלה "sei klug in all diesen Dingen" Qu 1, C4; ähnlich: ZZ 102, C8; ובקש מלפנו את עצתך "und suche vor IHM einen Rat für dich" Qu 1, C4f; והרחיק מחשבות רעה "und halte Gedanken an Böses fern" Qu 1, C5.

---

9 vgl. Segal § 342f (zur Konstruktion der übrigen Tempora mit היה § 324-328; nach Segal § 343 ist diese Konstruktion genuin hebräisch und nicht aus dem Aramäischen entlehnt); Albrecht § 107d-i.

10 könnte formal in die Richtung eines epistolary perfect gehen, vgl. Pardee, a.a.O., 36, Anm. 14; Die gebrauchte Formel würde man aber nach Dion nicht als Perfekt vermuten, da es Ähnliches in älteren aramäischen Briefen gibt: z.B. ydy' lhw' lmlk' Ez. 4,12; dazu auch: JBL 97 (1978), 338.

3. als Gebetsanliegen

זרוק עלינו מים טהורים וטהרינו "spreng reines Wasser auf uns und reinige uns" ZZ 102, B9; סלח לעוונותינו "vergib unsere Sünden" ZZ 102, B11; מחה והעבר פשעינו "tilge und vergib unsere Vergehen" ZZ 102, B11f; כוף את יצרינו "unterdrücke unsere bösen Triebe" ZZ 102, B12; מול {את ל}בבינו "beschneide unser Herz" ZZ 102, B12; חפוץ לצדקינו אלהי סליחה "finde Gefallen an unserer Gerechtigkeit, Gott der Vergebung" ZZ 102, C14; ähnlich: ZZ 101, 6; 106, B11; ראה כי נמאסנו "sieh, daß wir verachtet sind" ZZ 122, 11.

3.1 mit אל verneinter Jussiv

אל תעש עימנו כלה "mache uns nicht den Garaus" ZZ 102, B15; שמינו מסיפרך אל תימח "tilge unseren Namen nicht aus DEINEM Buch" ZZ 102, B15f.

4. als Wunsch im Abschlußformular eines Briefes[11]

אהוה שלום "sei ein Friede!" Mu 42, 7; ähnlich: Mu 44, 8; 46, 12; 48, 6.

4. Das Partizip[12]
4.1 als Gegenwart

שוכבת פה אשה נבונה "hier ruht eine kluge Frau" CIJ 634, 1f; במחנה שיושב בהרדיס "im Lager, das sich in Herodium befindet" Mu 24, B4. E3; ähnlich: Mu 24, C4. D4; {חונן} תעניאין וקובר במיתין "er erbarmt sich der Armen und begräbt die Toten" Mu 46, 4f; בטב אתן יושבין אכלין וש{ו}תין ... ולא דאגין לאחיכן "unbeschwert sitzt ihr da, eßt und trinkt und denkt nicht an eure Brüder" Sk 12, 2f.4; כותב אני לכבודך קודם הכל שואל אני בשלומך "ich schreibe zu deiner Ehre, zuvor erkundige ich mich nach deinem Befinden" ZZ 4, 4ff; אמנה שאני נותן לך "der Kredit, den ich dir zur Verfügung stelle" ZZ 4, 20; מודים אנחנו לך ייי אנו "DICH, J., unseren Gott, bekennen wir" ZZ 101, 1; {אתה ח}ופס כל חדרי "DU durchforschst all meine Gemächer" ZZ 102, A17.

4.2 als allgemeine Gegenwart

הפירות הללו אסורין בבית שאן "diese Früchte sind in Bet Schean verboten" Bs 3, 1; ähnlich: Bs 3, 18f; אילו המקומות המותרין "dies sind die erlaubten Orte" Bs 3, 5f; ähnlich: Bs 3, 9.23.27; העיירות אסורות בתחום צור "diese Städte im Gebiet von Tyrus sind verboten" Bs 3, 11; כל מה שקנו ישראל נאסר "alles, was Israel erwarb, ist verboten" Bs 3, 12f; רקם טרכון זימרה דמחדם לבוצרה "Reqem in

---

11 vgl. *JBL 97 (1978), 341.*
12 vgl. *Segal § 322-341 (339-341 zur Verneinung des Partizips); Albrecht § 107a-c.l.n. o; Segal § 332-334.336; Albrecht § 107m.*

der Trachonitis, Zimara, das an Busra grenzt" Bs 3, 17; הן מתעסרין ודיי "sie (die Früchte) werden sicherlich verzehntet" Bs 3, 21; ähnlich: Bs 3, 1.19.22; הן מתקנין דמיי "sie (die Früchte) werden als Zweifelhaftes verzehntet" Bs 3, 24; מעיד אני עלי חשמים "ich nehme den Himmel als Zeugen gegen mich" Mu 43, 3[13]; יושב "wohnhaft" Mu 42, 4; ähnlich: V 38, 5; כן הן מנחות "hier sind sie bestattet" NB 15, 1; דרכי תומו זכור לעם קרובו "die Wege seines Glücks sind eingedenk des Volkes seiner Nähe" ZZ 102, C6; זרוע צדקו נוכח זוכר עלם "seine Gerechtigkeit ist demgegenüber gesät, der an die Ewigkeit denkt" ZZ 102, C9f.

4.3 als Futur

כל שיש לי ושאקנה אחראים וערבים "alles, was ich besitze und was ich noch erwerben werde, bürgt und haftet" Mu 30, 23f; אני נתן תכבלים ברגלכם "ich werde Eure Füße in Fesseln legen lassen" Mu 43, 5f; שניהם שוקלים תחצי הכסף "sie beide bezahlen die Hälfte der Silber(summe)" V 38, 8.8.

4.4 als Protasis eines Bedingungssatzes

מעיד אני עלי חשמים ... שאני נתן תכבלים ברגלכם "ich nehme den Himmel als Zeugen gegen mich,... daß ich Eure Füße in Fesseln legen lassen werde" Mu 43, 3ff.

4.5 als prädikativer Zusatz nach einer Unterschrift

יעקוב בן יהוסף מעיד "Jakob, der Sohn des Josef, bezeugt es" Mu 42,13[14].

4.6 Das Partizip passiv zum Ausdruck eines Wunsches

ברוך שמו לעולם "gepriesen sei SEIN Name in Ewigkeit" CIJ 1186; זכור לטוב "es sei gedacht zum Guten" DL 1, 8.11; ähnlich: JM 1, 2; זכור לטובה "es sei gedacht der Güte" Su 101, 1; ähnlich: CIJ 629, 2; SU 102, 1.

5. Der Infinitiv [15]

Der Infinitiv absolutus ist im Neuhebräischen nur als erstarrte Form belegt: הרבה שלומך "viel sei dein Heil" ZZ 4, 25 und einmal für eine finite Verbform: נסלוח לו "man hat ihm vergeben" Qu 1, C2.

Der Infinitiv constructus
5.1 nach ל
5.1.1 als nähere Erklärung

הלוקח וירשו למכר חזה לעשות בו כל "der Käufer und seine Erben sind berechtigt, mit diesem Verkaufsobjekt alles zu tun" Mu 30, 22f; אחראים וערבים למרק לפנך "sie bürgen und haften dir gegenüber für die Einhaltung des Vertrages" Mu 30, 24;

---

13 Nach Pardee, a.a.O. 36, könnte an dieser Stelle in älterer Zeit ebensogut ein *epistolary perfect* gestanden haben.
14 vgl. JBL 97 (1978), 314, Anm. 90).
15 vgl. Segal § 344-349; Albrecht § 106e-f.

פרשנו"...מהתערב בדברים האלה ומלבוא ע{מם ע}ל גב אלה "wir haben uns losgesagt... von der Vermischung bezüglich dieser Angelegenheiten und vom Kontakt mit ihnen in diesen Dingen" Qu 1, A; הנרבת{ה}... ולהלך לנו בספינה" "hattest du nicht versprochen... und mit dem Schiff zu uns zu kommen?" ZZ 4, 16f.

5.1.2 als Objekt
אם יחפצו לבו "wenn sie hereinkommen wollen" Mu 44, 6.

5.1.3 final (meist mit Subjektswechsel)
כוף את יצרינו להשתעבד בך "unterdrück unsere bösen Triebe, damit sie DIR dienen" ZZ 102, B12; מול ל{את }לבבינו ליראה את ש{מ}יך" "beschneide unser Herz, damit es DEINEN Namen fürchtet" ZZ 102, B12f; גישתך לחתום מוסר" "DEIN Nahen dient zur Versiegelung der Zucht" ZZ 102, B16.

5.2 nach ב
5.2.1 als temporaler Nebensatz: "sobald, indem wenn": באשיח שובית הכרם בבואך לסמולו "im Speicherbecken von Bet ha-Kerem, wenn du nach links gerichtet hineinkommst" Cu 10, 5f; דלות מעשים בשורך "Armut sind Taten, wenn DU sie betrachtest" ZZ 102, B16f.

5.2.2 als Bedingung
בשל שתשמח באחרית העת במצאך מקצת דברינו {כין} "damit du dich in Zukunft freuen kannst, wenn du einen Teil unserer Worte für richtig erachtest" Qu 1, C6; נחשבה לך לצדקה בעשותך הישר "wir wollen es Dir als Gerechtigkeit anrechnen, wenn du das Rechte tust" Qu 1, C7.

5.3 als Adverb
אצלך בדעת "bei dir bekannt" Mu 44, 3f.

"Es ist aber der Glaube eine feste Zuversicht auf das, was man hofft, und ein Nichtzweifeln an dem, was man nicht sieht." Hebr. 11,1

§ 27 Der Aufbau des Verbalsatzes[1]

1. Das Verb steht am Anfang des Satzes

In den meisten Fällen steht das Verb am Anfang des Satzes, gefolgt vom dazugehörigen Subjekt. Betonte Satzteile können aber vorangestellt werden.
מן {ר}יפס "ein Ort, den Israel erwarb" Bs 3, 26; מקום שקנו אותו ישראל
כל אדם (Text שהצלכם)שאצלכם הגללאים "wenn von den Galiläern, die bei euch sind, irgendeiner desertieren sollte" Mu 43, 4; יהי שרי משכבו בשלום "seine Ruhestätte sei gleich in Frieden" NB 5; תבוא לפניך תפילתינו "unser Gebet möge vor DICH kommen" ZZ 102, B11.

Ist das Subjekt im Verb enthalten oder steht es nach dem Verb, folgt in den meisten Fällen das Akkusativobjekt.
1. nach ל
תתקן להן "du sollst sie verzehnten" Mu 44, 4; חשבנו לטוב לך "wir wollen es dir zugute halten" Qu 1, C3; נחשבה לך לצדקה "wir wollen es dir als Gerechtigkeit anrechnen" Qu 1, C7; אם נתתה לי "wenn du mit gibst" ZZ 4, 19f; סלח לעוונותינו "vergib unsere Sünden" ZZ 102, B11; ימלוך אחד לאחד "einer wird über den anderen herrschen" ZZ 104, 6.

2. nach את
התחזק(התחזק Text) וחזק המקום "stärke dich selbst und ermutige das Lager" Mu 44, 7; פקדתי תמי "ich gab demjenigen Anweisung" Mu 44, 8; עשה את המערה הזו "er ließ diese Grabhöhle einrichten" NB 28; עשה הפסיפוס הזה וטח את כותליו "er ließ dieses Mosaik verlegen und ihre Wände anstreichen" Su 101, 2f; לא מצאתי אותך "ich fand dich nicht" ZZ 4, 13f; תן אותן לו "gib sie ihm" ZZ 4, 29f; כוף את יצרינו "unterdrück unsere bösen Triebe" ZZ 102, B12.

3. nach ב
תאחת ידך במישפט "wenn DU Gericht hälst" ZZ 102, B15; חשק ביצחק "er hing an Jakob" ZZ 104, 5.

---

1 vgl. Segal § 342 (zur Stellung bei der Konstruktion von היה mit Partizip); Albrecht § 107h.

Die Stellung innerhalb des Verbalsatzes

4. ohne Bezeichnung

תשלח תבי "sie möge Gottes Gegenwart erfahren" CIJ 634, 5f; תמצא פני אל
עוד "du sollst Befehl geben, fünf Kor zu schicken" Mu 44, 2f; חמשת כורין
"sie geben einen weiteren Anteil von sechzehn Dinar dazu" דינרין ששה עשר היםנו
V 38, 8; מחה והעבר פשעינו "tilge und vergib unsere Verfehlungen" ZZ 102, B11f;
תזריח חופת חדרך "DU läßt die Decke deines Gemaches aufgehen" ZZ 102, B22f;
תטהר יופי ייקרת "DU stellst die Schönheit der Würde wieder her" ZZ 102, B23;
טיכסתה גן עירן "DU hast den Garten Eden geschaffen" ZZ 106, B4.

Folgen mehrere Objekte, stehen Präpositionen mit Suffixen voran.
מקום פניו יהו בו אצלך תשבת חזו (Text חזו) "das Vorhutlager, in dem sie bei dir
diesen Sabbat verbringen können" Mu 44, 5f; יתן לך תחטין "er wird dir den Weizen
geben" Mu 44, 9; בקש מלפנו את עצתך "suche bei IHM Rat für dich" Qu 1, C4f;
הרחיק ממך מחשבות רעה "enthalte dich der Gedanken an Böses" Qu 1, C5;
החכרתי לך תגנה שלנו "ich verpachtete dir unseren Garten" V 40; נחתי לך
"ich gab dir siebzehn Harubin" ZZ 4, 7f; עשרין ושבעה חרובין זרוק עלינו מים
טהרים "spreng reines Wasser auf uns" ZZ 102, B9; אל תעש עימנו כלה "mach uns
nicht den Garaus" ZZ 102, B15; הסר מנה כל חולי "halte jegliche Krankheit von ihr
fern" ZZ 120, 11f; רצו וחלקו ביתוחי{ה}ם ... תמקומות "sie wollen sich das Feld
teilen" V 38, 2.6.

2. Das Verb steht nicht am Anfang des Satzes
Folgende Satzteile können zur Hervorhebung ganz an den Anfang eines Verbalsatzes
treten:
1. ein Substantiv

יונה ושבתיה אשתו ... חזקו בחיי{ם} "Rabbi hat verboten" Bs 3, 10; רבי היתיר
"Jona und Sabbatjah, seine Frau, waren zu Lebzeiten stark" Je 174; יוסה הלוי
בן לוי עשה השקוף "Josa, der Levit, der Sohn eines Leviten, ließ diesen Türsturz
setzen" KB 1; אלעזר בן השלני אמר להלל "Eliezer, der Sohn des..., sagte zu
Hillel" Mu 24, B5f. C4f. D4f. E4; V 40; הבית ניבנה "das Haus wurde gebaut" NV
1; { } יורן הלוי בר שמעון עשה את "Juda, der Levit, der Sohn des Simeon, ließ
bauen..." Su 103; שמואל קדש את שמך "Samuel heiligte DEINEN Namen" ZZ 101,
2.3; כל העם ראו "alles Volk sah" ZZ 101, 4; דויד עבדך אמר "DEIN Knecht
David sagte" ZZ 102, B8; רחמיך יקדמו רומך "DEIN Erbarmen möge deinem Zorn
vorangehen" ZZ 102, B16; זרעו יקצור חסד "sein Nachkomme wird Güte ernten"
ZZ 102, C10.

2. ein Personalpronomen als Subjekt[2]

אני מרצוני חכרתי המך "mit meinem Einverständnis pachte ich von dir" Mu 24, B6f. C5f. E5; אף אנחנו כתבנו אליך "auch wir haben dir geschrieben" Qu 1, C2; עד שאני באתי לדרום "bis ich in den Süden käme" ZZ 4, 9; {א}נחנו אשמנו "wir sind schuldig geworden" ZZ 102, A9; {א}נחנו הירשענו "wir haben gottlos gehandelt" ZZ 102, A14; אתה תברך "DU segnest" ZZ 120, 13.

3. das Akkusativobjekt

תעפר הלו חכרתי המך "dieses Feld habe ich von dir gepachtet" Mu 24, E8; שמינו מסיפרך אל תימח "tilge unseren Namen nicht aus dem Buch" ZZ 102, B15f; גיל גלמודה תגיש "der Unfruchtbaren bringst DU Freude" ZZ 102, B21; געל ניסבל "wir tragen Verachtung" ZZ 102, C2f.

4.1 ein präpositionaler Ausdruck

מן בשרון לא עלתי אצלך "aus Verachtung sei ich nicht zu dir gekommen" Mu 42, 6f; בטב אתן יושבין "unbeschwert sitzt ihr da" Sk 12, 2f; קודם הכל אני שאול בשלומך "zuvor erkundige ich mich nach deinem Befinden" ZZ 4, 5f; כהר מימך לא כוננו ידיי "wie einen Berg haben meine Hände aufgerichtet" ZZ 120, 9; סרנו "von DIR sind wird nicht gewichen" ZZ 122, 10.

4.2 eine Zeitbestimmung

עכשו באתה לכאן "jetzt kamst du hierher" ZZ 4, 10; כבר אמרנו לפניך "vor DIR haben wir es längst bekannt" ZZ 102, B6.

4.3 eine Ortsangabe

פה ינוח "hier ruht" CIJ 621, 1; 622, 1; 624, 1; 630, 1; כן הן מנחות "hier sind sie bestattet" NB 15, 1.

---

[2] --» § 3.1.

"Alles was ihr tut, das tut von Herzen als dem Herrn und nicht den Menschen."
Kol. 3,23

§ 28 Die Kongruenz im Verbalsatz [1]

Die meisten Verbalformen kongruieren in Numerus und Genus mit ihrem Subjekt. Es gibt folgende Ausnahmen:

1. es wird dem Sinn nach konstruiert, Pl.3.m. steht für Sg.3.m.
מקום שקנו אותו ישראל "alles, was Israel erwarb" Bs 3, 12; כל מה שקנו ישראל "einen Ort, den Israel erwarb" Bs 3, 26; כל שיש לי ושאקנה אחראים וערבים "alles, was ich besitze und was ich noch erwerben werde, bürgt und haftet" Mu 30, 23f; כל העם ראו "alles Volk sah" ZZ 101, 4.

2. Sg.3.m. für Sg.3.f.
פה ינוח אשת לאון "hier ruht Leons Frau" CIJ 621, 1f.

---

1 vgl. Segal § 452.

"Rufe mich an in der Not, so will ich dich erretten." Ps. 50,15

§ 29 את, der Akkusativ beim Verbum[1]

1. Das pronominale Objekt

Anders als im Biblischhebräischen[2] kann das pronominale Objekt durch die Konstruktion mit את ersetzt werden. אם יש מקום שקנו אותו ישראל "wenn es einen Ort gibt, den Israel erwarb" Bs 3, 26; ואף על טהרת פרת החטאת השוחת אותה והסורף אותה "und auch bezüglich der Reinheit der Sündopferkuh: wer sie schlachtet und wer sie verbrennt" Qu 1, B; מרקת אותי "du hieltest mir gegenüber den Vertrag ein" ZZ 4, 11; ולא מצאתי אותך "aber ich fand dich nicht" ZZ 4, 13f; עשית אותן שלך "ich berechne sie als die dir gehörigen" ZZ 4, 21f; שאני צריך אותן "weil ich sie brauche" ZZ 4, 24f; תן אותן לו "gib sie ihm" ZZ 4, 29.

2. Das Akkusativobjekt

Wie im Biblischhebräischen ist את nicht notwendig und bezeichnet nur den determinierten Akkusativ[3]. את kann entweder als selbständiges Wort stehen oder verkürzt zu ת (ta-) mit dem folgenden Wort zusammengeschrieben werden[4]. Der Artikel wird, wie bei den Präpositionen ב und כ, und ו "und" assimiliert[5]: תעפר הלז "jenes Feld" Mu 24, E8; תשבת הזו (Text חזו) "diesen Sabbat" Mu 44,6; תדקל הטובה "die gute Dattelpalme" V 42.

את bezeichnet:

1. das direkte determinierte Akkusativobjekt

1.1 את (steht immer **nach** dem Verbum)
בני יהנו את הרשות שלעלם "meine Söhne genießen die Verfügungsgewalt für immer" Mu 22, 6[6]; חכרת...את העפר "ich pachtete das Feld" Mu 24, C9.E5; כל שיש לי ושאקנה אחראים וערבים למרק לפנך את המכר הזה "alles, was ich besitze und

---

1 vgl. Segal § 75.351.353-357.416f; Albrecht § 30f; 87h.
2 vgl. Gesenius-Kautzsch, §117e: Im Biblischhebräischen muß das pronominale Objekt nur mit את bezeichnet werden: 1. wenn es dem Verbum voransteht 2. wenn das Verbum schon mit einem Suffix versehen ist.
3 vgl. Gesenius-Kautzsch § 117a.
4 vgl. AOAT 18(1973), 138 Anm.7.
5 --»§ 23.4; 23.11.
6 unsichere Lesung, bei den Verbformen nicht zitiert.

Die Stellung von את

was ich noch erwerben werde, bürgt und haftet dir gegenüber für die Einhaltung dieses Verkaufs" Mu 30, 23f; עשה את המערה חזו "er ließ diese Grabhöhle machen" NB 28; המזה את מי החטאת "der das Wasser der Sünde sprengt" Qu 1, B; האוסף את אפרה "derjenige, der ihre Asche einsammelt" Qu 1, B; בקש מלפנו את עצתך "such bei IHM Rat für dich" Qu 1, C4f; טח את כותליו "er ließ ihre Wände anstreichen" Su 101, 3; { } יורד הלוי בר שמעון עשה את ה "Juda, der Levit, der Sohn Simeons, ließ machen ( )" Su 103; {ש}אוהב את הקדש "wer das Heilige liebt" ZZ 2, 2; אם יורד מביא לך את האיגרת חזו "wenn Juda dir diesen Brief bringt" ZZ 4, 28f; שמואל קדש את שמך "Samuel heiligte DEINEN Namen" ZZ 101, 2; ähnlich: 101, 3.4; כל העם ראו את קדושתך "alles Volk sah DEINE Heiligkeit" ZZ 101, 4; כוף את יצרינו "unterdrück unsere bösen Triebe" ZZ 102, B112.

1.2 ת (kann **vor und nach** dem Verbum stehen)

תאלה שתהא חחדר שפתוח "das Zimmer, das geöffnet ist" HV 81, 9; מודר "diejenigen, die du entrichten wirst" Mu 24, B17f. C16; חכרתי המך מן היום "jenes Feld pachtete ich von heute an von dir" Mu 24, E8; תחכור העפר הלז {שאה}א מודר לך "die Pacht, die ich dir entrichten werde" Mu 24, E10f; מעיד אני עלי תשמים "ich nehme den Himmel als Zeugen gegen mich" Mu 43, 3; וחזק תמקום (Text החחזק) התחזק "ermutige dich selbst und festige das Lager" Mu 44, 7; פקדתי תמי שיתן לך תחטין שלה "ich befahl demjenigen, der dir seinen Weizen geben soll, daß..." Mu 44, 8f; { } בן אליע'ר שתתן לו ת ח "der Sohn Eliezers, dem du geben sollst das ( )" Mu 46, 3; ח{ונן} תעניאין וקובר במיתין "er erbarmt sich der Armen und läßt die Toten begraben" Mu 46, 4f; תמקומות שחכרו מן יהונתן "die Felder, die sie von Jonathan gepachtet haben" V 38, 6; שניהם שוקלים תחצי "sie beide zahlen die Hälfte der Summe" V 38, 8.8; החכרתי לך תגנה שלנו הכסף "ich verpachtete dir unseren Garten" V 40; ותדקל הטובה ותחצר { } "sowohl die gute Dattelpalme wie auch die Datteln" V 42.

2. den Akkusativ der Zeit

מקום פניו יהו בו אצלך תשבת חזו (Text חזו) "das Vorhutlager, in dem sie diesen Sabbat bei dir verbringen können" Mu 44, 6.

3. das betonte Subjekt [7]

את מקום שלחזקא "das Grundstück, das Hezqa gehört" Mu 22, 2 (unsichere Lesung); כסף זחין 50 טבין תשום כלם "die ganze Summe von fünfzig Silberzuz" Mu 22, 1f (unsichere Lesung).

---

[7] vgl. *Gesenius-Kautzsch* § 117i.m; --» S.172, Anm. 8.

§29 אֵת, der Akkusativ beim Verbum

אֵת steht

4. vor einem dem Pronomen שׁ[8]
"das, was": אֶת שֶׁגְּלוּיִם לָנוּ "das, was uns bekannt ist" ZZ 102, B6; אֶת שֶׁאֵין גְּלוּיִם לָנוּ "das, was uns nicht bekannt ist" ZZ 102, B7.

5. auf die Frage "wie lange?"
verbunden mit einer Zahlenangabe חֲכַרְתִּי ... אֶת חָמֵשׁ שָׁנִים "ich habe (das Feld) gepachtet für die Dauer von fünf Jahren" Mu 24, B9f.

6. bestimmte Verben werden von אֵת und andere von בְּ regiert [9]
חֹו{נֵן} תַּעֲנִיאִין וְקוֹבֵר בְּמֵתִין "er erbarmt sich der Armen und läßt die Toten begraben" Mu 46, 4f; שׁוֹאֵל אֲנִי בִּשְׁלוֹמָךְ "ich erkundige mich nach deinem Wohlergehen" ZZ 4, 5f; אַל תַּעַשׂ עִמָּנוּ כָּלָה תְּאַחֵת יָדְךָ בְּמִשְׁפָּט "mach uns nicht den Garaus, wenn DU Gericht hälst" ZZ 102, B15.

7. vor dem determinierten direkten Akkusativobjekt kann אֵת fehlen
תִּבְנֶה הַבַּיִת הַזֶּה "DU läßt dieses Haus bauen" Je 173, 2; עָשָׂה הַשְׁקוֹף הַזֶּה "er ließ diesen Türsturz bauen" KB 1; עָשָׂה הַפְּסִיפוֹס הַזֶּה "er ließ dieses Mosaik verlegen" Su 101, 2f.

אֵת mit Suffix[10]

Sg.1.c.: אוֹתִי "mich" ZZ 4, 11.
Sg.2.m.: אוֹתָךְ "dich" ZZ 4, 14.
Sg.3.m.: אוֹתוֹ "ihn" Bs 3, 26.
Sg.3.f.: אוֹתָהּ "sie" Qu 1, B.B.

Pl.3.m.: אוֹתָן "sie" ZZ 4, 22.23.25.29.

---

8 vgl. Meyer, a.a.O., 141, erwähnt ein ähnliches Beispiel aus der Mischnah für אֵת mit dem Nominativ.
9 --»§ 23.4.
10 vgl. Albrecht § 30f.

"Beugt euch tief vor dem Herrn, dann wird er euch großmachen."

Jak. 4, 10

§ 30 Die Verneinung[1]

Mit Ausnahme des Jussivs wird im Neuhebräischen mit לא verneint.

1. Die verschiedenen Schreibungen von לא
1.1 לא: CIJ 668, 3; Mu 24, B11; 42, 6.7; 47, 6; Qu 1, B; Sk 12, 4; ZZ 4, 13; 102, A2.3.5. B18; 103, 7.9; 107, 16; 122, 10.
1.2 לוא: Mu 45, 3; 47, 5.

2. לא verneint:

2.1 das Perfekt:
לא חטא מעולם "er sündigte niemals" CIJ 668, 3; לא מצאתי אותך "ich fand dich nicht" ZZ 4, 13f; ומימך לא סרנו "aber von DIR sind wir nicht abgewichen" ZZ 122, 10.

2.2 das Imperfekt:
בשל שלא יהיה הטהר מזה "wenn du dich nicht schämst" ZZ 107, 16; אם לא תבח שלא תהי אומר "damit der Reine nicht den Unreinen besprengt" Qu 1, B; על הטמה "damit du nicht sagst" Mu 42, 6; לא תישכ{ח} עדרות מיפי זרעו (Text אמור) "nicht möge das Zeugnis aus dem Munde seines Nachkommen vergessen werden" ZZ 102, B18.

2.3 das Partizip:
ולא דאגין לאחיכן "aber ihr denkt nicht an eure Brüder" Sk 12, 4.

2.4 ein indeterminiertes Nomen:
לא סלת "kein Weizengrieß" ZZ 102, A2; לא שלמים "keine Opfer" ZZ 102, A5.

3. אל beim Jussiv als verneinter Imperativ:
שמינו מסיפרך אל תימח "tilge unseren Namen nicht aus DEINEM Buch" ZZ 102, B15f; אל תעש עימנו כלה "mach uns nicht den Garaus" ZZ 102, B15.

---

[1] vgl. Segal § 339.471-475; Albrecht § 15; nach Epstein, 1213ff, kann לוא verkürzt zu ל oder לו (1246) mit dem folgenden Wort zusammengeschrieben werden.

"Denn Gott ist treu, durch den ihr berufen seid zur Gemeinschaft seines Sohnes Jesus Christus, unseres Herrn." 1. Kor. 1,9

§ 31 Der Aufbau des Nominalsatzes

Die bei Gesenius-Kautzsch § 140 vorgenommene Unterscheidung zwischen Nominal- und Verbalsätzen kann für das Neuhebräische nur formal übernommen werden. Syntaktisch stellen sie jedoch eine Stufe im Tempussystem dar.
Was in einem Nominalsatz Subjekt und was Prädikat ist, ergibt sich nur aus dem größeren Zusammenhang: Das, worüber etwas ausgesagt wird, ist das Subjekt, und die neue Aussage ist das Prädikat[1].

Dieses Kapitel ist in die folgenden Unterabschnitte aufgeteilt:
1. Das Subjekt des Nominalsatzes 2. Das Prädikat des Nominalsatzes 3. Die Stellung im Nominalsatz 4. Die Kopula 5. Die Bedeutung der Nominalsätze

1. Das Subjekt des Nominalsatzes[2]

1.1 ist in den meisten Fällen ein Nomen

הפירות הללו "Das Brot ist immer teighebepflichtig." Bs 3, 5.22f; הפת חלה לעולם
מתעסרין "Diese Früchte sollen verzehntet werden." Bs 3, 22; נישמחה לחיי עולם
"Ihre Seele möge ewiges Leben finden." CIJ 661, 4; {החיי}ים נפשה בצרור "Ihre Seele möge sich im Beutel des Lebens befinden." CIJ 661, 5; אבן שחורא אמות
שחין הי הפתח "Ein schwarzer Stein von zwei Ellen Durchmesser kennzeichnet den Eingang." Cu 10, 9f; קום המ}חומי ת{ללוקח "Dem Käufer gehört das Verkaufs- objekt innerhalb der folgenden Grenzen." Mu 22, 11; ähnlich: Mu 30, 16f; אין דברים
לי להמכר הזה "An diesem Verkaufsobjekt habe ich keine Rechte." Mu 30, 27f; הגיים קרבים אלנו
{חומה}בת{ אין לחם "Die Römer nähern sich uns." Mu 42, 5;
"Es gibt kein Brot in ihrem Gebiet." Mu 45, 4; שלרבי בתו {של} הזה הארון
"Dieser Sarg gehört der Tochter von Rabbi." NB 25; NB 30; ähnlich: CIJ 661, 2; NB 30; 36; לך לטוב לפנו הטוב "Das Gute vor IHM wird zum Guten für dich." Qu 1, C7; שניהם שוקלים "sie beide bezahlen" V 38, 8.8; כאן כול[ר]ם לי ואחין אמי
"Meine Mutter und Brüder von mir sind alle hier." ZZ 4, 18; לך מביא יורן אם

---

[1] vgl. Segal § 322.331.337.
[2] vgl. Segal § 441-444.

Das Subjekt des Nominalsatzes

האיגרת חזו "wenn Juda dir diesen Brief bringen wird" ZZ 4, 28; דלות מעשים בשורך "Armseligkeit sind Taten, wenn DU sie betrachtest." ZZ 102, B16f; תפילתינו לחייכן ולשלום בניכן ובחי{כן} "Unsere Gebete dienen eurem Leben und dem Heil eurer Söhne und Familien." ZZ 108, 6f.

1.2 ist eine Ortsangabe

בקבר בניה עבט חור הו "Im Grab des Benaja befindet sich ein weißer Korb." Cu 11, 9; המכר חזה בתחומו והחרובים "Dieses Verkaufsobjekt in seinen Grenzen und die Johannisbrotbäume." Mu 22, 12; ähnlich: Mu 30, 18f.

1.3 ist eine Zeitangabe

(Text בשולם) לעולם בשלום "Für immer in Frieden." NB 5.

1.4 ist ein Adverb

הרבה שלומך ושלום כל בני ביתך "Viel sei Dein Heil und das Heil all der Deinen!" ZZ 4, 25f.

1.5 ist ein Demonstrativpronomen

אלו בשביעית שביעית "Diese sind im siebten Jahr Siebentjahresfrüchte." Bs 3, 21; זה קברו שליהודה "Dies ist das Grab von Juda." CIJ 668, 1; ähnlich: NB 5; 17, 1.

1.6 ist ein Personalpronomen

הן מתעסרין דמיי "sie sollen als Zweifelhaftes verzehntet werden" Bs 3, 19.21; הן מתקנין "sie werden verzehntet" Bs 3, 24; ואני בר חקא קבלן "Und ich, der Sohn des Hezqa, bin der Empfänger." Mu 22, 4; ähnlich: Mu 30, 22; הם שנים שלמות שני מכסה חמש "Es sind fünf ganze steuerpflichtige Jahre." Mu 24, E9f; ähnlich: Mu 24, C12f; הי שלו מזבנות "Durch Kauf gehört sie ihm." Mu 42, 4; אני נתן תכבלים ברגלכם "Ich werde Fesseln an eure Füße legen lassen." Mu 43, 5f; הוא כן אצלי "Er ist hier bei mir." Mu 46, 4; אני שואל בשלומך "ich erkundige mich nach deinem Befinden" ZZ 4, 5f; אני נותן לך "ich gebe dir" ZZ 4, 20; {אתה ח}ופס "DU suchst" ZZ 102, A17; אנו חיבים "Wir sind schuldig." ZZ 102, B2.3.3.3f.4.5; אתה אלהנו "DU bist unser Gott." ZZ 103, 3; {עמי} כי הם זרע דודי וידידיי "Denn sie sind der Same meines Volkes, meine Freunde und Lieblinge." ZZ 120, 8f; כי הם לכבודי "Denn sie existieren zu meiner Ehre." ZZ 120, 9.

1.7 ist eine Zahl

שניהם מן עין גדי "Sie beide sind aus En-Gedi." V 38, 4; ähnlich: V 38, 5.

1.8 ist impliziert[3]

בשביעית שביעית שני שבוע דמי "Im siebten Jahr sind sie Siebentjahresfrüchte, in den restlichen Jahren des Zyklus sind sie Zweifelhaftes." Bs 3, 5; קים עלי לעמת ככה "(Der Vertrag) ist gültig zu meinen Lasten entsprechend der angeführten Bedingungen." Mu 24, C18f. D19.

2. Das Prädikat des Nominalsatzes

2.1 ist in den meisten Fällen ein oder mehrere Nomina

בשביעית שביעית "Im siebten Jahr sind sie Siebentjahresfrüchte." Bs 3, 5; ähnlich: Bs 3, 21; שני שבוע דמי "Die Jahre des Zyklus über sind sie als Zweifelhaftes zu betrachten." Bs 3, 5; העיירות שהן ספיק "Die Städte, die zweifelhaft sind." Bs 3, 10; זה קברו של יהודה הנער "Dies ist das Grab des Knaben Juda." CIJ 668, 1; כל שבה חרם "Alles, was dort ist, ist gebannt." Cu 9, 16; אבן שחורא אמות שחין הי הפתח "Ein schwarzer Stein von zwei Ellen Durchmesser kennzeichnet den Eingang." Cu 10, 9f; בקבר בניה עבט חור הו "In Benajas Grab ist ein weißer Korb." Cu 11, 9; אני בר חזקא קבלן "Ich, der Sohn des Hezqa, bin der Empfänger." Mu 22, 4; ähnlich: Mu 30, 5.22; הם שנים שלמות שני מכסה חמש "Es sind fünf ganze steuerpflichtige Jahre." Mu 24, E9f; ähnlich: Mu 24, C12f; רשי הלוקח וירשו "Der Käufer und seine Erben sind verfügungsberechtigt." Mu 30, 22f; כל שיש לי ושאקנה אחראים וערבים "Alles, was ich habe und was ich noch erwerben werde, bürgt und haftet." Mu 30, 23f; הארון הזה {של} בתו שלרבי "Dieser Sarg gehört der Tochter von Rabbi." NB 25; ähnlich: CIJ 661, 2; NB 30; 36; הרבה שלומך ושלום כל בני ביתך "Viel sei Dein Heil und das Heil all der Deinen!" ZZ 4, 25f; אנו חיבים "Wir sind schuldig." ZZ 102, B2.3.3.3f.4.5; דלות מעשים בשורך "Armseligkeit sind Taten, wenn DU sie betrachtest." ZZ 102, B16f; אחה אלהנו "DU bist unser Gott." ZZ 103, 3; כי כולם מעשה ידיי "Denn sie alle sind das Werk meiner Hände." ZZ 120, 8; כי הם זרע {עמי} "Denn sie sind der Same meines Volkes." ZZ 120, 8.

2.2 ist ein Partizip, das

a. analog zu den Verbalsätzen am Anfang des Satzes stehen kann
שוכבת פה חושבין לו רבותינו "Unsere Lehrer denken darüber nach." Bs 3, 26; קובר במיתין "Er läßt die Toten begraben." Mu 46, 5; אשה נבונה "Hier ruht eine kluge Frau." CIJ 634, 1f; לא דאגין לאחיכן "ihr denkt nicht an eure Brüder" Sk 12, 4.

b. nach dem Subjekt steht
הן מתעסרין רמיי "Sie sollen als Zweifelhaftes verzehntet werden." Bs 3, 19.21; הפירות הללו מתעסרין "Diese Früchte sollen verzehntet werden." Bs 3, 22; הן

---
[3] vgl. Segal § 445.

מחקנין "sie werden verzehntet" Bs 3, 24; הגיים קרבים אלנו "Die Römer nähern sich uns." Mu 42, 5; אני נתן תכבלים ברגלכם "ich werde Fesseln an eure Füße legen lassen" Mu 43, 5f; שניהם שוקלים "sie beide bezahlen" V 38, 8.8; אני שואל בשלומך "ich erkundige mich nach deinem Befinden" ZZ 4, 5f; אני נותן לך "ich gebe dir" ZZ 4, 20; אם יורן מביא לך האיגרת הזו "wenn Juda dir diesen Brief bringen wird" ZZ 4, 28; {אתה ח}ופס "DU suchst" ZZ 102, A17.

2.3 ist eine Ortsangabe

נפשה בצרור החי}ים{ "Ihre Seele möge sich im Beutel des Lebens befinden." CIJ 661, 5; אין לחם {בת}חומה{}ן "Es gibt kein Brot in ihrem Gebiet." Mu 45, 4; רוב שלום ממרומים "Viel Frieden von den Himmeln!" ZZ 4, 1; רווח ממרום "Weite vom Himmel!" ZZ 4, 1f; אמי ואחין לי כול[ו]ם כאן "Meine Mutter und Brüder von mir sind alle hier." ZZ 4, 18; שניהם מן עין גדי "Sie beide sind aus En-Gedi." V 38, 4; ähnlich: V 38, 5.

2.4 ist ein mit ל eingeführtes Nomen

נישמחה לחיי עולם "Ihre Seele möge ewiges Leben finden." CIJ 661, 4; קים עלי לעמת ככה "Der Vertrag ist gültig zu meinen Lasten entsprechend der genannten Bedingungen." Mu 24, C18f. D19; ללוקח ח}חמי המ{קום הזה "Dem Käufer gehört das Verkaufsobjekt innerhalb der folgenden Grenzen." Mu 22, 11; ähnlich: Mu 30, 16f; דברים אין לי "Ich habe keine Rechte." Mu 30, 27f; הטוב לפנו לטוב לך "Das Gute vor IHM wird zum Guten für dich." Qu 1, C7; תפלתינו לחייכן ולשלום בניכן {ובתי}כן{ "Unsere Gebete dienen eurem Leben und dem Wohlergehen eurer Söhne und Familien." ZZ 108, 6f; כי הם לכבודי "Denn sie existieren zu meiner Ehre." ZZ 120, 9.

3. Die Stellung innerhalb des Nominalsatzes

In den meisten Fällen steht das Subjekt am Satzanfang, gefolgt vom Prädikatsnomen, einer Ortsangabe oder einem Adverb. Die folgenden Satzteile können zur Hervorhebung am Anfang des Satzes stehen.

3.1 Das Prädikatsnomen steht am Anfang, ein Dativ

ללוקח ת}חומי המ{קום הזה "Dem Käufer gehört das Verkaufsobjekt innerhalb der folgenden Grenzen." Mu 22, 11; ähnlich: Mu 30, 16; רשי הלוקח וירשו "Verfügungsberechtigt sind der Käufer und seine Erben." Mu 30, 22.

3.2 Das Subjekt steht als casus pendens voran

המכר הזה בתחומו והחרובים "Dieses Verkaufsobjekt in seinen Grenzen und die Johannisbrotbäume" Mu 22, 12; ähnlich: Mu 30, 18f.

3.3 Der Akkusativ steht voran

תחכור שאהא שוקל לך "die Pacht, die ich dir entrichten werde" Mu 24, B14f. C13. D14f; תאלה {שתהא} מודד "die (Menge), die du abmessen wirst" Mu 24, C16f; תחכור {שאה}א מודד לך "die Pacht, die ich dir entrichten werde" Mu 24, E10f.

4. Die Kopula

Als Kopula in einem Nominalsatz kann das Personalpronomen Sg.3.m./f. dienen. Das ist jedoch selten (--»§ 3).

"Selig sind, die nicht sehen und doch glauben." Joh. 20,29

§ 32 Die Kongruenz im Nominalsatz

In den meisten Fällen kongruieren Subjekt und Prädikat in Numerus und Genus: אבן שחורא...הי הפתח "ein schwarzer Stein kennzeichnet den Eingang" Cu 10, 9f; אנו חיבים "wir sind schuldig" ZZ 102, B2. 3.3.3f.4.5.

Es gibt folgende Ausnahmen:

1. Das Subjekt steht im Plural, das Prädikat im Singular, dabei fungiert ספיק als Gattungsbegriff
העיירות שהן ספיק "die Städte, die zweifelhaft sind" Bs 3, 10.

2. Bei zwei Subjekten steht das Prädikat im Singular voran
רשי הלוקח וירשו "verfügungsberechtigt sind der Käufer und seine Erben" Mu 30, 22.

3. כל und שביעית stellen ein im Singular stehendes Kollektivum dar
אלו בשביעית שביעית "diese sind im siebten Jahr Siebentjahresfrüchte" Bs 3, 21; כל שיש לי ושאקנה אחראים וערבים "alles, was ich habe und was ich noch erwerben werde, bürgt und haftet" Mu 30, 23f.

"Und die Welt vergeht mit ihrer Lust; wer aber den Willen Gottes tut, der bleibt in Ewigkeit." 1. Joh. 2,17

§ 33 ו "und", Syndese und Asyndese

1. In den allermeisten Fällen dient ו "und" zur Aufzählung. Es steht vor jedem Glied der Aufzählung oder gar nicht:
הקישואין והאבטיחין והממלפפונות והאסטפליני והמינתה "Gurken, Wassermelonen, Zuckermelonen, Möhren und Minze" Bs 3, 1f; מזרקות כוסות מנקיאות קסאות "Schalen, Becher, Opfergefäße und Kannen" Cu 3, 3f.
ו wird immer mit dem folgenden Wort zusammengeschrieben. Der Artikel kann dabei assimiliert werden (--»§ 10).

Fehlt ein "und" in einer Aufzählung, so wird damit die Gruppierung der aufgezählten Begriffe angezeigt:
פורשת אשקלון וחומת מיגדל שרשן דור וחומת עכו "die Kreuzung bei 'Ašqalon und die Mauer des Stratonturmes, Dor und die Mauer von 'Ako" Bs 3, 13; ähnlich: Bs 3, 15f.17.17.18.

ו kann vor dem allerletzten Glied einer Aufzählung stehen:
מן הדרום...מן המערב...מן הצפון...ומן המזרח "im Süden ... im Westen ... im Norden ... und im Osten" Bs 3, 6ff.

Die Aufzählung der Grundstücksgrenzen in den Landverkaufsurkunden asyndetisch:
תחומ{י} המכר הזה מזרח...מערב...צפון...דרום... "die Grenzen dieses Verkaufsobjektes liegen wie folgt: Osten: ... Westen: ... Norden: ... Süden: ..." Mu 22, 3.11f; 30, 3f.16f.

2. zur Erklärung "und zwar"
עד כפר קרנוס וכפר קרנוס כבית שאן "bis nach dem Qarnosdorf, und das Qarnosdorf ist wie Bet Schean" Bs 3, 7f; ואפילו מן תרנוגלה עלייה ולחוץ "und sogar in Obertarnugla und darüber hinaus" Bs 3, 21f; ויש אוסרין בולבסין הלבנין "dabei gibt es Leute, die die weißen Zwiebeln verbieten" Bs 3, 24; בבור...ובמזקא שבו "in der Zisterne..., nämlich in dem zu ihr gehörenden Wassereinlauf" Cu 2, 7.9; ופרושה{ם} ומשחותיהם ופרוט כל אחד ואחד " und zwar ihre Verteilung und die sie betreffenden Entfernungsangaben und die Aufzählung eines jeden einzelnen" Cu 12, 12f; בתחומו וחרובים "das Verkaufsobjekt in seinen Grenzen und die Johannisbrotbäume" Mu 22, 12; כי אתה אים ואין זולתך "denn DU bist Gott und außer DIR existiert nichts" ZZ 101, 4.

3. adversativ "aber"

לפנים השער מותר ולחוץ אסור "innerhalb des Tores ist es erlaubt, aber darüber hinaus verboten" Bs 3, 9; ורבי היתיר כפר צמח "aber Rabbi erlaubt das S.-Dorf" Bs 3, 10; ואהי בדרום "aber ich bin im Süden" Mu 45, 6; ולא מצאתי אותך "aber ich fand dich nicht" ZZ 4, 13f; ähnlich: ZZ 4, 17.19.28; { } געל ניסבל ואל סובל{ } "Verachtung tragen wir, aber Gott trägt" ZZ 102, C2f; ואדייר במרום "aber ich will im Himmel wohnen lassen" ZZ 104, 7; אם במעלה ואם במטה "ob oben oder unten" ZZ 104, 7; ומימך לא סרנו "aber von DIR sind wir nicht gewichen" ZZ 122, 10.

4. am Anfang eines Satzes

ותמצא פני אל חנינה "und Gnade möge das Angesicht Gottes berühren" CIJ 634, 5f; ואני בר חזקא קבלן "und ich, der Sohn des Hezqa, bin der Empfänger" Mu 22, 4; ähnlich: Mu 22, 5; 30, 5.22; וקים עלי "und der Vertrag ist gültig zu meinen Lasten" Mu 24, D19. E14f; ואני שלום אשת דוסתס "und ich, Salome, die Frau des Dosthes" Mu 30, 6.25f; וכל שיש לי ושאקנה "und alles, was ich habe und was ich noch erwerben werde" Mu 30, 23; ואף אללי שהגיים קרבים אלנו "und wenn es nicht so wäre, daß die Römer sich uns näherten" Mu 42, 5; ähnlich: Qu 1, B. C2; ותתקן להן "und du sollst ihn (den Weizen) verzehnten" Mu 44, 4; ופקדתי תמי "und ich habe demjenigen befohlen, daß" Mu 44, 8; והוי שלום "und sei ein Friede" Mu 46, 12; ובקש מלפנו את עצתך "und suche vor Ihm einen Rat für dich" Qu 1, C4f; והרחיק ממך מחשבות רעה "und halte Gedanken an Böses fern von dir" Qu 1, C5; ונחשבה לך "und wir wollen es dir anrechnen" Qu 1, C7; ונודה לך "und wir wollen DICH bekennen" ZZ 101, 7; ותימחול "und vergib" ZZ 102, A20; וזרוק עלינו "und wirf auf uns" ZZ 102, B9; וטהרינו "und mach uns rein" ZZ 102, B9; וכוף יצרינו "und unterdrück unsere bösen Triebe" ZZ 102, B12; ומול {את ל}בבינו "und beschneide unsere Herzen" ZZ 102, B12; ותופיע זוהר זבולך "und DU wirst den Glanz Deiner Wohnung aufgehen lassen" ZZ 102, B22; ונאמר "und es wird gesagt" (und ein Bibelzitat) ZZ 102, C12.13; והסר מ{נה} "und halte fern von ihr" ZZ 120, 11.

5. zur Aufzählung von Verben in einer Erzählkette, "enumerative Erzählweise" [1]

אחראים וערבים "bürgt und haftet" Mu 30, 24; עלתי והפצתיך "ich wäre gekommen und hätte dich informiert" Mu 42, 5f; החזק (Text התחזק) וחזק תמקום "stärke dich selbst und ermutige das Lager" Mu 44, 7; {חונן} תעניאין וקובר במיתין "er erbarmt sich der Armen und läßt die Toten begraben" Mu 46, 4f; פרשנו...ומהתערב ומלבוא..."wir haben uns abgesondert... sowohl von der Vermischung... wie auch vom Zusammengehen" Qu 1, A; ונסלוח לו "und ihm wurde vergeben" Qu 1, C2; תהיה

---

[1] vgl. Brockelmann, Hebräische Syntax, 133.

זורע וכנס "du sollst säen und ernten" V 40; ונחתי לך "und ich gab dir" ZZ 4, 7f; ומרקת אותי "und du hast mir gegenüber (den Vertrag) eingehalten" ZZ 4, 11; יפרה וירבה "es möge fruchtbar sein und sich mehren" ZZ 4, 26; העבר ומחה "wisch weg und vergib" ZZ 102, B11f; תוערץ ותוקדש "DU wirst als furchtbar gepriesen und als heilig verehrt" ZZ 120, 14.

6. zusammenfassend

וכל מה שקנו ישראל "und alles, was Israel erwarb" Bs 3, 12; וכסף הכל "und alles Silber" Cu 12, 7.

7. in festen Wendungen

כל שנה ושנה "jedes Jahr" Mu 24, B16. C14.18; ähnlich: Mu 30, 27; מכל חרר ותגר "ohne Rücksicht auf irgendeinen Einspruch und Prozeß" Mu 30, 25.

33.3 asyndetische Aufzählungen

In der knapp formulierten Cu sind die Entfernungsangaben, die Aufzählung der Orte, Schätze und verschiedenen Priesterabgaben asyndetisch aneinander gereiht.
כלי רמע סיח רמע סנה "Gefäße mit Priesterabgabe vom Artemisiastrauch und vom Brombeerstrauch" Cu 11, 4; כלי רמע א{ר}ז רמע סיח "Gefäße mit Priesterabgabe der Zeder und des Artemisiastrauches" Cu 11, 10; כלי רמ{ע א}לאה רמע סירא "Gefäße mit Priesterabgabe von der Aloe und der Becherblume" Cu 11, 14.

Die Aufzählung der Lage der Grundstücksgrenzen und Siegelträger ist in den Verkaufsurkunden asyndetisch:
חותמים יהונתן בר יהוסף שמעון בר סימי יהונתן {בר} אלעז{ר} יהונתן בר חנניה "es siegeln: Jonathan, Sohn des Josef, Simeon, Sohn des Simai, Jonathan, Sohn des Eleazar und Jonathan, Sohn des Hananja" Mu 30, 9f; ähnlich: Mu 29, 9f.

Die verschiedenen Währungsangaben bei der Nennung der Kaufsumme sind ebenfalls asyndetisch:
שמונים ושמונה זוז סלעים עשרים ושתים "achtundachtzig Zuz, entsprechend zweiundzwanzig Selʻa" Mu 30, 21.

"Wer den Sohn hat, der hat das Leben; wer den Sohn Gottes nicht hat, der hat das Leben nicht."   1. Joh. 5,12

§ 34 של und der Status constructus[1]

1. Wie im Biblischhebräischen muß einem Status Constructus (Regens) immer ein Genitiv (Rectum)[2] folgen. Die meisten Constructus-Ketten bestehen nur aus diesen beiden Gliedern.
Daneben kann der Constructus aus einer Constructus-Kette bestehen, deren Glieder voneinander abhängen:
על כל מקומות עמו ישראל "über allen Orten seines Volkes Israel" AL 1; סביבות בית שאן "die Umgebung von Bet Schean" Bs 3, 6; תחומי ארץ ישראל "die Grenzen des Landes Israel" Bs 3, 13; במבא רובד בית המשכב "am Eingang zur Terasse des Schlafhauses" Cu 11, 16; סוף ערב השמטה "das Ende des Vorabends zum Erlaßjahr" Mu 24, B14. C12. E9; בית זרע חטים "Saatland für Weizen" Mu 30, 14.

Die Schreibung von של
In den meisten Fällen wird של mit dem folgenden Wort zusammengeschrieben:
CIJ 569; Mu 30, 26; NB 5; 5; 6; 9; 10; 15, 1.4.5; 17, 2; 20; 21, 1; 22, 1.1.2; 23; 24; 24; 25; 26; 26; 28; 28; 30; 36; Su 102, 3; V 38, 7[3].

Selten steht של für sich allein:
CIJ 570, 2; 611, 10; 661, 2; 668, 1; 669; Je 181; Mu 42, 1; 47, 3; NJ 106, 2; Sk 5; V 40; 40, immer, wenn es mit einem Singularsuffix versehen ist.

Bei den Belegen aus der Cu läßt sich darüber keine Auskunft geben, weil die Wortabstände nicht eingehalten sind:
Cu 1, 9.10.13; 2, 11; 3, 2; 4, 13; 5, 6.8; 6, 1.7.8; 7, 3.10.14; 8, 8.10.14; 9, 14; 10, 8; 12, 4.6.7.8.

Zweimal wird שהל geschrieben:
זה בית מדרשו שהלרבי אליעזר "dies ist das Lehrhaus von Rabbi Eliezer" DA 6;
אלו ארונות הפנימית והחיצונית שלרבי אניאנה ושהל{} "dies sind die Särge, der innere und der äußere, von Rabbi Aniana und von ( )" NB 17, 1f.

---

1 zum St.cstr.: vgl. Segal § 380-383; Kutscher § 216; zu של: vgl. Albrecht § 32; Segal § 79.385; Kutscher § 216.
2 vgl. zum Begriff "Genitiv": Waltke, O'Connor, An introduction to Biblical Hebrew Syntax, 138ff.
3 vgl. Epstein, 1207.

2. Der Aufbau der Genitiverbindung

2.1 Von einem Status constructus ist ein zusammengesetzter Genitiv abhängig:
2.1.1 mit ו "und"
יריעות משכנותיך ואהליך "silberne und goldene Gefäße" Cu 3, 2; כלי כסף וזהב "die Vorhänge DEINER Wohnungen und Zelte" ZZ 101, 8; כל חולי ומכה "jegliche Krankheit und jeglicher Schlag" ZZ 120, 12.
2.1.2 asyndetisch
כלי דמע סיח דמע סנה "Gefäße mit Priesterabgabe vom Artemisiastrauch und vom Brombeerstrauch" Cu 11, 4; כלי דמע א{ר}ז דמע סיח "Gefäße mit Priesterabgabe der Zeder und des Artemisiastrauches" Cu 11, 10; כלי דמ{ע א}לאה דמע סירא "Gefäße mit Priesterabgabe von der Aloe und der Becherblume" Cu 11, 14.

2.2 ein von של eingeführtes Nomen bezieht sich auf einen zusammengesetzten Status constructus:
כלי כסף וזהב שלדמע "silberne und goldene Gefäße mit Priesterabgabe" Cu 3, 2f; 12, 6f; על פי יציאת המים שלהכוזבא "unmittelbar an der Mündung des Wasserausflusses von Wadi Koziba" Cu 7, 14f; בים בית המים שלרחיל "im Wasserbecken des Wasserwerkes der Rahel" Cu 10, 15.

2.3 Ein Status constructus regiert einen mit של eingeführten Status constructus:
ביגר שלפי צוק "im Geröllhaufen von Wadi Qumran" Cu 4, 13; ביגר שלגי הסככא "im Geröllhaufen der Mündung der "Schlucht der Finsternis"" Cu 8, 8; בים הקדרות "im Becken von Wadi Aich" Cu 10, 8; שלגי איך זו{א} ארון שלשלושת בניו "dies ist der Sarg seiner drei Söhne" NB 22, 1.

2.4 Zwei Constructus-Verbindungen sind durch של verbunden
{במ}ערת העמוד שלשני {ה}פתחין "in der Säulenhöhle mit den beiden Eingängen" Cu 6, 1f; בצפון פי הצוק שלבית התמר "im Norden der Mündung der Schlucht von Bet Tamar" Cu 9, 14f; בפי המבוע שלבית שם "an der Quellmündung von Bet Scham" Cu 12, 6.

2.4.1 die vorangestellte Constructus-Verbindung kann impliziert sein (in geschweiften Klammern)
זמן הפרות של עין גדי {זמן הפרות} של הירק ושל האילן "die Erntezeit in Engedi, [die Erntezeit] für Gemüse und den Elan (eine Baumart)" V 42. In V 40 wird in einem ähnlichen Satz das Regens wiederaufgenommen: זמן הגנות של עין גדי הגנות של הירק "die Erntezeit für Gärten in Engedi, für Gemüsegärten".

Inhalt des Genitivs

2.5 של nach einem Status constructus mit vorweisendem Suffix[4]
משכבה של פרטיוסה "Pretiosas Ruhestätte" CIJ 570, 1f; ähnlich: CIJ 569, 1f; 611, 10; NB 5; 20; u.n. של קברו זה "dies ist das Grab von n.n." CIJ 668, 1; 669; זה בית מדרשו שלהרבי אליעזר "dies ist das Lehrhaus von Rabbi Eliezer" DA 6; זה אשתו שלדוסתס "die Frau dieses Dosthes" Mu 30, 25f; ähnlich: NB 24; בנו n.n. שלרבי "der Sohn von Rabbi n.n." NB 15, 5; 22, 2; 26; 28; ähnlich: NB 17, 3; n.n. בתו שלרבי "die Tochter von Rabbi n.n." NB 15, 1.4; 21, 1; 25; ארונן {זו}א n.n. שלרבי שלשלושת בניו שלרבי יודן בנו שלרבי "dies ist der Sarg der drei Söhne Rabbi Judas, des Sohnes von Rabbi n.n." NB 22, 1f; ähnlich: NB 23; 24; 26; 28; פרנסו של שמעון "der Verwalter von Simeon" V 38, 6f; 40.

3. Die Genitivverbindung beschreibt
(im Folgenden sind zuerst die Beispiele mit Constructus und danach die mit של aufgeführt)

3.1 den Besitz oder die Zugehörigkeit
תחומי ארץ ישראל "die Grenzen des Landes Israel" Bs 3, 13; נוח שרה "Sarahs Ruhestätte" CIJ 74; שן הסלע "die Felsspitze" Cu 1, 11; שולי האמא "der Rand des Kanals" Cu 1, 11; עמק עכור "das 'Akortal" Cu 1, 1; ähnlich: Cu 4, 6; חצר מתי העציני "der Hof des 'Esjoniters Mati" Cu 2, 5; ähnlich: Cu 3, 1; שולי העצלא "der Boden von Wadi 'Asla" Cu 4, 9f; ähnlich: Cu 9, 1; גי הסככא "Wadi Qumran" Cu 4, 13; מזרח אשיח שלומו "östlich vom Salomospeicherbecken" Cu 5, 5f; נחל הכפא "Wadi Kappa" Cu 5, 12; מערת העמוד "die Säulenhöhle" Cu 6, 1; מגזת הכוהן הגדול "die Furt des Hohenpriesters" Cu 6, 14f; מזרח אהור "östlich von 'Ehud" Cu 8, 2; פי הצוק "die Mündung der Schlucht" Cu 9, 14; צחיאת גר פלע "die flimmernd heiße Stelle des Kalkgesteins von Pela'" Cu 9, 15; יד אבשלום "das Absalomdenkmal" Cu 10, 12; קבר צדוק "das Zadokgrab" Cu 11, 3; ähnlich: Cu 11, 6.9; סף הבור "die Schwelle der Zisterne" Cu 12, 2f; הר גריזין "der Berg Garizim" Cu 12, 4; ähnlich: ZZ 101, 3; צפון כחלת "nördlich von K." Cu 12, 10; כל ישראל "ganz Israel" GR 1, 2; נשי ישראל "Fürst über Israel" HV 81, 1; ähnlich: Mu 24, B3.9f. C3.9. D3.18. E2f.7. F3; V 38, 2.7; 40; קבר מנשה בן יני "das Grab des Manasse, Sohn des Jannay" KA 1; כל מקומות ישראל "alle Orte Israels" KB 1; ähnlich: AL 1; ירשי אבשי "die Erben 'Abschays" Mu 22, 3.11; כל בית ישראל "ganz Israel" Mu 42, 7; שקל ישראל "israelischer Schekel" Mz 148. 151. 154. 158. 158A. 164; חרת ציון "Freiheit Zions" Mz 153; ähnlich: Mz 153A. 156; חרות ירושלם "Freiheit Jerusalems" Mz 194. 199. 202. 203. 204. 205. 206. 207. 207A. 208. 209. 209A. 211. 211A. 212. 213 ähnlich HV 81, 1; במשתה רבי יוחנן "anläßlich des Festmahls bei Rabbi Johanan" Su 101, 4f; נכסי בית ישראל "das Vermögen von Israel" SK 12, 3f; גן עידן "der Garten 'Eden" ZZ 106, B4.

---

[4] vgl. Segal § 387f.390.

§34 של und der Status Constructus

n.n. זה קברו של "dies ist das Grab von n.n." CIJ 668, 1; ähnlich: CIJ 569, 1f; 570, 1f; 661, 2; 611, 10; Je 181; NJ 106, 2; NB 5; 6; 9; 10; 17, 1f; 20; 22, 1f; 23; 24; 26; 28; 30; 36; הכל שלהרמע והאצר השבעי "die ganze Priesterabgabe und ein siebter Schatz" Cu 1, 10; בשיח (שיא Text) המעבא שלמנוס "in der Erdgießerei des Manos" Cu 1, 13; זה בית מדרשו שהלרבי אליעזר "dies ist das Lehrhaus Rabbi Eliezers" DA 6; מן הפרנסין שלבית משכו "von den Verwaltern Bet Masekus" Mu 42, 1; ähnlich: V 38, 6f; 40; n.n. בתו שלרבי "die Tochter von Rabbi n.n." NB 15, 1.4; 21, 1; 25; n.n. בנו שלרבי "der Sohn von Rabbi n.n." NB 15, 5; 22, 2; 26; 28; ähnlich: NB 17, 3; תגנה שלנו "unseren Garten" V 40.

3.2 eine Ortsangabe
2.1 mit בית "Haus"
בית שאן "Bet Schean" Bs 3, 1.8; בית עיט "Raubvogelhausen" Bs 3, 15; בית סבל "Lastträgerhausen" Bs 3, 16; בית התמר "Palmhausen" Cu 9, 14f; בית הכרם "Bet ha-Karem" Cu 10, 5; בית שם "Bet Scham" Cu 12, 6; בית משכו "Bet Maseku" Mu 42, 1.4; בית לחם "Brothausen" PL 3, 2.

2.2 mit כפר "Dorf"
כפר קרנוס "Qarnosdorf" Bs 3, 7.7; כפר זמרין "Sängerdorf" Bs 3, 8; כפר יחריב "Jachribdorf" Bs 3, 10; כפר צמח "Semachdorf" Bs 3, 10.10; כפר יהודית "Judiths Dorf" Bs 3,2 8f; כפר ברו "Barudorf" HV 81, 8; כפר עוזיאל "ʿOzieldorf" Pl 3, 5.

2.3 mit מצר "Festung"
מצר חסדין "die Festung der Frommen" Mu 45, 6.

2.4 mit עין "Quelle"
עין גדי "die Quelle des Böckchens" Mu 46, 4; V 38, 2.

2.5 mit עיר "Stadt"
עיר נחש "Bronzestadt" Mu 24, B8. C7f. E6f.

בתל שלכחלת "im Ruinenhügel mit K." Cu 1, 9; ביגר שלגי הסככא "im Geröllhaufen von Wadi Qumran" Cu 4, 13; מעל החריץ שלשלומו "oberhalb des Salomograbens" Cu 5, 8f; על פי יציאת המים שלהכחבא "unmittelbar an der Mündung des Wasserausflusses von Wadi Koziba" Cu 7, 14f; ביגר שלפי צוק הקדרות "im Geröllhaufen der Mündung der "Schlucht der Finsternis"" Cu 8, 8; בשלף שלהשוא "im ungepflügten Feld von Wadi Schawa" Cu 8, 10; בדור שלהשוא "im Lager von Wadi Schawa" Cu 8, 14; בצפון פי הצוק שלבית התמר "nördlich der Mündung der Schlucht von Bet Tamar" Cu 9, 14f; בים שלגי איך "im Wasserbecken von Wadi Aich" Cu 10, 8; בים בית המים שלרחיל "im Basin des Rahel-Wasserwerkes" Cu 10, 15; בפי המבוע שלבית שם "an der Quellmündung von Bet Scham" Cu 12, 6; בביבא הגדולא שלהכרך "im großen Kanal der Festung" Cu 12, 8; זמן הגנות של עין גדי "die Erntezeit für Gärten in Engedi" V 40; זמן הפרות של עין גדי "die Erntezeit in Engedi" V 42.

3.3 das Material
3.1 זהב "Gold"
עשתות זהב "Großbarren aus Gold" Cu 1, 5f; 2, 4; כלי כסף וזהב "silberne und goldene Gefäße" Cu 3, 2; ähnlich: 12, 6.

3.2 כסף "Silber"
כלי כסף "Silbergefäße" Cu 3, 2; ähnlich: Cu 12, 6; בדין שלכסף "Stangen aus Silber" Cu 2, 11; 7, 10; כלי כסף וזהב שלדמע "silberne und goldene Gefäße mit Priesterabgabe" Cu 3, 2f; 12, 6f.

3.4 den Inhalt
כלי כסף וזהב שלדמע "silberne und goldene Gefäße mit Priesterabgabe" Cu 3, 2f; 12, 6f; כאלין שלדמע "Kisten mit Priesterabgabe" Cu 5, 6f.

3.5 eine Qualifizierung
{ב}מערת העמוד שלשני {ה}פתחין "in der Säulenhöhle mit den beiden Eingängen" Cu 6, 1f; במערא שלהכנא שלהרגם "in der Höhle mit dem steinernen Felsband" Cu 6, 7f; היו של הגואין "die zu den Heiden gehört hatten" Sk 5; הגנות של הירק "Gemüsegärten" V 40.

3.6 eine Zeitangabe
בשנה השניה שלשבוע "im zweiten Jahr des Siebentjahreszyklus" Su 102, 2f.

4. של mit Singularsuffix als Possesivpronomen [5]

Sg.1.c.
העפר שהוא שלי "das Feld, das mir gehört" Mu 24, E6.

Sg.2.m.
שואל אני בשלומך ושלום כל שלך "ich erkundige mich nach Deinem Wohlergehen und dem Wohlergehen all der Deinen" ZZ 4, 5f; עשית אותן שלך "ich betrachte sie als dir gehörig" ZZ 4, 21f.

Sg.3.m.
בביאתך לימומית שלו "wenn du in Richtung auf sein kleines Becken hineingehst" Cu 11, 14; הפרה...שהי שלו מזבנות "die Kuh..., die ihm durch Kauf gehört" Mu 42, 3.4; {אין} צריך לו אחת אלה שלו "er braucht nichts anderes, als das, was ihm gehört" Mu 46, 5f.

Pl.1.c.
החכרתי לך תגנה שלנו "ich verpachte dir unseren Garten" V 40.

[5] vgl. Albrecht § 32; Segal § 79.406ff; Kutscher § 204.215.

"Denn worin er selber gelitten hat und versucht worden ist, kann er denen helfen, die versucht werden." Hebr. 2,18

§ 35 Die Appositionen

"Apposition im engeren Sinn ist die Nebeneinanderstellung zweier Substantiva im gleichen Kasus zum Zweck der näheren Bestimmung des einen durch das andere, und zwar in der Regel des voranstehenden durch das nachfolgende" (Gesenius-Kautzsch, 443).

Die Apposition bezeichnet:
1. den Titel nach Unterschriften: indeterminiert
שאול בן אלעזר עד "Saul, Sohn des Eleazar, Zeuge" Mu 42, 11; ähnlich: Mu 42, 12; יהודה בן יהוסף עד "Juda, Sohn des Josef, Zeuge" V 38, 8[1].

2. den Zusatz bei einem Namen: determiniert
2.1 den Titel
נשי ישראל "Fürst über Israel" HV 81, 1; Mu 24, B3. C3. D18. E7; נסיא ישראל "Fürst über Israel" Mu 24, B9f. E2f; נשיא ישראל "Fürst über Israel" Mu 24, D3. F3; Mz 169. 170. 172. 193; בירבי "Hochgelehrter" NB 16, 1; NJ 1; Su 101, 2.5; בירבי "Hochgelehrter" NB 33; ברב "Hochgelehrter" NJ 106, 3; הנסי על ישראל "der Fürst über Israel" Sk 1, 1; פרנסו שלשמעון "der Verwalter von Simeon" V 38, 6; ראש הכנסת "der Leiter der Versammlung" ZZ 108, 3.

2.2 die Berufsbezeichnung
הכוהן הגדול "der Hohepriester" Cu 6, 14f; Je 39; הכהן המכובר "der geehrte Priester" Su 101, 2; הסופר "der Schreiber" Su 101, 5; Je 139a.b; {א}לישיב כהן "Eljascheb, Priester" Pl 3, 9; ähnlich: Je 180; Mz 166. 173. 197. 213.

2.3 die Herkunftsangabe
אליעזר הקפר "Eliezer, ha-Kapar" Da 6; יהודה הגילילי "Juda, der Galiläer" Je 123.

---

1 עד könnte auch als prädikativ gebraucht erklärt werden, "Juda, Sohn des Josef, ist Zeuge."

אמיה הבשנית "Amja aus Bēšān" Je 162; חנין הבשני "Hanin aus Bēšān " Je 206; ähnlich: Je 163; יוסה הלוי "Josa, der Levit" KB 1; ähnlich: Su 103.

2.4 die Spezifizierung der genannten Person

אשה נבונה מוכנת בכל מצוות אמנה "eine kluge Frau, bestattet entsprechend aller Gebote des Glaubens" CIJ 634, 2f; יהודה הנער "Juda, der Knabe" CIJ 668, 1; סיטורה הכשרה "Sitora, die tugendhafte" CIJ 1536; הנזיר ,הנזר "der Geweihte" Je 28; 29; מריה הגירת "Marja, die Proselytin (?)" Je 168; ähnlich: Je 199; החרש "der Handwerksmeister" Je 195; שמעון הזקן "Simeon, der alte" Je 220; אנינה הקטן "Anina, der kleine" NB 11; ähnlich: NB 31; הקדושים "die Heiligen" NB 17, 3; דויד עבדך "David, dein Sklave" ZZ 102, B8; ייי ינו "Jahwe, unser Gott" ZZ 102, B8; ינו הי אבו "unser Gott, der Gott unserer Väter" ZZ 102, A8.B11.21; ähnlich: ZZ 102, A19; אלהי סליחה "Gott der Vergebung" ZZ 102, C14; הם זרע {עמי} דודיי וידידיי "sie sind der Same meines Volkes, meine Freunde und Geliebten" ZZ 120, 8.

2.5 die Verwandtschaftsangabe

חזקאל אחי אביו "Hesekiel, sein Onkel" CIJ 630, 3; מרתא אמנו "Martha, unsere Mutter" Je 201.

3. die genauere Beschreibung des Nominativs

המינחה הנאגרת בפני עצמה "zusammengebundene Minze, für sich gesondert" Bs 3, 2; האפונין הגמלונין הנימכרין במידה "die großen Kichererbsen, die nach Gewicht verkauft werden" Bs 3, 4; ähnlich: Bs 3, 4; תחומי ארץ ישראל מקום {שה} עולי בבל "die Grenzen des Landes Israel, ein Ort, den die Einwanderer aus Babel erwarben" Bs 3, 13; אבן שחורא אמות שתין "ein schwarzer Stein von zwei Ellen Durchmesser" Cu 10, 9; כסף הכל "Silber, das Ganze" Cu 12, 7; אלו ארונות הפנימית והחיצונית "dies sind die Särge, der innere und der äußere" NB 17, 1; אלעזר בן אלעזר בן חיטא ואליעזר בן שמואל שניהם מן עין גדי "Eleazar, Sohn des Eleazar, Sohn des Hitta, und Eliezer, Sohn des Samuel, sie beide aus Engedi" V 38, 3f; ähnlich: V 38, 4f; חכרנו אני ואתה "wir pachteten es, du und ich" V 40; ארבע מיתות סקילה שריפה הרג חנק "vier Todesarten: "Steinigung, Verbrennen, Hinrichtung durchs Schwert und Erdrosselung" ZZ 102, B5.

4. die genauere Bezeichnung des Genitivs

זמן הגנות של עין גדי הגנות של הירק "die Erntezeit für Gärten in Engedi, für Gemüsegärten" V 40; זמן הפרות של עין גדי [זמן הפרות] של הירק ושל האילן "die Erntezeit in Engedi, [die Erntezeit] für Gemüse und den Elan (eine Baumart)" V 42.

5. die genauere Bezeichnung einer Ortsangabe

בבור שנגד ‎ ‎רקם טרכון זימרה "Reqem, in der Trachonitis, Zimmara" Bs 3, 17; בקבר ‎ ‎השער המזרחי רחוק אמות תשע{ע}סרא "in der Zisterne, die sich neben dem östlichen Tor befindet, in einer Entfernung von neunzehn Ellen" Cu 2, 8; שבמלה ממזרחו בצפון "im Grab, das sich im nordöstlichen Teil der Aufschüttung befindet" Cu 3, 11f; אצל המקרזל בית הקץ "neben dem Rundbau, dem Sommerhaus" Cu 7, 8f; בבור גר מזקות שרוי מהנחל הגדול "in der gekalkten Zisterne, deren Zuleitungen vom großen Wadi gespeist werden" Cu 10, 3f.

6. das Material

זהב ככרין "Goldtalente" Cu 7, 16; ähnlich Cu 12, 1; כסף וזהב כב "Silber- und Goldtalente" Cu 8, 6f. כסף ככרין "Silbertalente" Cu 2, 6; ähnlich: Cu 1, 14; 3, 6f; 4, 4f.10.12.14; 5, 4.11; 8, 16; 12, 5; כסף זוזין "Silberzuz" V 42.

Nur einige Titel stehen voran:

1. רבי : Bs 3, 10; DA 6; Je 123, 25; 179; NB 8; 9; 10; 15, 1.4.5; 16, 1; 17, 2; 21, 1; 22, 1.2; 23; 24; 25; 26; 28; 28; 30; 51; NE 101; NJ 1; 102, 2; Su 101, 1.5.
2. מרעת לעזר בן יוסה ‎ ‎עבדך עפרך ותלמידך (Text תלימרך) "dein Sklave, dein Staub und dein Schüler, aus Freundschaft, Lezer, Sohn des Josa" ZZ 4, 30f.32f.

"Und als er vollendet war, ist er für alle, die ihm gehorsam sind, der Urheber des ewigen Heils geworden." Hebr. 5,9

§ 36 Die Arten von Sätzen

1. Wunschsätze[1]
Wunschsätze werden entweder durch das Imperfekt (--»§ 26.2.3) oder durch einen Nominalsatz (--»§ 31) ausgedrückt.

2. Finalsätze[2]
Finalsätze werden auf drei Arten gebildet:
1. durch einen Infinitiv constructus mit der Präposition ל (--»§ 26.5.1)
2. mit שׁ "damit" (--»§ 24.3.3)
3. mit בשׁל שׁ "damit" (--»§ 24.4) und בשׁל שׁלא "damit nicht" (--»§ 24.4).

3. Kausativsätze[3]
Abhängige Kausativsätze werden durch שׁ (--»§ 24.3.2) oder durch מפני שׁ "weil" (--»§ 24.3.5.5) gebildet, unabhängige durch כי "denn" (--»§ 24.2).

4. Temporalsätze[4]
Temporalsätze werden auf drei Arten gebildet:
1. durch den Infinitiv constructus mit der Präposition ב (--»§ 26.5.2)
2. durch die Konjunktion משׁ "seit" (--»§ 24.3.5.4)
3. durch die Konjunktion עד שׁ "bis" (--»§ 24.3.5.6).

5. Relativsätze
Relativsätze werden mit dem Relativpronomen שׁ gebildet (--»§ 7) oder asyndetisch konstruiert (--»§ 7.2).

---

1 vgl. Segal § 467-470.
2 vgl. Segal § 514.
3 vgl. Segal § 481-482.
4 vgl. Segal § 513.

§36 Die Arten von Sätzen

6. Fragesätze[5]
Fragesätze werden mit den Fragepronomina מִי "wer" und מַה "was" (--»§ 6) oder durch die Fragepartikel ה (--»§ 6.1) gebildet.

7. Komparativsätze[6]
Komparativsätze werden durch כְּמה שׁ "wie" (--»§ 24.3.5.3) gebildet oder der Vergleich direkt mit כ "wie" ausgedrückt (--»§ 23.11).

8. Erklärende Sätze
Erklärende Sätze werden durch שׁ (--»§ 24.3) oder durch ו "und" (--»§ 33) eingeleitet.

9. Adversativsätze
Adversativsätze werden mit ו "aber" (--»§ 33) gebildet.

10. Ausrufe
Ausrufe werden durch הנה "siehe" und הרי "siehe" (--»§ 25) ausgedrückt.

11. Befehlssätze
Befehlssätze werden mit dem Imperativ und dem Jussiv gebildet (--»§ 26.2.3; 26.3).

12. Objektsätze mit "daß"
Nebensätze mit "daß" werden mit שׁ eingeleitet (--»§ 24.3.1).
Sätze werden mit ו "und" aneinander gereiht (--»§ 33).

---

5 vgl. Segal § 460-466.
6 vgl. Segal § 495-500.

36.1 Die Bedingungssätze[7]

1. Asyndetische Gegenüberstellung von Vorder- und Nachsatz
Im Vordersatz steht Imperfekt, im Nachsatz ein Partizip, die Bedingung steht im Vordersatz, ausgedrückt ist Futur

מעיר אני עלי חשמים יפ{סד} מן הגללאים שאצלכם (שהצלכם) Text) כל אדם
שאני נתן תכבלים ברגלכם "ich nehme den Himmel als Zeugen gegen mich, daß ich, falls irgendeiner von den Galiläern, die bei euch sind, desertieren sollte, eure Füße in Fesseln legen lassen werde" Mu 43, 3ff.

2. mit der Konjunktion אם, real
die Bedingung steht im Vordersatz, der Vordersatz ist ein Nominalsatz, im Nachsatz steht ein Partizip, ausgedrückt ist Präsens

אם יש מקום שקנו אותו ישראל חושיין לו רבותינו "wenn es einen Ort gibt, den Israel erwarb, denken unsere Lehrer darüber nach" Bs 3, 26.
Im Vorder- und Nachsatz stehen Perfekt, ausgedrückt ist Präsens (--»§ 26.1.2.2, Das Perfekt bei Verträgen)

אם נתחה לי... חמשה חרובין ורביע עשית אותן שלך{} "wenn du mir die fünfzehn und einen Viertel Harub gibst, dann komme ich bei der Berechnung deiner Summe auf..." ZŻ 4, 19.21f[8].
Im Vordersatz steht ein Partizip, im Nachsatz ein Imperativ, ausgedrückt ist Futur

אם יודן מביא לך את האיגרת הזו תן אותן לו "wenn Juda dir diesen Brief bringt, dann gib sie ihm" ZŻ 4, 28ff.

die Bedingung ist nachgestellt, Imperfekt im Vorder- und im Nachsatz

יהו בו אצלך תשבת הזו (חזו Text) אם יחפצו לבו "sie können diesen Sabbat bei dir verbringen, wenn sie hereinkommen wollen" Mu 44, 5f.

3. mit der Konjunktion אללי ש, irreal
Im Vordersatz steht ein Partizip, im Nachsatz Perfekt nach der Konjunktion אזי, ausgedrückt ist Vergangenheit

אללי שהגיים קרבים אלנו אזי עלתי והפצתיך על ככה "wenn die Heiden sich uns nicht näherten, dann wäre ich zu dir gekommen und hätte dich über den Stand der Dinge informiert" Mu 42, 5f.

---

[7] vgl. Albrecht § 19; Segal § 483-492; K. Beyer, Semitische Syntax im Neuen Testament I, 2.Aufl., Göttingen 1968, 233-237.
[8] vgl. E.Y. Kutscher, New Aramaic Texts, JAOS 74(1954), 234: Perfekt kann im bedingenden Satz nur im Aramäischen stehen, wenn es direkt "wenn" folgt. So auch hier im Neuhebräischen.

"Weil ich das weiß, Herr, vertraue ich dir, denn wer zu dir kommt, den läßt du nicht im Stich." Ps. 9,11

§ 37 Die Aramaismen

1. Der häufigste Aramaismus ist die Verwendung von בר "Sohn", das fast so häufig ist wie das hebräische Wort בן "Sohn". Daneben kommt auch ברת "Tochter" vor, jedoch wesentlich seltener.

בר, Sg.cstr.: בר "Sohn" GR 1, 3.4.5; Je 139b; Mu 20, 4.5.10.10.10.10.11.12.12; 30, 9.9.10.10.11.17.26.32; 42, 12; NB 30; NV 1; Sk 1, 1; 12, 1; Su 103; V 40.

ברת, Sg.cstr.: ברת "Tochter" CIJ 661, 2; JR 4.

2. הוי "sein"
Der Imperativs dieses Verbums wird von der aramäischen Wurzel הוי "sein" aus gebildet (--» § 22.9).

3. das aramäische Singularsuffix Sg.3.m. in festen Wendungen
על נפשה "zur Einhaltung (des Vertrages) verpflichtet"[1] (vor den Unterschriften am Ende von Verträgen) Mu 24, C19. D20; 42, 10; V 40; כתבה "verantwortlich für vorangegangenes Schreiben" Mu 42, 8.9; שלה "ihn" Mu 44, 9[2]; מאמרה, ממרה "auf seinen Befehl hin" V 38, 8.8.

4. der aramäische Emphaticus
רוש המחניה "der Lagerleiter" Mu 42, 2.

6. aramäische Verben
מרק im Pa''el "einen Vertrag einhalten" ZZ 4, 11.
חקן im Pa''el "verzehnten" Bs 3, 24; Mu 44, 4.
זבנות der Infinitiv constructus Pa''el "durch Kauf" Mu 42, 4.

---

1 vgl. JBL 97(1978), 342
2 vgl. DJD II, 163; Pardee, Handbook, 132.

7. Die Tempora drücken reine Zeitebenen aus (--»§ 26).

Dieses Phänomen dürfte zu gleichen Teilen dem hellenistischen Vorbild zu zuschreiben sein.

8. Die Reihenfolge von Material, Zahl und Gezähltem (--»§ 17.5; S. 104, Anm. 5.).

9. בינות

בינות "untereinander" ist vermutlich aus $b\bar{e}n\bar{a}\underline{t}$ entstanden: רצו וחלקו בינותי{ה}ם "sie wollen untereinander teilen" V 38, 2.

"Daher kann er auch für immer selig machen, die durch ihn zu Gott kommen; denn er lebt für immer und bittet für sie." Hebr. 7,25

§ 38 Die Schreibfehler[1]

1. Die Reihenfolge der Buchstaben ist falsch

(statt אסיפות) אפסיות[2] "Spätfrüchte" Bs 3, 5; (statt הבאות) הבואת המעלות "die hineinführenden Stufen" Cu 1, 2; (statt קתידרה καθήδρα) קיתדרה "Stuhl" Dl 1, 7; (statt אומר) אמור "sagend" Mu 42, 6; (statt בשלום) בשלם "in Frieden" NB 5, 4.8; (statt מקום) מוקם "Ort" V 40; (statt שותפותי) שותפותי "meine Verbindung" V 40; (statt תלמידך) תלימדך "dein Schüler" ZZ 4, 31.

2. Ein Buchstabe ist ausgefallen

מו{ת}רות "erlaubte" Bs 3, 27; נוח{ת} נפש "selig" CIJ 611, 11; משכ{ב}ה "ihre Ruhestätte" CIJ 611, 10; שבע{ע}שרה "siebzehn" Cu 1, 4; תשע{ע}סרא "neunzehn" Cu 2, 8; הפתחין {ה}צופא "die gerichteten Eingänge" Cu 6, 2; א{ר}ז "Zeder" Cu 11, 10; כ{ל}י כסף וכלי זהב "goldene und silberne Gefäße" Cu 12, 6; פרושה{ם} "ihre Verteilung" Cu 12, 12; לעו{ל}ם "für immer" NB 6.

3. ein Buchstabe ist zuviel[3]

אמ[ש]ות "Ellen" Cu 9, 2; ח[ו]ור "grab" Cu 10, 13; [כ]כלי "Gefäße" Cu 11, 1; [א]המעלה "die Treppe" Cu 12, 4; כול[ר]ם "sie alle" ZZ 4, 18.

---

1 vgl. Epstein, 1209, falsche Abtrennung von Wörtern; 1216, בא "er kam" wird zu ב- und mit dem folgenden Wort zusammengeschrieben, so auch bei לא "nicht", 1213f; ה kann ausfallen: לה חלה "ihr gehört die Teighebe" wird zu לחלה; 1217-1220, מ- kann für מה- oder ש- מה "das, was" stehen.

2 bei dieser Form handelt es sich um die fehlerhafte Schreibung von rab. Hebräischem sayāpōt "Spätfrüchte" mit א-prostheticum.

3 vgl. Epstein, 1257, Doppelschreibung von Buchstaben: "im Haus": בבית, אבית, אב בית und אבבית.

4. Buchstaben sind falsch

שלאש (statt שלום) "Friede" CIJ 574; (statt הכרן (הכהן) "der Priester" NJ 106, 3; שלוח (statt שלום) "Friede" NJ 107, 7.

5. ein Buchstabe ist mit Punkten getilgt

בק Cu 11, 7; לא ZZ 4, 10; א ZZ 4, 15; ל ZZ 4, 29.

6. Silbenelipse[4]

אמ{ה אח}ת "eine Elle" Cu 4, 14; שלוש{עש}רא "dreizehn" Cu 9, 2.

7. ein Wort steht zweimal

לוי לוי "Levi" NB 5, 2.3; שוי שוי "gleich" NB 5, 6.

8. eine Abkürzung aus Platzmangel

על מע{ש}יו של{ום} "auf seine Werke, Frieden" KB 1.

---

[4] vgl Epstein, 1212, Haplographien, wie bei שבעשרא "siebzehn" Cu.

Die Sekundärliteratur

1. Die Grammatiken

ALBRECHT, K.:	*Neuhebräische Grammatik auf Grund der Mišna.* München,
ATTM,	1913
	Beyer, K.: *Die aramäischen Texte vom Toten Meer.* Göttingen, 1984
	ders.: *Althebräische Grammatik.* Göttingen, 1969
BAUER, H.:	Leander P.: *Historische Grammatik der hebräischen Sprache des Alten Testaments.* Halle, 1927, Nachdruck 1962
BRØNNO, E.:	*Studien über hebräische Morphologie und Vokalismus auf Grundlage der Mercatischen Fragmente der zweiten Kolumne der Hexapla des Origines.* Leipzig, 1943. Nachdruck 1966 mit G. Janssens, Studies in Hebrew Historical Linguistics Based on Origen's Secunda, Löwen, 1982
BROCKELMANN, C.:	*Hebräische Syntax.* Neukirchen, 1956
DALMAN, G.:	*Grammatik des jüdisch-palästinischen Aramäisch,* Nachdruck Darmstadt 1960 der 2. verb. Aufl. 1905 Leipzig
EPSTEIN, J.N.:	*Introduction to Tannaitic Literature: Mishna, Tosephta and Halakhic Midrashim.* hrsg. E.Z. Melamed. Jerusalem, 1957
GESENIUS, W.:	*Hebräische Grammatik.* völlig umgearbeitet von E. Kautzsch. 28. Aufl. Leipzig, 1909
KUTSCHER, E.Y.:	*A History of the Hebrew Language.* ed. by R. Kutscher. Jerusalem, 1982. 2. Aufl. 1984
NÖLDECKE, T.:	*Kurzgefaßte syrische Grammatik.* bearb. von A. Schall. Darmstadt, 1966
QIMRON, E.:	*The Hebrew of the Dead Sea Scrolls.* Atlanta, 1986. Harvard Semitic Studies 29. ed. by F.M. Cross
SEGAL, M.:	*A Grammar of Mishnaic Hebrew.* Oxford, 1958
WALTKE, O'CONNOR:	*An introduction to Biblical Hebrew Syntax,* Winona Lake 1990

2. Die Lexika

ATTM:	Beyer, K.: *Die aramäischen Texte vom Toten Meer.* Göttingen, 1984
BROCKELMANN, C.:	*Lexicon Syriacum.* Nachdruck der 2. erweiterten Aufl. Halle, 1928. Darmstadt 1966
DALMAN, G.:	*Aramäisch-Neuhebräisches Handwörterbuch zu Targum, Talmud und Midrasch.* 2. Aufl. Frankfurt, 1922. Nachdruck 1938.1967
DISO:	Jean, C.F., Hoftijzer, J.: *Dictionnaire des inscriptions sémitiques de l'Ouest.* Leiden, 1965
GESENIUS, W.:	*Hebräisches und Aramäisches Handwörterbuch über das Alte Testament.* 17. Aufl. Berlin/Göttingen/Heidelberg, 1962
GESENIUS, W.:	*Hebräisches und Aramäisches Handwörterbuch über das Alte Testament.* bearbeitet von Rütersworden, V., Meyer, R., Donner, H., 18. Aufl., 1. Lieferung א-ג. Berlin, 1987
KÖHLER, L.:	Baumgartner, W.: *Hebräisches und aramäisches Lexikon zum Alten Testament.* 3. Aufl. Leiden, 1967
LEVY, J.:	*Neuhebräisches und Chaldäisches Wörterbuch über die Talmudim und Midrashim.* nebst Beiträgen von Fleischer, H.L., Leipzig, 1876

3. weitere Literatur

ALBECK, C.:	*Einführung in die Mischna.* Berlin, 1971
BAR-ASHER, M.:	*The different traditions of Mishnaic Hebrew.* in: Golob, D.M. (ed.): Working with no data. Winona Lake, 1987
BARR, J.:	*St. Jerome and the Sounds of Hebrew.* JSS 12 (1967), 1-36
BENDAVID, A.:	*Biblical Hebrew and Mishnaic Hebrew.* Tell Aviv, I 1967. II 1971
BEN-HAYYIM:	*Studies in the Traditions of the Hebrew Language.* Madrid-Barcelona, 1954
CASSUTO, U.:	*The hebrew Inscriptions of the Ninth Century from Venosa.* Kedem II (1945), 100-120
DALMAN, G.:	*Arbeit und Sitte in Palästina.* Gütersloh, 1928. Nachdruck Hildesheim, 1964
DEMSKY, A.:	*The Permitted Villages of Sebaste in the Rehov Mosaic.* IEJ 29 (1979), 182-193
FASSBERG, S.E.:	*The Origin of the Ketib/Qere in the Aramaic Portions of Ezra and Daniel.* Vetus Testamentum XXIX (1989), 1-12

Die Sekundärliteratur

FORBES, R.J.: *Studies in Ancient Technology*. Leiden, 1955

FRANKEL, R.: *"Bibra"- A Forbidden Village in the territory of Tyre*. IEJ 29 (1979), 194-196

GINSBERG, H.L.: *Studies in Koheleth*. New York, 1950
ders.: *The song of Songs and Qohelet*. Nachdruck New York, 1950

GREENFIELD, J.C.: *Review Articles. The small caves of Qumran*. JAOS 89(1969), 128-141

HACHLILI, R.: *The Zodiac in Ancient Jewish Art;* Representation and Significance. BASOR 228 (1977), 61-76

ISAKSSON, B.: *Studies in the Language of Qohelet*. With Special Emphasis on the Verbal System. Uppsala, 1987

KANE, J.P.: *The Ossuary Inscriptions of Jerusalem*. JSS 23 (1978), 268-282

KLEIN, S.: *Das tannaitische Grenzverzeichnis Palästinas*. HUCA 5 (1928), 197-259

KRAŠOVEC, J.: *Antithetic Structure in biblical Poetry*. Leiden, 1984

LEVINE, B.A.: *The Pronoun "U" in Biblical Hebrew in the Light of Ancient Epigraphy*. Eretz Israel 19 (1987), 147-152

LEVY, J.: *Die Inkongruenz im biblischen Hebräisch*. Wiesbaden, 1987

LÖW, I.: *Aramäische Pflanzennamen*. Leipzig, 1881

MACUCH, R.: *Samaritan Languages:* Samaritan Hebrew, Samaritan Aramaic, in: Crown, A.D.: The Samaritans

MILDENBERGER, L.: *The Coinage of the Bar Kokhba War*. Salzburg, 1984

MÜLLER, H.P.: *Vergleich und Metapher im Hohenlied*. Göttingen, 1984. Orbis Biblicus et Orientalis. hrsg. von Keel, O., Zenger, E., de Pury, A.

MURTONEN, A.: *Hebrew in its West Semitic Setting*. A Comparative Survey of nonmasoretic Hebrew Dialects and Traditions. Part one: A Comparative Lexicon. Section A: Proper Names. Leiden, 1986; bes. S. XIV: das samaritanische Neuhebräisch ist stark beeinflußt durch seine aramäisch-arabischen Dialekte. Part II

PU'ECH, E.: *Statue de'Amman et Paléographie Ammonite*. RB 1985, 21-24

SARFATTI, G.B.: *Notes on the Inscriptions on some jewish Coins and Seals*. IEJ 27(1977), 204-206

SCHÄFER, P.: *Der Bar Kochba-Aufstand*. Studien zum zweiten jüdischen Krieg gegen Rom. Tübingen, 1981

SIRAT, C.: *La lettre hébraique et sa signification*. Jerusalem, 1981

STRACK, H.L.: Stemberger, G.: *Einleitung in Talmud und Midrasch*. München, [7](1982), dort weitere Literatur

TALSHIR, D.:	*A Reinvestigation of the Linguistic Relationship beween Chronicles and Ezra-Nehemia.* Vetus Testamentum 38 (1988), 165-193
THORION, Y.:	*Syntax der Präposition ב.* RdQ 12 (1985/87), 17-63
	ders.: *Studien zur klassischen hebräischen Syntax.* Berlin, 1984
	ders.: *Neue Bemerkungen über die Sprache der Qumran-Literatur.* RdQ 11 (1982/84), 579-582
WEINBERG, W.:	*The History of Hebrew Plene spelling.* Cincinnati, 1985
	ders.: *Observations about the Pronunciation of Hebrew in Rabbinic sources.* HUCA 56 (1985), 116-143
WERNER, F.:	*Die Wortbildung der hebräischen Adjektiva.* Wiesbaden, 1983
WITHLEY, C.F.:	*Kohelet.* Berlin, 1979
YADIN, Y., GEVA, S.:	*Investigations at Beth Shean,* The Early Iron Age Strata. Jerusalem, The Institute of Archeology, 1986. XV; Qedem, Monographs of the Institue of Archeology. The Hebrew University of Jerusalem 23
YAHALOM, J.:	*Poetic Language in Early Piyyut.* Jerusalem, 1985

Weitere Literatur ist in den Fußnoten zitiert.

HEIDELBERGER ORIENTALISTISCHE STUDIEN

Herausgegeben von Prof. Dr. Anton Schall, Heidelberg

Band 1 Rosemarie Höll: Die Stellung der Frau im zeitgenössischen Islam. Dargestellt am Beispiel Marokkos. 1979.

Band 2 Abdulghafur Sabuni: Laut- und Formenlehre des Arabischen Dialekts von Aleppo. 1980.

Band 3 Faleh Hussein: Das Steuersystem in Ägypten von der arabischen Eroberung bis zur Machtergreifung der Ṭūlūniden 19-254/639-868 mit besonderer Berücksichtigung der Papyrusurkunden. 1982.

Band 4 Manfred Kropp: Die Geschichte der "reinen Araber" vom Stamme Qaḥṭan. Aus dem Kitāb našwat aṭ-ṭarab fī ta'rīḫ ǧāhiliyyat al-ʿArab des Ibn Saʿīd al-Maġribī. Herausgegeben und übersetzt, eingeleitet und kommentiert von Manfred Kropp. 2., verbesserte Auflage. 1982.

Band 5 Franz-Christoph Muth: Die Annalen von aṭ-Ṭabarī im Spiegel der europäischen Bearbeitungen. 1983.

Band 6 Ephrem Malki: Die syrische Handschrift Berlin Sachau 220. 1984.

Band 7 Ahmed Hebbo: Die Fremdwörter in der arabischen Prophetenbiographie des Ibn Hischām (gest. 218/834). Vorwort von Anton Schall. 1984.

Band 8 Franz-Christoph Muth: Der Kalif al-Manṣūr im Anfang seines Kalifats (136/754 bis 145/762). 1987.

Band 9 Widad Goussous: Volkskundliche arabische Texte aus Marokko. Aus der Sammlung des Konsuls Karl Emil Schabinger Freiherr von Schowingen (1877 - 1967) herausgegeben, übersetzt und untersucht. 1988.

Band 10 Hans Ferdinand Uhrig: Das Kalifat von al-Ma'mūn. Aus den Annalen von aṭ-Ṭabarī übersetzt und unter Heranziehung der sonstigen bedeutenden Quellen ausführlich erläutert. 1988.

Band 11 Salma Abu-Ghosh: Das islamische Unterhaltsrecht nach al-Kāsānī. Eingeleitet, übersetzt und kommentiert. 1989.

Band 12 Klaus Dieter Streicher: Die Männer der Ära Nāṣir: Die Erinnerungen des Dustʿ Ali Ḫān Muʿ ayyir al-Mamalik. 1989.

Band 13 Manfred Kropp: Die äthiopischen Königschroniken in der Sammlung des Däǧǧazmač Ḥaylu. 1989.

Band 14 Antoine Choulhod: Mārūn Abbud (1886-1962). Ein libanesischer Denker, Kritiker und Literat. 1989.

Band 15 Gottfried Hagen: Die Türkei im Ersten Weltkrieg. Flugblätter und Flugschriften in arabischer, persischer und osmanisch-türkischer Sprache aus einer Sammlung der Universitätsbibliothek Heidelberg. Eingeleitet, übersetzt und kommentiert. 1990.

Band 16 Rainer Hermann: Kulturkrise und konservative Erneuerung. Muḥammad Kurd Ali (1876-1953) und das geistige Leben in Damaskus zu Beginn des 20. Jahrhunderts. 1990.

Band 17 Mohamed Ait El Ferrane: Die Maʿnā-Theorie bei ʿAbdalqāhir al-Ǧurǧānī (gestorben 471/1079). Versuch einer Analyse der poetischen Sprache. 1990.

Band 18 Johannes Ebert: Religion und Reform in der arabischen Provinz: Ḥusayn al-Ǧisr aṭ-Ṭarâbulusî (1845-1909) - Ein islamischer Gelehrter zwischen Tradition und Reform. 1991.

Band 19 Andreas H. E. Kemke: Stiftungen im muslimischen Rechtsleben des neuzeitlichen Ägypten. Die schariatrechtlichen Gutachten (Fatwas) von Muḥammad ʿAbduh (st. 1905) zum Wakf. 1991.

Band 20 Mohamed Attahiri: Kriegsgedichte zur Zeit der Almohaden. 1992.

Band 21 Beate Ridzewski: Neuhebräische Grammatik auf Grund der ältesten Handschriften und Inschriften. 1992.

משמעון בן כוסבה לישוע
בן גלגלה ולאנשי הכרך
שלום מעיד אני עלי תשמים
אם יפסד מן הגלליאים שהצלתי
כל אדם שאני נתן תכבלים
ברגלכם כמה שעסתי
לבן עפלול
שמעון בן כוסבה נסיא ישראל

משמעון בן כוסבה לישוע
בן גלגלה ולאנשי הכרך
שלום מעיד אני עלי תשמים
אִם יִפָּסֵד מן הַגְּלִלָּאִים שהצלתי
כל אדם שאני נותן תכבלים
ברגליכם כמו שעסיתי
לבן עפלול
שמעון בן כוסבה נסיא ישראל